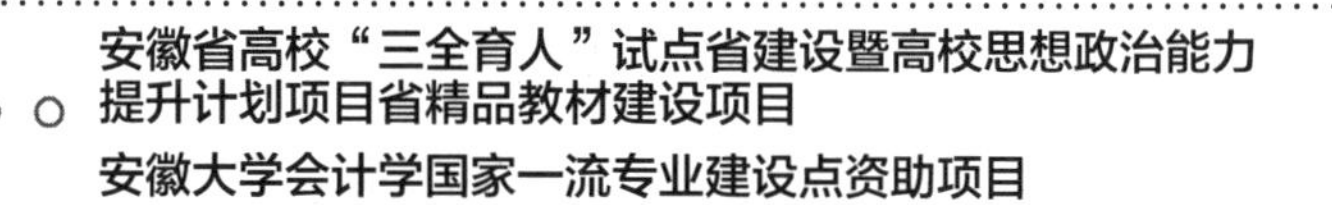

安徽省高校“三全育人”试点省建设暨高校思想政治能力提升计划项目省精品教材建设项目

安徽大学会计学国家一流专业建设点资助项目

会计学

周泽将
刘　娜◎主编
黄荷署

北京师范大学出版集团
BEIJING NORMAL UNIVERSITY PUBLISHING GROUP
安徽大学出版社

图书在版编目(CIP)数据

会计学 / 周泽将,刘娜,黄荷暑主编. —合肥:安徽大学出版社,2022.9

ISBN 978-7-5664-2459-4

Ⅰ.①会… Ⅱ.①周… ②刘… ③黄… Ⅲ.①会计学-高等学校-教材 Ⅳ.①F230

中国版本图书馆 CIP 数据核字(2022)第 140214 号

会 计 学

Kuaijixue

周泽将 刘 娜 黄荷暑 主编

出版发行:北京师范大学出版集团
安 徽 大 学 出 版 社
(安徽省合肥市肥西路 3 号邮编 230039)
www.bnupg.com
www.ahupress.com.cn

印 刷:合肥远东印务有限责任公司
经 销:全国新华书店
开 本:787mm×1092mm 1/16
印 张:18.5
字 数:438 千字
版 次:2022 年 9 月第 1 版
印 次:2022 年 9 月第 1 次印刷
定 价:58.00 元
ISBN 978-7-5664-2459-4

策划编辑:马晓波 王 黎 龚婧瑶
责任编辑:马晓波 王 黎 龚婧瑶
责任校对:刘婷婷
装帧设计:李伯骥 孟献辉
美术编辑:李 军
责任印制:陈 如 孟献辉

《会计学》编委会名单

主　编　周泽将　刘　娜　黄荷暑

编　委(以姓氏笔画为序)

王　清　刘　娜　汪　雯　张　琛　张东旭

沈真真　周泽将　胡刘芬　黄荷暑　葛素云

◆前　言◆

伴随着全球经济一体化进程的加快，作为国际通用商业语言的会计信息，对企业管理决策的重要性日益凸显。因此，掌握一定的会计学知识，学会解读和分析财务报表进而利用会计信息为企业管理决策服务是现代管理者的基本素养。对工商管理类非会计学专业的学生来说，未来的职业方向虽然并非从事会计工作，但与经济管理相关的工作，同样离不开会计信息的决策支持。同时，伴随着数字经济时代的到来，以大数据、人工智能、移动互联、云计算、区块链等为代表的信息技术广泛使用，会计信息的技术处理部分很大程度上由人工智能所取代，因而工商管理类非会计学专业的学生学习会计学的重心在于对企业发生了什么样的经济业务，这些经济业务引发什么样的资金运动，构建基于资金运动视角的会计处理、分析和决策的全局思维，从而提升对企业整体把控的能力。

本教材立足于新的发展阶段，贯彻新的发展理念，面向我国高等院校工商管理类非会计学专业，试图使学生在理解企业经济业务和资金运动的基础上，掌握会计学的基本原理与基本方法，学会解读和分析财务报表，知道如何利用会计信息参与企业管理决策，致力于提升学生的综合素质，拓展他们的格局视野，引导学生树立坚持实事求是、讲诚信、守规则的价值观。

本教材的内容框架体系包括会计学原理、财务报告编制与分析、管理决策与控制以及信息技术应用四个部分，共十一章。具体地，第一章至第五章为会计学原理部分，主要包含会计的产生与发展、会计核算、会计要素、账户、复式记账、企业基本经济业务核算、会计凭证与会计账簿等内容。通过此部分的学习，学生将对基于企业经济业务和资金运动的会计信息生成过程有一个完整的认知和理解，为后续篇章的进一步展开奠定知识基础。第六章和第七章为财务报告编制与分析部分，主要让学生初步掌握资产负债表、利润表、现金流量表、所有者权益变动表编制的基本方法，并能够运用所学知识对企业财务状况和经营成果进行分析，进而全面了解企业的过去并对未来发展趋势进行预测。第八章至第十章为管理决策与控制部分，主要阐述变动成本法、本量利分析和预算管理等内容，旨在让学生理解如何利用会计信息为企业管理决策和控制服务。第十一章为信息技术应用部分，主要介绍信息技术在会计领域的应用发展、会计信息系统的概念框架以及常用的会计软件，旨在让学生了解信息技术对会计工作的冲击及其带来的机遇，引导学生思考如何更好地借助于信息技术为会计工作和管理决策服务。

本教材旨在构建价值引领、内容丰富、结构完整、视角独特、与时俱进的会计学理论知识体系，其特色及创新之处在于：首先，根据习近平新时代中国特色社会主义思想，在每章章首加入课程思政要点。其次，现代管理者对会计信息的需求不仅在对其生成过程的理解和报表解读与分析，更需要基于会计信息的管理决策与控制，因此本教材在传统会计学教材的基础上加入了决策与控制的内容，体系更为完整且符合社会经济发展需要。再次，“大智移云”等新兴信息技术的冲击，弱化了现代管理者对会计信息处理技术的需求，强化了其对经济业务流程和资金运动的理解，本教材重在构建基于经济业务和资金运动视角的会计信息处理、分析和决策的全局思维。最后，本教材所有内容均依据最新的《企业会计准则》《证券法》以及《管理会计基本指引》等编写，选取中国资本市场实践的最新案例作为章首导入案例，且吸收国内外会计理论和实践发展的最新成果，并将会计实践中大数据和文本挖掘等新兴信息技术引入本教材，使之具有新颖性和前瞻性。

本教材由安徽大学周泽将教授、刘娜副教授和黄荷暑副教授共同主编，负责全书提纲的拟订以及全书定稿前的修改、补充和总纂，葛素云、汪雯、张琛、张东旭、沈真真、胡刘芬、王清等老师参与了全书的校对及完善工作。初稿各章的执笔人如下：第一章和第二章，周泽将、雷玲、王浩然；第三章和第四章，刘娜、胡梦菡、孙军；第五章和第六章，刘娜、刘雅琴、郭孝菊；第七章，黄荷暑、谷文菁、丁晓娟；第八章，黄荷暑、赵书漫；第九章，黄荷暑、王佳伟、阮征；第十章，黄荷暑、杨远、吴坤朋；第十一章，沈真真、陈卓君。

本教材得到安徽省高校“三全育人”试点省建设暨高校思想政治能力提升计划项目省精品教材建设项目“会计学”（项目编号：sztsjh-2022-10-9）和安徽大学会计学国家一流专业建设点专项经费资助。在编写过程中，我们参考了国内外有关专家学者的成果，在此表示衷心的感谢！同时，鉴于编者水平有限，书中错误和疏漏之处在所难免，欢迎广大读者和同行专家批评指正，以期不断完善。

编　者

2022 年 6 月 10 日

◆目　录◆

第一篇　会计学原理

第一篇

会计学原理

第一章 绪 论

【案例导入】

华为 CFO 孟晚舟的成长之路

1992 年,刚大学毕业的孟晚舟应聘到一家商业银行。一年后,随着银行调整网点布局,她被迫“辞职”。1993 年,孟晚舟成为华为的一名秘书,主要负责打字、制作产品目录、安排展览会务等事务。不甘于此的孟晚舟于 1995 年进入华中理工大学攻读会计专业硕士。三年后,再次回到华为的孟晚舟正式开启了财务职业生涯。2003 年,她负责建立了华为全球统一的财务组织,并进行了组织架构、财务流程、财务制度、IT 平台等的标准化和统一化建设;2005 年起主导在全球建立了华为的五个共享中心,并推动华为全球集中支付中心在深圳落成,提升了华为财务的运作效率与监控质量,保障海外业务在迅速扩张中获得核算支撑;2007 年起负责实施与 IBM(国际商业机器公司)合作的华为 IFS(集成财经服务)变革,构建了数据系统,并在资源配置、运营效率、流程优化和内控建设等方面建立规则,开启了华为精细化管理之路,成为华为持续成长基因之一。优异的业务能力,让孟晚舟逐渐脱颖而出,先后担任华为国际会计部总监、华为香港公司首席财务官(CFO)、华为账务管理部总裁、华为销售融资与资金管理部总裁等职,2011 年 4 月担任华为常务董事兼 CFO,并于 2018 年 3 月出任华为副董事长。华为 CEO 任正非认为华为成功的核心点是财务体系和人力资源体系,并在华为财务共享中心座谈会上说:“一个称职的 CFO 应随时可以接任 CEO。”

【课程思政要点】

结合会计职业要求和会计规范,树立坚持实事求是、讲诚信、守规则的价值观。

第一节　会计的产生与发展

一、会计的产生

会计是为适应人类生产活动发展的需要而产生的。生产活动是人类会计思想和会计行为产生的前提条件。基于生存的需要，人类必须通过生产活动获取生活资料，在生产活动过程中，一方面会创造物质财富，另一方面也会发生人力、物力和财力的消耗。人类不仅关心生产活动中获得劳动成果的多少，同时也会关注劳动耗费的高低，并对它们进行比较。在这个过程中，为了合理安排生活资料的分配与储备，人们也便自然而然地要去管理生活资料的生产、分配、储存等事宜。于是，围绕着管理生活资料生产和分配的计量、记录行为便发生了，这种计量和记录行为蕴含着会计思想，是会计行为的萌芽。

会计是生产活动发展到一定阶段的必然产物。如果没有人类的生产活动，就不会产生会计思想、会计行为。但是，这并不意味着生产活动一旦发生，就会产生会计思想、会计行为。会计思想、会计行为的产生与生产发展水平密切相关，只有当社会生产的发展大体上保障了人类的正常生存和繁衍时，会计思想、会计行为才具备产生的条件。在人类社会早期，生产力水平十分低下，生产和分配活动尚处于极其简单的状态，人们主要通过语言、手势或者“结绳记事”“契木为文”等方式进行原始记录、计算，此时会计只是“生产职能的附带部分”。随着生产力的进一步发展，剩余产品越来越丰富，会计逐渐从生产职能中分离出来，形成特殊、独立的职能。剩余产品的出现是人类生活得到保障的标志，也是会计思想、会计行为产生的重要标志。正是因为劳动成果有了剩余，人类才有可能将生产、分配、储备等问题联系起来进行综合考虑，对剩余劳动成果进行记录、计量，因而产生了会计思想、会计行为。

二、会计的发展

会计的发展是一个漫长的过程，经历了一条从简单到复杂、从低级到高级、从不完善到完善的发展道路。会计的发展过程可以概括为古代会计、近代会计和现代会计三个阶段。

（一）古代会计阶段

一般认为，从旧石器时代中晚期到15世纪末这段漫长的时期都属于古代会计的发展阶段。古代会计主要包括官厅会计和民间会计。官厅会计主要用来核算和监督官府的开支。在奴隶社会和封建社会，各级官府需要对贡、赋、租、税等进行记录、计算和考核，因此官厅会计逐渐发展并成为古代会计的中心。民间会计是在家庭核算的基础上发展而来的。随着社会生产的分工和商品交换的发展,产生了对家庭财产的核算需求,由此民间会计得以发展。总体而言,古代会计较为简单,记账方法采用单式记账法,会计计量单位以实物计量单位为主。

(二)近代会计阶段

近代会计是商品经济发展的产物,产生于14世纪资本主义萌芽时期,结束于20世纪40年代末。中世纪时期,地中海沿岸一些城市的商业和金融业快速发展,传统的单式记账法已经难以完整、系统地记录经济业务,催生了对更加科学的记账方法的需求。1494年,意大利数学家、传教士卢卡·帕乔利出版了《算术、几何、比与比例概要》一书,首次系统地阐述了复式记账法的基本原理。复式记账法的提出,是近代会计发展的主要标志,也是会计发展史上的第一个里程碑。在近代会计产生后的相当长时间内,会计理论与方法的发展是比较缓慢的,直到工业革命时期,生产力的迅速提高促使会计的发展进入创新时期。股份公司的出现使会计的职能由过去的记录、算账发展到编制和审查财务报告。同时,为了适应资本主义市场经济的发展,成本会计在企业经济管理中发挥着越来越重要的作用,其理论和实务方面都取得了较大的发展。相较于古代会计,近代会计最显著的特征是,记账方式采用复式记账法,会计计量单位以货币计量单位为主。

(三)现代会计阶段

从20世纪50年代开始到目前是现代会计发展的阶段。该阶段会计理论和实务的发展有两个重要特征,一是传统的会计分化为财务会计和管理会计两个分支,二是电子计算机与会计融合形成“会计电算化”。第二次世界大战后,资本主义的生产社会化程度得到了空前的提升,企业规模越来越大,生产经营日趋复杂,竞争异常激烈。为了预测经济前景、确定发展目标,企业要求会计部门提供更加详尽的信息,以配合现代管理理论和实践的需求,据此产生了对会计管理职能的需求。传统的会计分化形成财务会计和管理会计两大分支,是会计发展史上的一次伟大变革。同时,随着现代科学技术的发展,电子计算机在会计领域中得到广泛应用,一方面可以代替人工记账、算账和报账,另一方面可以部分代替人脑完成对会计信息的分析、预测和决策等。现代电子技术和信息技术与会计相融合,极大地扩大了会计信息的范围,提升了会计工作的效率和质量,实现了会计科学的根本性变革。

从以上对会计发展历程的归纳总结可以看出,会计是一门古老的科学,经历了从早期对实物数量的简单记录和计算到以货币作为主要计量单位来综合反映和监督经济活动的过程。同时,人们也越来越认识到会计的重要性,经济越发展,会计越重要。

第二节 会计的本质与作用

一、会计的本质

会计的本质是对会计是什么这一问题的认识,也称为会计的定义。正确认识会计的本质,直接关系到会计理论的构建和会计职能的界定。尽管会计从产生到现在已有几千年的历史,但是对会计的本质这一基本问题的认识仍存在不同见解,至今没有一个统一、明确的会计定义。总体上,学术界对会计的本质这一问题主要形成两大主流观点,分别是会计信息系统论和会计管理活动论。

(一)会计信息系统论

会计信息系统论将会计的本质理解为一个以提供财务信息为主的经济信息系统。具体而言,会计是对特定主体的经济活动进行计量、记录和计算,产出会计信息资料,然后凝练为报告,提供给需要管理和了解经济活动的有关部门、人员使用,旨在提高各单位活动的经济效益。该观点表明,会计活动的整个过程都围绕信息工作而展开,属于信息搜集和整理的工作内容,因此认为会计的本质就是一个信息系统。

会计信息系统论最早由美国会计学家利特尔顿提出。他在1953年出版的《会计理论结构》一书中指出:"会计的内容是经济的,方法是统计的,会计是一种特殊的信息服务。"从20世纪60年代后期开始,美国会计学界倾向于将会计的本质定义为一个信息系统,如1966年美国会计学会在《会计基本理论说明书》中正式提出"实质地说,会计是一个信息系统",之后该观点逐渐在西方会计理论界占据了主导地位。

我国最早引进并主张会计信息系统论的是余绪缨教授,之后葛家澍教授也提出了类似观点。他于1983年在《关于会计定义的探讨》一文中明确指出:"会计是旨在提高企业和各单位活动的经济效益,加强经济管理而建立的一个以提供财务信息为主的经济信息系统。"

(二)会计管理活动论

所谓会计管理活动论,是认为会计是管理生产过程中的一种活动,即会计本身就是一种经济管理活动。该观点将会计看成会计工作,否认了会计是一种应用技术的看法,也否认了会计是管理经济的一种工具的看法。

会计管理活动论最早由我国杨纪琬教授和阎达伍教授提出。1980年,他们在中国会计学会成立大会上作了题为《开展我国会计理论研究的几点意见——兼论会计学的科学属性》

的报告，报告指出："无论是从理论上还是从实践看，会计不仅仅是管理经济的工具，它本身就具有管理的职能，是人们从事管理的一种活动。"据此，我国会计界提出"会计管理"的概念。之后，两位会计学家继续深入研究，逐渐形成会计管理理论。杨纪琬教授认为，"会计管理"的概念，是建立在"会计就是指的会计工作"这一固有的含义基础之上，以及"会计是一种管理活动，是一项经济管理工作"这一认识基础之上的。阎达伍教授在1985年出版的《会计理论专题》中详细论述了会计的管理属性，反映了会计是一种管理活动的本质。

会计信息系统论和会计管理活动论的分歧在于，会计本身究竟是管理活动还是为管理提供信息的工具。这两种观点实际上并不是绝对矛盾的，只是看待问题的角度不同。前者将会计视为一种方法或工具，强调会计的反映职能；后者将会计视为一种工作，强调会计的控制职能。我们认为二者的观点已日益趋近，不可分割，会计管理活动论承认信息和系统的存在，因为没有信息和系统的存在，管理活动就无法实现，会计信息系统论也同样承认信息系统是管理系统的一部分。

二、会计的作用

会计在经济管理工作中发挥着重要作用，经济越发展，会计越重要。会计的作用可以概括为以下几个方面：

（一）提高企业内部管理效率

管理人员可以通过会计信息，全面、系统地了解企业的财务状况、经营成果和现金流量等情况，据此分析过去的生产经营活动中存在的问题，以便采取应对措施。进一步地，管理人员可以根据会计信息，对决策行为的经济可行性进行系统分析，选择最佳的经营或投资方案，提高决策的有用性和经济活动效益。

（二）增强投资者和债权人投资决策的有效性

一般而言，最为关心企业会计信息的莫过于投资者和债权人。投资者和债权人所需要的会计信息包括企业在某一时日的财务状况、某一期间的经营成果和现金流量。通过会计信息，投资者可以分析企业的盈利能力和发展能力，从而作出合理的投资决策；债权人可以分析企业的短期偿债能力和长期偿债能力指标，以衡量投资风险水平，进而作出科学的投资决策。

（三）提高政府部门的宏观经济管理水平

各级政府部门承担一定的经济管理工作，需要借助于会计信息进行宏观管理。在制定经济政策之前，财政、证券监管、税务等部门要通过会计信息掌握企业资产负债结构、损益状况和现金流量的总体状况，分析经济运行的发展趋势，为科学制定经济决策提供信息参考，提高宏观经济管理水平。

第三节 会计的职能与目标

一、会计的职能

会计的职能是指会计在经济管理中所具有的功能和发挥的作用,也就是回答会计是用来干什么的这一问题。马克思在《资本论》中指出:“生产过程越是按照社会的规模进行,越是失去纯粹的个人性质,作为对过程进行控制和观念总结的簿记就越是必要。”可见,马克思将会计的职能归纳为核算(观念总结)和监督(过程控制),这一科学的概括为学术界所广泛认同。核算和监督是会计的两项基本职能,随着经济社会的发展,还衍生了会计的拓展性职能。

(一)会计的基本职能

1. 核算职能

会计的核算职能又称为反映职能,具体是指根据会计准则的要求,通过确认、计量、记录和报告等程序,全面、准确、及时地将一个会计主体发生的会计事项表达出来,以达到为经营管理提供经济信息的目的。会计核算是会计管理工作的基础,具有以下基本特征:

(1)会计主要以货币作为计量单位,从价值方面反映经济活动情况。会计在反映经济活动时可以使用货币度量、实物度量(如千克等)和劳动度量(如工时等)三种度量方式,但主要以货币度量为主,原因在于货币是商品交换的一般等价物,具有价值尺度的功能,实物度量和劳动度量在会计核算中处于附属地位。

(2)会计主要核算过去已经发生或完成的经济活动。会计需要反映经济活动的真实情况,只有当经济业务发生以后才能如实进行记录和报告。尽管管理会计的职能可能拓展到核算未来的经济活动,但是传统会计的核算仍是面向过去的。

(3)会计核算具有连续性、系统性和完整性。所谓连续性,是指按照经济活动中每一个具体事项的发生顺序,从不间断地进行记录。所谓系统性,是指应当按照科学的分类方法,对会计信息进行系统整理和汇总,提供系统化的各类信息。所谓完整性,是指对所有的经济业务都应该进行记录和反映,不能存在遗漏。

2. 监督职能

会计的监督职能又称为控制职能,是指按照一定的目的和要求,利用会计所提供的信息对经济活动的合法性、合理性以及会计资料的真实性进行指导和监督,使之达到预期的目标。会计监督是会计核算的保证，二者相辅相成、密不可分。会计监督有如下基本特征：

（1）会计监督主要利用价值指标进行经常性的监督。会计核算会通过货币计量形成价值指标，这些价值指标反映了经济活动的价值运动，表现为价值量的增减和价值形态的转化。会计监督就是依据会计核算形成的价值指标来全面、有效地控制各单位的经济活动。

（2）会计监督贯穿经济活动的全过程。会计监督包括对经济活动事前、事中和事后的全过程监督。事前监督是指在经济活动发生以前，从考评的经济效果出发，审查未来的经济活动是否符合相关法规、政策以及计划和方案是否合理。事中监督是指在经济活动发生过程中，对日常的会计核算资料进行审查，及时发现失误和偏差并予以纠正，使经济活动按照预期的目标进行。事后监督是指在经济活动发生之后，对相关的核算资料进行审查和分析，进行考评评价和经验教训总结，从而更好地指导未来的经济活动。

（3）会计监督具有强制性和严肃性。会计监督是法律所赋予的职能，必须履行。它以国家的财经法规以及特定单位的计划、预算等为准绳，对经济活动的合法性、合理性、合规性进行监督，防止企业从事不合法的经营活动和财务活动，出具虚假的财务信息。

（二）会计的拓展性职能

随着经济活动的发展，除了核算和监督两大基本职能，还衍生出会计的拓展性职能。会计的拓展性职能包括预测经济前景、参与经济决策、规划经营目标、控制经营过程以及考核评价经营业绩等。

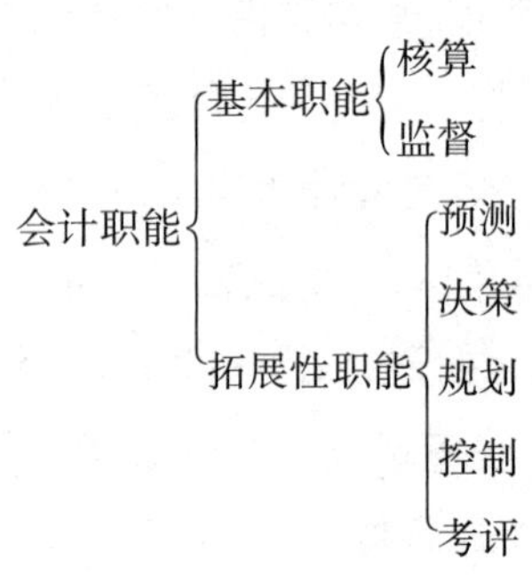

图 1-1　会计职能示意图

二、会计的目标

会计的目标是指会计实践活动所要达到的最终目的，主要明确了为什么要提供会计信息、向谁提供会计信息、提供哪些会计信息以及通过何种方式提供会计信息等问题。会计目标指明了会计实践活动的目的和方向，明确了会计在经济管理活动中的使命，是会计理论体系的逻辑起点。会计目标的确定是一个动态、发展的过程，在会计发展的不同阶段，会计的目标也有所不同，它会受到环境的影响，随着环境的变化而变化。制定科学的会计目标，对于把握会计发展趋势，指导会计实践活动标准化、规范化，更好地服务于社会主义市场经济等方面具有重要的作用。

关于会计目标，目前有两种主流的学术观点，分别为受托责任观和决策有用观。

（一）受托责任观

持该种观点的学者认为，会计的目标是向委托人（资源所有者）如实提供受托人（资源经营者）受托责任的履行过程及其结果。随着社会化大生产的发展，社会资源的所有者和经营者相分离的现象十分普遍，委托受托关系明确存在。资源经营者接受委托，承担合理有效管理受托资源的责任，有义务及时、完整地向委托方报告其受托资源管理的真实情况；资源所有者更加关注受托方经营业绩的信息，通过相关契约、惯例来约束和激励受托方的行为。受托责任观更多地关注历史信息，强调真实地反映过去，着重评价经营者的经营业绩。

（二）决策有用观

持该种观点的学者认为，会计的目标是向信息使用者提供有用的信息，帮助他们作出合理的决策。在资本市场日益发达的历史背景下，资源的分配主要通过资本市场进行，委托方和受托方之间的关系不是明确存在的，而是通过资本市场建立的，这催生了对会计信息的多元化需求。在决策有用观下，会计负责的对象从资源所有者拓展到企业利益相关者，包括投资者、债权人、企业管理者、政府及其相关部门和社会公众等，对会计信息的关注从传统的历史信息转向未来信息，所需要披露的信息范围也不断扩大，除了披露财务信息、确定信息，还要披露非财务信息和不确定信息，以更好地反映企业的发展趋势，服务于信息使用者的投资决策行为。

受托责任观和决策有用观虽然是不同经济环境下的产物，但是二者并不矛盾，实际上都暗含了会计的目标是提供信息。受托责任观下，会计的目标是向资源所有者提供信息；在决策有用观下，会计的目标是向包括资源所有者在内的投资者、债权人、社会公众等信息使用者提供信息。我国《企业会计准则——基本准则》将会计目标确定为：财务会计报告的目标是向财务会计报告使用者提供与企业财务状况、经营成果和现金流量等有关的会计信息，反映企业管理层受托责任履行情况，有助于财务会计报告使用者作出经济决策。也就是说，我国会计目标定位为受托责任观和决策有用观的融合，一方面要反映会计的受托责任，另一方面也要满足信息使用者的决策需求。

第四节 会计核算方法与循环

在长期的会计实践过程中，人们总结出了一套用来核算和监督会计对象、完成会计任务的方法体系，即会计方法。同时，伴随着会计反映、监督的内容日趋复杂以及经济管理工作对会计工作提出新的要求，会计方法也在与时俱进地调整和完善，实现了从单一化向多元化、从零散化向体系化的方向转变。作为会计工作的基本环节，会计核算所采用的是最基本的会计方法。

一、会计核算方法

具体地，会计核算方法是指对会计对象进行全面、连续、系统、综合的计量、记录和报告所采用的方法。换言之，会计核算方法是指在进行记账、算账和报账时所采取的会计方法，一般来说包含设置账户、复式记账、填制和审核凭证、登记账簿、成本计算、财产清查、编制财务会计报告七种。

1. 设置账户

设置账户主要是采取专门的方式来分类核算和监督会计核算的具体内容。因为会计对象的具体内容总是种类繁多的，如果对其开展体系化的核算和时刻监管，就要对经济业务进行科学分类，从而能够分门别类地、不间断地记录，最终获得多种性质不一、满足经营管理多元化需要的信息和指标。

2. 复式记账

复式记账是对每项经济业务，均以一样的数据分别记录在两个或两个以上的账户上。在社会经济业务的开展过程中，每一项经济业务一般都会导致两个或两个以上的相关项目发生增减变化，从而只有采取复式记账才能全面反映一项经济业务的来龙去脉，最终连续地、系统地记录经济业务开展情况。

3. 填制和审核凭证

会计凭证是记录经济业务、明确经济责任，并作为登记账簿依据的书面证明。社会经济发展过程中的每一项经济业务的开展，都需经办人或有关单位制作相应的凭证，并予以签字盖章，然后按照规章制度，将会计凭证转交给会计部门审核。只有通过审核并确保所填信息无误的会计凭证才能作为记账的凭证。填制和审核凭证是会计工作的前提，可以为经济管理工作提供可靠的资料，也是组织的内外部监督机制能够有效发挥监督职能的依据。

4. 登记账簿

登记账簿又称记账，主要是依据信息无误的会计凭证，在账簿中分门别类地、连续地、全面地记录经济业务的各种事项，以便于为经济管理工作提供可靠的、系统的、全面的核算资料。其中，账簿记录的内容是主要会计资料，是企业进行会计分析或审计的重要依据。

5. 成本计算

成本计算一般是指将企业在经营管理的各个环节所产生的直接费用和间接费用按照不同的受益对象分门别类地进行计算，从而为核算不同会计对象的总成本或单位成本提供便利。通过查阅成本计算所获得的资料，能够迅速掌握企业的成本构成，发掘不同环节所耗费成本的高低，并据此确定企业的盈亏，进而为企业优化经营管理、节约成本提供依据。

6. 财产清查

财产清查就是通过盘点实物、核对账目来查明各项财产物资、应收款项和货币资金的实有数，并查明实有数与账存数是否相符的一种专门方法。在企业日常的会计核算流程中，为了确保所记录的会计信息是可靠、准确的，需要定期或不定期对企业的货币资金、存货及应收账款等进行清查、盘点和核对。若在财产清查过程中，发现账目与财产存在出入，就应及时查明原因，对账簿所记录的数据进行调整和修改，以实现账存数额与实存数额保持一致，达到账实相符的目的。同时，企业通过清查财产可以及时了解各项财产物资的存储和使用情况，从而有助于企业及时调整经营策略，提高资金的周转率和物资的利用效率。总而言之，财产清查对保证会计核算资料的正确性和监督财产的安全与合理使用等都具有重要的作用。它是会计核算必不可少的方法之一。

7. 编制财务会计报告

财务会计报告是会计信息的重要载体，它是以账簿记录的数据资料作为主要依据编制的书面报告文件。财务会计报告可以反映出一个企业某个时点上的财务状况及某段时间的经营成果和现金流量情况，是企业进行考核、分析财务计划和预算执行情况、编制下期财务计划和预算的重要依据。编制和报送财务会计报告是企业对财务会计报告使用者提供会计信息的重要方式。企业应当按照会计准则的规定编制财务会计报告，并做到内容完整、数字真实、计算准确、编报及时。

上述七种会计核算方法分别是会计工作中不同环节所需采取的方法，但是它们相互之间不是独立的，而是相互联系、相互依存的，从而构成了一个完整的会计核算方法体系。具体地，上述七种会计核算方法之间的关系如图 1-2 所示。

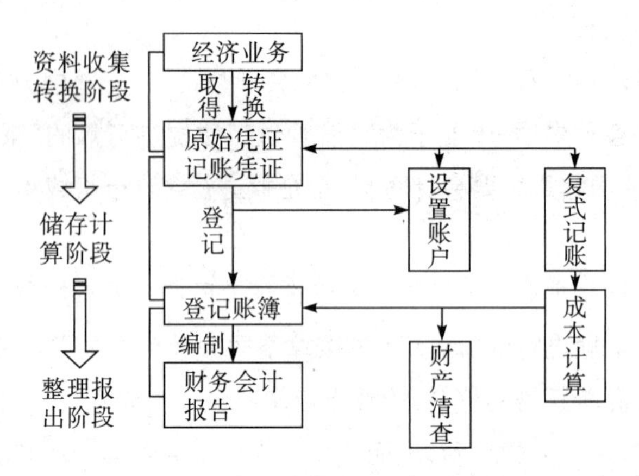

图 1-2 会计核算方法逻辑关系图

二、会计循环

充分、有效地发挥会计工作职能，需要采取一系列科学的会计核算方法，实现对企业、行政事业单位资金运动的核算和监督，同时采取这些会计核算方法对各项经济业务进行处理，则会形成会计实际工作的流程（会计循环），以确保高效地进行会计工作，最终构成会计信息生成的一般工作程序。

（一）会计循环的含义

会计循环具体是指会计信息系统周而复始地对会计信息进行加工处理的过程。会计四大基本假设中的会计分期，将企业连续不断的经营过程划分为连续不断、长短相同的会计期间（年度、半年度、季度和月度），对会计工作的时间范围进行了规定。若一家企业以一年作为一个会计期间，那么会计循环的周期则为一年。类似地，若企业按照季度（或月度）进行结账和编制财务会计报告，则会计循环的周期为一个季度或一个月，每一个会计循环的期间内，企业都需要重复上一个会计期间的工作。

（二）会计循环的意义

会计信息的产生需要经历一定的程序，具体从发生经济业务、运用记账方法进行记录到汇编成财务会计报表，且在每一个会计期间的会计工作都需要按照这一流程有步骤、连续不断和周而复始地进行。正确地按照会计循环程序进行会计工作，有助于高效地进行会计工作、提高会计信息的质量，从而提高会计信息的可靠性和真实性。

（三）会计循环的流程

企业在一个会计期内，其会计工作通常要经过编审凭证、分录、记账、试算、调整、结账、编表等一系列会计程序。它于会计期初开始，至会计期末终了，并循环往复、周而复始。

会计循环流程的主要节点概述如下：

（1）编制和审核凭证。当经济业务产生以后，财务人员首先需要收集和编制原始会计凭证，并按照程序和要求审核凭证信息的真实性和合理性。

（2）编制会计分录。分析每一笔经济业务，确认应借应贷科目，编制会计分录。

（3）记账。将会计分录中应借应贷科目的金额，分别在日记账和分类账中加以登记造册。

（4）试算和编制试算表。将总分类账中各账户借方总额、贷方总额相抵销后的期末余额汇总列表，以验证前述会计处理是否有误。

（5）调整分录。在每个会计期间的期末调整分录，主要是通过对各账户的记录进行调整修正以提高各账户信息的准确性，从而更好地反映企业的财务状况、经营成果和现金流量。

（6）调整后编制试算表。该试算表根据调整后总分类账余额编制。

（7）结账分录。在会计期间结束时，企业应通过结账分录来结清收入和费用账户，从而核算出当期的损益；而资产、负债、所有者权益账户的余额结转至下期，以供连续记录。

（8）编制财务报表。在会计期间结束时，需要将本次会计期间内所发生的经济业务及其结果进行汇总，并相应地编制资产负债表、利润表和现金流量表等会计报表，以分别反映企业的财务状况、经营成果和现金流量，对上述会计报表所未能披露的信息，应辅以必要的注释和说明。

第五节 会计规范与职业道德

会计工作是人类有意识的一种社会行为，从而需要按照某种行为规范来进行，具体是指各种影响和制约会计行为的标准方式，主要包含法律规范和道德规范两类。

一、会计规范

会计法律规范具体是指国家立法机构为监督管理会计工作而依据立法程序制定、颁发、施行的规范性文件，包含狭义和广义两个层面。狭义的会计法律法规指由立法机构颁布的法律法规，一般指《中华人民共和国会计法》（以下简称《会计法》）；广义层面的会计法律法规除包括由立法机构颁布的法律法规外，还涵括由执法机构制定和颁发的有关条例、制度和规定以及具有法律效力的案例和惯例等，如《企业财务会计报告条例》和《总会计师条例》等。下面将从广义的层面对主要的会计法律法规的构成、制定机关和效力进行介绍。

（一）《会计法》

《会计法》由全国人民代表大会常务委员会制定，是一切会计工作所必须遵守的根本法律，无论是国家机关、事业单位、社会团体，还是公司和其他商业组织在处理会计事务过程中都应遵守《会计法》的规定。同时，地方政府或其他部门在拟订会计法规、制定会计准则和制度时，均应以《会计法》为依据。具体地，《会计法》全文共七章五十二条，阐明了立法目的，规定了使用范围，划分了会计工作管理权限，明确了国家统一会计制度的制定，同时从会计核算、会计监督、会计机构、会计人员和法律责任等方面对会计工作具体要求进行了明确。《会计法》主要具有以下三个特点：

其一，明确规定了会计信息的真实、完整要求，严禁财务数据造假。《会计法》明确指出企事业单位所披露的财务会计信息（资料、报告等）必须真实、完整，严禁财务造假，不能通过虚构经济业务或资料进行会计核算。如《会计法》第五条明确规定："任何单位或者个人不得以任何方式授意、指使、强令会计机构、会计人员伪造、变造会计凭证、会计账簿和其他会计资料，提供虚假财务会计报告。"同时，针对财务造假行为（伪造、变造会计凭证、会计账簿或者编制虚假财务会计报告），应依法追究会计主体的刑事责任，尤其对直接负责人要增加经济处罚。

其二，突出了单位负责人对会计信息真实性的责任。《会计法》第二十一条明确规定："财务会计报告应当由单位负责人和主管会计工作的负责人、会计机构负责人（会计主管人员）签名并盖章；设置总会计师的单位，还须由总会计师签名并盖章。单位负责人应当保证财务会计报告真实、完整。"

其三，要求各单位强化会计监督。《会计法》第二十七条规定"各单位应当建立、健全本单位内部会计监督制度"，亦即要求各单位在经营管理过程中应建立健全内部会计监督制度，并对单位内部会计监督制度提出了具体的要求。对于各单位而言，强化内部会计监督，健全内部控制制度，有助于保护自身财产安全。

（二）会计行政法规

一般而言，行政法规由国家最高行政机构——国务院所制定。会计行政法规是由国务院依据《会计法》所制定的规章制度，主要是对《会计法》的条款进行具体化规定或补充，又称为条例。具有代表性的会计行政法规为《企业财务会计报告条例》和《总会计师条例》。

《企业财务会计报告条例》由国务院于 2000 年 6 月 21 日发布，自 2001 年 1 月 1 日起开始施行，主要分为六章四十六条：第一章，总则；第二章，财务会计报告的构成；第三章，财务会计报告的编制；第四章，财务会计报告的对外提供；第五章，法律责任；第六章，附则。主要目的在于规范企业财务会计报告，保证财务会计报告的真实、完整。

《总会计师条例》由国务院于 1990 年 12 月 31 日发布，并自发布之日起施行，主要分为五章二十三条：第一章，总则；第二章，总会计师的职责；第三章，总会计师的权限；第四章，任免与奖惩；第五章，附则。主要目的在于明确总会计师的职权和地位，发挥总会计师在加强经济管理、提高经济效益中的作用。

（三）会计行政规章

会计行政规章一般是由国家主管会计工作的行政部门——财政部及其他部门和地方各级行政机关依据《会计法》和会计行政法规而制定的规章制度，包括国家统一的会计核算制度、会计监督制度、会计机构和会计人员制度及会计工作其他管理制度等。

1. 国家统一的会计核算制度

会计准则可分为企业会计准则和非企业会计准则。其中，企业会计准则是指规范企业会计确认、计量和报告的准则，包括企业会计基本准则和企业会计具体准则两个层次，财政部已发布和实施了1项基本准则和42项具体会计准则。非企业会计准则是指企业之外的其他单位运用的会计准则，主要包括《政府会计准则》（财政部于2015年10月23日发布，自2017年1月1日起施行）、《财政总预算会计制度》（财政部于2015年10月10日发布，自2016年1月1日起施行）、《民间非营利组织会计制度》（财政部于2004年8月18日发布，自2005年1月1日起施行）等。

除了会计准则和会计制度，财政部还会依据会计实务的需要，对会计准则和会计制度中没有规定或者虽有规定但已不能适应新情况的会计问题，作出暂行规定或补充规定，它们也属于国家统一的会计核算制度的范畴。

2. 国家统一的会计监督制度

现行的国家统一的会计监督制度常见于相关的会计制度中，如《会计基础工作规范》第七十二条规定："各单位的会计机构、会计人员对本单位的经济活动进行会计监督。"

3. 国家统一的会计机构和会计人员管理制度

现行的国家统一的会计机构和会计人员管理制度主要包括《会计人员管理办法》（财政部于2018年12月6日发布，自2019年1月1日起施行）、《会计专业技术人员继续教育规定》（财政部和人力资源社会保障部于2018年5月19日发布，自2018年7月1日起施行）等。

4. 国家统一的会计工作其他管理制度

现行的国家统一的会计工作其他管理制度主要包括《会计档案管理办法》（财政部于2015年12月11日发布，自2016年1月1日起施行）、《企业会计信息化工作规范》（财政部于2013年12月6日发布，自2014年1月6日起施行）、《代理记账管理办法》（财政部于2016年2月16日发布，自2016年5月1日起施行）等。

除了会计法律法规和会计行政规章制度，各省、自治区、直辖市也可根据会计法律、会计行政法规和国家统一的会计制度的规定，结合本地区的实际情况制定一些在本行政区域之内实施的地方性会计法规。

二、会计职业道德

会计行业是市场经济活动中较为核心的行业，其主要给社会提供相关的会计信息和会计证据，因而会计行业的服务质量对经营管理者、投资者和社会大众的经济效益有着直接的作用，最终会影响当前经济社会的稳定发展。因此，会计工作者在开展会计工作时，不仅需要受会计法律法规的约束和监督，还需要具有和会计工作相匹配的职业道德，同时快速发展的市场经济对会计工作者的职业素养水平也提出了越来越高的要求。因此，科学客观地研究国内的会计职业道德状况，构建全面的会计职业道德规范体系，全方位地进行会计职业道德的宣传培训，最大限度地提高会计工作者的职业道德水平，是确保会计工作顺利进行所亟须解决的问题。

（一）会计职业道德的含义

职业道德一般包含爱岗敬业、诚实守信、办事公道、服务群众、奉献社会等。职业道德的定义有广义和狭义之分。广义的职业道德是指工作者在工作过程中必须遵守的行为规范；狭义的职业道德是指在特定的行业工作开展过程中，需要遵守的、代表该行业特点、能够调节行业关系的行为准则。会计职业道德也就是会计工作者的职业道德规范，是一般社会公德在开展会计工作过程中的具体表现，主要用以约束和指引会计工作者的行为，调整会计工作者和社会、利益相关者三者之间的关系的一种社会规范。会计职业道德贯穿于会计工作的整个过程，它体现了社会要求与个性发展的统一，着眼于人际关系的调整，以是否合情合理、善与恶为评价标准，并以社会评论（荣誉）和个人评价（良心）为主要制约手段，是一种通过将外在要求转化为内在精神动力要求来起作用的非强制性规范。具体地，会计职业道德的构成要素有会计职业理想、会计工作态度、会计职业责任、会计职业技能、会计工作纪律、会计工作作风等。

（二）会计职业道德的形成

会计职业道德的形成和发展经历了三个阶段。第一个阶段，以会计职业责任和义务为核心，重在社会对于个人的“预防”。这个阶段主要是对个人欲望的约束的他律。第二个阶段是以会计职业良心为核心。第三个阶段，在职业目标的引领下，会计职业责任和职业良心统一起来，即职业道德的他律和自律统一起来，外部导向的价值目标和内心价值追求目标达到一致。制定全面的会计职业道德准则，强化会计职业道德教育，增强会计工作者的职业道德素质，有利于形成较好的会计职业道德作风并优化会计行业的工作氛围，同时能够有效地确保会计工作按照会计准则顺利开展。

（三）会计职业道德与会计法律制度的关系

会计职业道德和会计法律制度二者间既有密切的联系，也有较大的不同之处。

1. 会计职业道德和会计法律制度的联系

会计职业道德是会计法律制度正常运行的社会基础，会计法律制度是促进会计职业道德规范形成和遵守的制度保障。二者有着共同的目标、调整对象和职责，在作用上相互补充，在内容上相互渗透，在地位上相互转化，在实施上相互推动。

2. 会计职业道德与会计法律制度的区别

(1)性质不同。会计法律制度国家要求强制执行,具有很强的他律性;会计职业道德主要依靠会计工作者的自觉,具有很强的自律性。

(2)作用范围不同。会计法律制度侧重于调整会计工作者外在行为的合法化;会计职业道德不仅要求调整会计工作者的外在行为的合法化,还要调整会计工作者的内在精神世界。

(3)表现形式不同。会计法律制度是通过一定的程序由国家立法机关或行政管理机关制定的,其表现形式是具体、明确的成文规定;会计职业道德源于会计工作者的职业实践,其表现形式有具体、明确的成文规定,也有不成文的规范。

(4)保障机制不同。会计法律制度由国家强制力保障实施;会计职业道德既有国家法律的强制要求,又需要会计工作者的自觉遵守。

(四)会计职业道德的内容

会计职业道德主要包括如下八个方面的内容:

(1)爱岗敬业。要求会计工作者正确认识会计职业,敬重会计职业,树立职业荣誉感;热爱会计工作,尽心尽力,尽职尽责。

(2)诚实守信。要求会计工作者做老实人、说老实话、办老实事;职业谨慎,信誉至上;不为利益诱惑,不泄露秘密。

(3)廉洁自律。要求会计工作者树立正确的人生观和价值观;公私分明、不贪不占;遵纪守法、清正廉洁。

(4)客观公正。要求会计工作者端正态度,依法办事;实事求是,不偏不倚;如实反映,保持应有的独立性。

(5)坚持准则。要求工作者熟悉国家法律、法规和国家统一的会计制度,始终坚持按法律、法规和会计制度的要求进行会计核算,实施会计监督。

(6)提高技能。要求会计工作者具有不断提升专业技能的自觉性,刻苦钻研,不断进取,提高业务水平。

(7)参与管理。要求会计工作者在做好本职工作的同时,努力钻研业务,全面熟悉本单位经营活动和业务流程,主动提出合理化建议,积极参与管理。

(8)强化服务。要求会计工作者树立服务意识,提高服务质量,努力维护和提升会计职业的社会形象。

【课后习题】

习题一

一、目的:了解会计的发展历程和发展趋势。

二、资料:小张是大学一年级新生,刚入学就看到学校有会计博物馆。小张在参观的时候,发现原来会计的起源可以追溯到结绳记事。参观完博物馆后,小张对馆里收藏的各种会计计量工具以及历史记载的一些会计核算方法很感兴趣,同时也有些疑惑。于是,他找到了学校里研究会计史的老师请教相关的问题。老师告诉他,我国的会计起始于170万年以前的旧石器时代,最早是采用绘画、结绳、刻契等方式来记录平常的活动。到了唐宋时期,我国会计核算采用“四柱清算法”,明末清初建立了“龙门账”,整个会计发展经历了一个由单式簿记到复式记账的过程……

三、要求:根据上述材料,回答以下问题。

(1)你是否与小张有同样的疑惑,会计经历了一个怎样的发展过程?

(2)你认为会计会怎样发展?

习题二

一、目的:了解会计在公司治理、投资者或债权人决策和政府监管过程中的作用。

二、资料:川西物流按照企业会计准则的要求定期编制季度财务报告和年度财务报告。在每年初的董事会会议上,董事们通过查阅财务报告能够了解其财务状况、经营成果和现金流量,并以此发现企业经营过程中存在的问题,提出一系列解决对策,并制定当年的经营战略。投资者和债权人根据公司披露的财务报告,也会调整自身的投资决策。同时,财政、证券监管和税务等部门也可以通过财务报告研判企业是否存在违规行为,并以此制定经济决策。

三、要求:根据上述材料,回答以下问题。

(1)会计在公司治理中具有何种作用?

(2)会计在投资者和债权人决策中具有何种作用?

(3)会计在政府监管中具有何种作用?

习题三

一、目的:了解会计的职能与目标。

二、资料:张三、李四、王五三人合伙开了一家公司,并招聘了一个财务人员对公司的经营业务进行记录和核算。在公司成立之初,三人首先进军房屋装饰行业,对一个客户的房屋进行装修。所有的人员工资、原材料购买等经济业务均采用人民币计量,由财务人员负责核算记录,并定期交由张三、李四、王五三人审核。在房屋装修完毕之后,账目情况汇总交由客户审核签字,收取尾款。最后,张三、李四、王五三人通过研究本次房屋装修的收入和费用,计算得出共获取5.3万元的利润,从而决定进一步扩大房屋装修业务。

三、要求:根据上述材料,回答以下问题。

(1)会计在公司经营过程中发挥着哪些基本职能?

(2)会计工作的目标有哪些?

习题四

一、目的:了解复式记账的起源和优点。

二、资料:一般认为,近代会计始于复式簿记形成前后。1494 年,数学家卢卡·帕乔利在《算术、几何、比与比例概要》一书中,专门用一个章节阐述了复式簿记的基本原理。这被会计界公认为是会计发展史上一个光辉的里程碑。德国诗人歌德曾赞誉复式簿记为“人类智慧的绝妙创造之一”;数学家凯利赞誉“复式簿记原理像欧几里得的比率理论一样是绝对完善的”;经济史学家索穆巴特认为,“创造复式簿记的精神也就是创造伽利略与牛顿系统的精神”;而日本会计学家黑泽清的赞誉虽略显夸张,但又不失具体——“在复式簿记出现之前,世界上并不存在着‘资本’概念。换言之,如果没有复式簿记,就不会有‘资本’概念的出现”。

三、要求:根据上述材料,回答以下问题。

(1)复式记账为何最早出现在意大利?

(2)复式记账有哪些优点?

习题五

一、目的:了解会计规范与会计职业道德。

二、资料:成立于 2001 年的康得新公司位于江苏省张家港市。高峰时期,康得新的股价达到 26.78 元/股,市值达到 948 亿元,曾入选《福布斯》杂志 2017 年度“全球最具创新力企业”,也是当年度全球唯一入选材料企业。2020 年 9 月 22 日,中国证券监督管理委员会(以下简称中国证监会,下文同)对康得新(彼时称 * ST 康得)财务造假等违法行为作出正式行政处罚。公告披露,2015 年 1 月至 2018 年 12 月,康得新通过虚构销售业务,虚构采购、生产、研发、产品运输费用等方式,虚增营业收入、营业成本、研发费用和销售费用,导致 2015 年至 2018 年年度报告虚增利润总额分别为 22.43 亿元、29.43 亿元、39.08 亿元、24.36 亿元,累计虚增利润 115.3 亿元,系 A 股史上利润造假最多的公司。2021 年 5 月 31 日,苏州市人民检察院以康得新公司涉嫌欺诈发行股票、债券罪,骗购外汇罪,钟玉、徐曙、王瑜等人涉嫌违规披露、不披露重要信息罪,欺诈发行股票、债券罪,骗购外汇罪等,依法向苏州市中级人民法院提起公诉。

三、要求:根据上述材料,回答以下问题。

(1)康得新公司财务造假违反了哪些会计规范?

(2)会计工作应遵守哪些职业道德?

第二章 会计核算前提与原则

【案例导入】

康美药业：史上最大“会计差错”

康美药业股份有限公司(以下简称“康美药业”)一度被称作中药龙头企业,整体业务覆盖中药、西药、医疗器械、保健品等多个领域。2018年5月,康美药业市值一度高达1390亿元,深受A股市场追捧。然而,2018年下半年,康美药业被曝财务造假。2018年12月28日,康美药业收到中国证监会的调查通知书。

康美药业通过自查,于2019年4月30日发布《关于前期会计差错更正的公告》,对其2017年财务报表进行重述:“由于会计处理错误,造成货币资金多计299.44亿元,营业收入多计88.98亿元……”堪称中国证券史上最大的一笔“会计差错”。

2019年5月17日,中国证监会通报康美药业案调查进展。调查结果显示,康美药业披露的2016—2018年财务报告存在重大虚假,一是使用虚假银行单据虚增存款,二是通过伪造业务凭证进行收入造假,三是部分资金转入关联方账户买卖本公司股票。

2020年5月14日,中国证监会对康美药业等作出处罚及禁入决定,决定对康美药业作出60万元顶格处罚和主要责任人10年至终身证券市场禁入处罚。

《中华人民共和国证券法》将符合诉讼条件的投资者,自动纳入集体诉讼。2021年11月12日,广州市中级人民法院依法作出一审判决,当庭宣告康美药业等相关被告承担投资者损失总金额24.59亿元。康美药业证券纠纷案是中国首单特别代表人诉讼案件,也是资本市场史上具有开创意义的标志性案件。

【课程思政要点】

培养诚信、谨慎、职业怀疑等职业素养。

第一节 会计核算前提

会计核算前提,又称会计假设,是会计人员对会计核算所处时间和空间范围所作的合理假定,是会计核算的前提条件。会计所处的社会经济环境极为复杂,会计核算面对的是变化不定的社会经济环境。在这种情况下,会计人员有必要对会计核算所处的经济环境作出判断。例如,企业在一般情况下是连续经营的,为了及时核算企业的损益情况,就有必要将企业连续不断的生产经营过程人为地划分期间,作为会计核算的期间。再如,会计核算必须以某种方式反映企业的经营情况,就必须选择确定的计量单位。只有规定了这些会计核算的前提条件,会计核算才能正常地进行下去,才能据以选择会计处理方法。会计前提是人们在长期的会计实践中逐步认识和总结形成的。会计前提是会计信息生成的基本前提,具体是指对会计核算所处时间、空间环境作出的合理假设,包括会计主体、持续经营、会计分期和货币计量四个方面。

一、会计主体

会计主体是指会计人员服务的特定对象,界定了从事会计工作和提供会计信息的空间范围。会计核算之前要明确哪些经济活动包括在核算范围之内,也就是要确认会计核算主体。

一般来讲,凡是独立核算的组织,在会计上都可以设定为一个会计主体,它包括独立核算的企业以及企业内部的独立核算单位。会计只记录本主体的账,只核算和监督本主体所发生的经济业务。只有明确会计主体这一基本前提,才能使会计的核算范围得以清楚,才能使企业的财务状况、经营成果独立地反映出来,企业的所有者、债权人,以及企业的管理人员和企业财务报表的其他使用者,才有可能从会计记录和财务报表中获得有价值的会计信息,从而作出是否对企业进行投资或改进企业经营管理的决策。

会计主体与企业法人主体是不完全相同的。法人是指在政府部门注册登记,有独立的财产、能够承担民事责任的法律实体,它强调企业与各方面的经济法律关系;会计主体则是按照正确处理所有者与企业的关系,以及正确处理企业内部关系的要求而设立的。一般来说,法人都是会计主体,但会计主体不一定是法人。例如,一些企业集团下属很多子公司,这些子公司也都是法人,但出于经营管理的需要,为全面考核和反映集团公司的经营活动和财务成果,就必须将所有的子公司连同母公司作为一个会计主体,编制合并财务报表,以便全面分析和评价整个集团公司的经营情况。

二、持续经营

持续经营是指会计主体会按照当前的规模和状态持续经营下去，在可预见的将来不会停业或大规模削减业务。会计确认、计量和报告应当以持续经营为前提，只有在持续经营条件下，企业才能按照既定用途使用资产，按照既定的合约条件清偿债务，会计人员才可以在此基础上选择会计政策和评估方法。

如果说会计主体作为基本前提是一种空间界定，那么持续经营则是一种时间界定。将持续经营作为基本前提，是指企业在可以预见的将来如果没有明显的证据证明企业不能经营下去，就认为企业将会按照当前的规模和状态继续经营下去，不会停业，也不会大规模削减业务。“可预见的将来”通常是指企业足以收回资产成本的经营期间。在持续经营前提下，企业拥有的各项资产就会在正常的经营过程中耗用、出售或转换，承担的债务也会在正常的经营过程中清偿，经营成果就会不断形成。也就是说，组织会计核算工作，首先必须明确核算的主体，即解决为谁核算的问题；其次，还必须明确时间范围，即确认核算主体是持续不断地经营的。否则，组织会计核算工作的必要性就不存在了。

持续经营对于会计核算十分重要，它为正确地确定财产计价、收益以及为计量提供了理论依据。只有具备了这一前提，才能够以历史成本作为企业资产的计量属性，才能够认为资产在未来的经营活动中可以给企业带来经济效益，固定资产的价值才能够按照使用年限的长短以折旧的方式分期转为费用。

在实务中，要不断对企业是否可以持续经营进行判断和评估。如果不能持续经营，企业应当及时披露相关信息。

三、会计分期

会计分期是指将企业持续的生产经营活动划分成若干个连续的、间隔相等的时间段，每一个时间段都是一个会计分期。会计分期通常分为年度和中期，中期是指短于一个完整的会计年度的报告期间，一般包括月度、季度和半年度。会计分期的目的在于确定会计信息的时间段落，按期编制财务报告，及时反映企业财务状况、经营成果和现金流量信息。

在会计分期前提下，会计主体应当合理划分会计期间。会计期间一般划分为年度和中期。会计年度可以采用公历年度，即以公历 1 月 1 日至 12 月 31 日为一个会计年度，世界上许多国家包括我国就采用的是公历年度；会计年度也可以采用营业年度，即以每年业务最清淡的时间点作为会计年度的起点和终点，如日本，是以每年的 4 月 1 日为会计年度的起点，以第二年的 3 月 31 日为会计年度的终点。中期是指短于一个完整会计年度的报告期间，具体又可分为月度、季度和半年度。每一会计期间结束，都应及时结算账目和编制会计报表。

四、货币计量

货币计量是指会计主体在进行会计确认、计量和报告时以货币作为统一计量单位。我国企业会计准则规定，会计核算以人民币为记账本位币。业务收支以人民币以外的货币为主的企业，可以选择人民币以外的货币作为记账本位币，但是编制的财务会计报告应当折算为人民币进行反映。

在会计的确认、计量和报告过程中之所以选择货币为基础进行计量，是由货币的本身属性决定的。货币是商品的一般等价物，是衡量一般商品价值的共同尺度，具有价值尺度、流通手段、贮藏手段和支付手段等职能。其他计量单位，如重量、长度、容积、台、件等，只能从一个侧面反映企业的生产经营情况，无法在量上进行汇总和比较，不便于会计计量和经营管理。只有选择货币尺度进行计量，才能充分反映企业的生产经营情况，所以会计准则规定会计确认、计量和报告选择货币作为计量单位。

在有些情况下，统一采用货币计量也有缺陷。某些影响企业财务状况和经营成果的因素，如企业经营战略、研发能力、市场竞争力等，往往难以用货币来计量，但这些信息对于使用者决策来讲也很重要。企业可以在财务报告中补充披露有关非财务信息来弥补上述缺陷。

第二节　会计信息质量特征

会计信息质量要求是对企业财务报告中所提供的会计信息质量的基本要求，是指财务报告中所提供的会计信息对信息使用者决策有用应具备的基本特征，主要包括可靠性、相关性、可理解性、可比性、实质重于形式、重要性、谨慎性和及时性八个方面。其中，可靠性、相关性、可理解性和可比性是会计信息质量的首要要求，是财务报告中所提供会计信息应具备的基本质量特征；实质重于形式、重要性、谨慎性和及时性是会计信息质量的次级要求，是对首要要求的补充和完善，尤其是在对某些特殊交易或事项进行处理时，需要根据这些质量要求来把握其会计处理原则。

一、可靠性

可靠性也称为真实性，要求企业应当以实际发生的交易或事项为依据进行确认、计量和报告，如实反映符合确认和计量要求的各项会计要素以及其他相关信息，保证会计信息真实可靠、内容完整。如果提供的会计信息不可靠，就会误导信息使用者，会计工作也就失去了意义。

会计信息要有用，必须以可靠为基础，如果财务报告所提供的会计信息是不可靠的，就会对投资者等使用者的决策产生误导。为了贯彻可靠性要求，企业应当做到以下几点：

一是以实际发生的交易或者事项为依据进行确认、计量，将符合会计要素定义及其确认条件的资产、负债、所有者权益、收入、费用和利润等如实反映在财务报表中，不得根据虚构的、没有发生的或者尚未发生的交易或者事项进行确认、计量和报告。

二是尽可能保证会计信息的完整性，其中包括应当编报的报表及其附注内容等应当保持完整，不能随意遗漏或者减少应予披露的信息，与使用者决策相关的有用信息都应当充分披露等。

三是包括在财务报告中的会计信息应当是中立的、无偏的。如果企业在财务报告中为了达到事先设定的结果或效果，通过选择性列示有关会计信息以影响决策和判断，这样的财务报告信息就不是中立的。

二、相关性

相关性也称为有用性，要求企业提供的会计信息应当与财务报告使用者的经济决策需要相关，有助于财务报告使用者对企业过去、现在或未来的情况作出评价或者预测。而一项信息是否具有相关性取决于其预测价值和反馈价值。

其一，预测价值。如果一项信息能帮助决策者对过去、现在和未来事项的可能结果进行预测，则该项信息具有预测价值。决策者可根据预测的结果，作出其认为的最佳选择。因此，预测价值是构成相关性的重要因素，具有影响决策者决策的作用。

其二，反馈价值。一项信息如果能有助于决策者验证或修正过去的决策和实施方案，即具有反馈价值。会计人员把过去决策所产生的实际结果反馈给决策者，决策者将其与当初的预期结果相比较，验证过去的决策是否正确。

会计信息质量的相关性要求企业在确认、计量和报告会计信息的过程中，要充分考虑使用者的决策模式和信息需要。

相关性是以可靠性为基础的，二者之间并不矛盾，不应将二者对立起来。也就是说，会计人员在保证会计信息可靠性的前提下，还应尽可能地保证会计信息的相关性，以满足投资者等财务报告使用者的决策需要。

三、可理解性

可理解性要求企业提供的会计信息应当清晰明了，便于财务报告使用者理解和使用。企业编制财务报告、提供会计信息的目的在于使用，而要使使用者有效使用会计信息，应当能让其了解会计信息的内涵，弄懂会计信息的内容，这就要求财务报告所提供的会计信息应当清晰明了，易于理解。只有这样，才能提高会计信息的有用性，实现财务报告的目标，满足向投资者等财务报告使用者提供决策有用信息的要求。

会计信息毕竟是一种专业性较强的信息产品，在强调会计信息的可理解性要求的同时，还应假定使用者具有一定的有关企业经营活动和会计方面的知识，并且愿意付出努力去研究这些信息。对于某些复杂的信息，如交易本身较为复杂或者会计处理较为复杂，但其对使用者的经济决策相关，企业就应当在财务报告中予以充分披露。针对目前我国会计信息使用者素质总体不均衡现象，这一特征显得尤为重要。企业披露信息时，应考虑绝大多数信息使用者的素质，如掌握经济知识的广度和深度，愿意参加培训的程度等。

四、可比性

可比性要求企业提供的会计信息应当相互可比。可比包含两层含义：一是横向可比，即不同企业相同会计期间可比；二是纵向可比，即同一企业不同时期可比。

横向可比是指不同企业发生的相同或者相似的交易或者事项，应当采用规定的会计政策，确保会计信息口径一致、相互可比，以便于不同地区和行业间企业会计信息的比较、分析和汇总。强调会计信息的横向可比，可为国家进行宏观调控和管理、投资者作出正确决策提供必要的依据。

在市场经济条件下，各会计主体均以平等的身份共处于统一的大市场中，并按等价交换的原则进行商品交换，这就要求会计信息打破所有制、部门、行业的界限，所有会计核算都按照国家统一的会计制度进行。统一可比的会计信息便于比较不同企业的财务状况、经营成果和现金流量，可使企业站在同一起跑线上竞争，促进资源的合理流动与重新配置。

纵向可比是指同一企业不同时期发生的相同或者相似的交易或者事项，应当采用一致的会计政策，不得随意变更。纵向可比并非绝对不变，随着经济情况的变化，当原来的会计程序和处理方法不再适用，确需变更的，应当将变更的情况、变更的原因及其对企业财务状况和经营成果的影响在会计报表附注中予以说明。坚持纵向可比，可以制约会计主体通过会计政策和会计估计的变更来操纵利润、粉饰报表。

五、实质重于形式

实质重于形式要求企业应当以交易或事项的经济活动实质进行会计确认、计量和报告，不应当以交易或事项的法律形式为依据。例如，企业销售了商品，尽管在法律形式上实现了销售收入，但是如果购买方并未取得该商品的控制权，就没有满足收入确认的条件，也就不应当确认销售收入。

在实际工作中，交易或者事项的外在法律形式并不总能完全反映其实质内容，在某些情况下，交易或者事项的实质可能与其外在的法律形式所反映的内容不尽相同。为了使会计信息真实地反映经济现实，就必须依据交易或者事项的实质而非法律形式进行核算，即坚持实质重于形式的会计信息质量要求。因为，如果企业的会计核算仅仅按照交易或者事项的法律形式作为依据，而法律形式又未能反映交易或者事项的经济实质和经济现实，那么，会计核算的结果很可能会误导信息使用者的决策。例如，以融资租赁方式租入的固定资产，从法律形式上讲，虽然承租企业并不拥有其所有权，但是由于其租赁期长（接近该固定资产的使用寿命），租赁期结束时承租企业有优先购买权，租赁期内承租企业能够控制其创造的未来经济利益，因此，应将其视为自有资产入账。

六、重要性

重要性要求企业提供的会计信息应当反映与企业财务状况、经营成果和现金流量有关的所有重要交易或者事项。在实务中，重要性依赖于职业判断，需要根据所处实际情况从项目性质和金额大小两方面加以判断。

在实务中，如果会计信息的省略或者错报会影响投资者等财务报告使用者据此作出决策，该信息就具有重要性。

会计信息应该对那些相对比较重要的项目予以全面和尽可能详细的披露；相反，不重要或与决策无关的项目则可以简要的方式披露，甚至不披露。我国把重要性列为一项会计信息质量特征，国际会计准则委员会把它作为一项选择会计政策的“杠杆”，美国财务会计准则委员会视它为一项限制因素。我们认为，应把重要性作为承认质量的出发点。它实际上是对会计信息的提供施加了限制，使得财务报告的披露只涉及那些重要的、足以对会计信息使用者的经济决策产生影响的会计信息。总之，重要性本身没有确切的衡量标准，哪些情况重要，是否需要在财务报告中披露，主要靠会计人员的职业判断。

七、谨慎性

谨慎性要求企业对交易或者事项进行会计确认、计量和报告时保持应有的谨慎，不应高估资产或者收益、低估负债或者费用。

在市场经济环境下，企业的生产经营活动面临许多风险和不确定性，如应收款项的可收回性、固定资产的使用寿命、无形资产的使用寿命、售出存货可能发生的退货或者返修等。会计信息质量的谨慎性要求企业在面临不确定性因素的情况下作出职业判断时，应当保持应有的谨慎，充分估计各种风险和损失，既不高估资产或者收益，也不低估负债或者费用。例如，对于企业发生的或有事项，通常不能确认或有资产，只有当相关经济利益基本确定能够流入企业时，才能作为资产予以确认。相反，相关的经济利益很可能流出企业而且构成现时义务时，应当及时确认为预计负债。

谨慎性的应用不允许企业设置秘密准备，如果企业故意低估资产或者收入，或者故意高估负债或者费用，将不符合会计信息的可靠性和相关性要求，损害会计信息质量，扭曲企业实际的财务状况和经营成果，从而对使用者的决策产生误导，这是不符合会计准则要求的。

八、及时性

及时性要求企业对于已经发生的交易或者事项，应当及时进行确认、计量和报告，不得提前或者延后。

会计信息的价值在于帮助所有者或者其他信息使用者作出经济决策，具有时效性。即使是可靠、相关的会计信息，如果不及时提供，也会失去时效性，对于使用者的效用就会大大降低，甚至不再具有实际意义。在会计确认、计量和报告过程中贯彻及时性，一是要求及时收集会计信息，即在经济交易或者事项发生后，及时收集整理各种原始单据或者凭证；二是要求及时处理会计信息，即按照会计准则的规定，及时对经济交易或者事项进行确认或者计量，并编制财务报告；三是要求及时传递会计信息，即按照国家规定的有关时限，及时地将编制的财务报告传递给财务报告使用者，便于其及时使用和决策。

在实务中，为了及时提供会计信息，可能需要在有关交易或者事项的信息全部获得之前即进行会计处理，不过这样虽然满足了会计信息及时性要求，但可能会影响会计信息的可靠性；反之，如果企业等到与交易或者事项有关的全部信息获得后再进行会计处理，这样的信息披露可能会由于时效性问题，对于投资者等财务报告使用者决策的有用性大大降低。这就需要在及时性和可靠性之间作相应权衡，以更好地满足投资者等财务报告使用者的经济决策需要。

第三节　会计确认、计量及其要求

一、会计确认

所谓会计确认，是指依据一定的标准，辨认哪些数据能输入、何时输入会计信息系统以及如何进行报告的过程。它包括会计记录的确认和编制会计报表的确认，前者一般称为初次确认，后者称为再次确认。

（一）初次确认

初次确认又叫初始确认或入账确认，是对交易或事项进行正式的会计记录的行为，关注的是企业发生的交易或事项是否应该被记录，应在何时通过哪些会计要素在会计凭证及会计账簿中予以记录的问题。初次确认一般需要作两个方面的判断：首先，对发生的经济业务，应辨认其是否为会计信息，是否应在会计账簿中正式加以记录；其次，对确认了应进行记录的经济业务，要确定其属于哪一会计要素，应选择哪一个账户进行记录，以及如何在会计账簿中加以分类记录。

（二）再次确认

再次确认又叫最终确认或入表确认，是指编制报表时的确认。再次确认主要解决为经济管理和报表使用者提供哪些会计核算指标的问题，确认已记录和储存在会计账簿中的会计数据应列示在会计报表的哪一个具体项目中。再次确认的主要任务是编制财务报表。

再次确认的数据来源于会计账簿，将会计数据由账簿记录转化为报表的项目，有一个挑选、分类、汇总的加工过程。例如，会计主体发生银行存款增加的业务，初次确认应在“银行存款”账户记录增加，再次确认时该数据应在资产负债表的“货币资金”项目列示。进行会计确认，必须以一定的标准为依据。会计确认的标准是指会计核算的特定规范要求。我国会计核算的特定规范主要有企业会计准则、企业财务通则、企业财务制度以及有关财经法规等。只有符合这些会计核算特定规范要求的，会计才予以确认。

二、会计计量

会计通常被认为是一个对会计要素进行确认、计量和报告的过程，其中，会计计量在会计确认和报告之间起着十分重要的作用。

一般来说，会计计量主要由计量单位和计量属性两方面的内容构成，二者的不同组合就形成了不同的计量模式。

（一）会计计量单位

正如在会计前提中所阐述的那样，会计应该坚持货币计量前提，以货币作为计量单位。但货币的本质是充当一般等价物的商品，其本身也有价值，而且其价值不断变动。因此，计量单位至少存在两种选择：一是名义货币单位；二是实际货币单位（一般购买力单位）。会计计量通常使用的是名义货币，即以币值稳定为基本假设。但如果通货膨胀率居高不下，无视购买力的变化就会严重扭曲会计信息，解决这个问题的办法是使用物价变动会计（或者称通货膨胀会计）。

（二）会计计量属性

1. 历史成本

历史成本是指资产取得或购建时发生的实际成本。会计准则规定，在历史成本计量下，资产按照购置时所付出的对价的公允价值计量。负债按照承担现时义务的合同金额，或者按照日常活动中为偿还负债预期需要支付的现金或者现金等价物的金额计量。

2. 重置成本

重置成本又称现行成本，是指按照当前市场条件，重新取得同样一项资产所需支付的现金或现金等价物金额。在重置成本计量下，资产按照现在购买相同或者相似资产所需支付的现金或者现金等价物的金额计量，负债按照现在偿付该项债务所需支付的现金或者现金等价物的金额计量。重置成本多应用于盘盈固定资产的计量等。

3. 可变现净值

可变现净值又称预期脱手价值，是指资产按照其正常对外销售所能收到现金或者现金等价物的金额扣减该资产至完工时估计将要发生的成本、估计的销售费用以及相关税费后的金额计量。

可变现净值与现行市价一样，都是立足于销售的立场确定某项资产的变现价值。不同之处在于，可变现净值是预期的未来未贴现的变现价值，因此需要扣除为继续加工所需要的现金支出。另外，可变现净值假设企业处于正常经营状态，符合会计持续经营前提。可变现净值体现了稳健性的原则，反映了资产预期的实现收入能力。但它仅用于计划将来销售的资产或未来清偿既定的负债，无法适用于企业全部资产。

4. 现值

现值是对未来现金流量以恰当的折现率进行折现的价值。资产按照预计从其持续使用和最终处置中所产生的未来净现金流入量的折现金额计算。负债按照预计期限内需要偿还的未来净现金流出量的折现金额计算。

5. 公允价值

公允价值是指市场参与者在计量日发生的有序交易中，出售一项资产所能收到的或者转移一项负债所需支付的价格。在公允价值计量下，资产和负债按照公平交易中，熟悉情况的交易双方自愿交换或者债务清偿的金额计量。公允价值主要应用于交易性金融资产、其他权益工具投资的计量等。

在各种会计要素的计量属性中，历史成本通常反映的是资产或者负债过去的价值，而重置成本、可变现净值、现值以及公允价值通常反映的是资产或者负债的现时成本或者现时价值，是与历史成本相对应的计量属性。企业在对会计要素进行计量时，一般应当采用历史成本。如果需要采用重置成本、可变现净值、现值、公允价值计量，应当保证所确定的会计要素金额能够取得并可靠计量。

三、会计确认与计量的要求

（一）历史成本计量

历史成本原则也称实际成本原则，是指企业的各项财产物资应当按照取得或购建时发生的实际成本核算，而不考虑随后市场价格变动的影响。市价变动时，除国家另有规定者外，一律不得调整其账面价值。

将历史成本原则作为计价基础有助于各项资产和负债项目确认、计量结果的验证与控制，同时按照历史成本原则核算，也使收入与费用的配比建立在实际交易的基础上，防止企业随意改动资产价格造成经营成果虚假或任意操纵企业的经营收益。

但是，历史成本原则也有其局限性。历史成本原则是在币值基本稳定的前提下采用的，因此，当货币购买力变动和物价上涨时，按历史成本计价就不能准确地反映企业资产的真实价值。在这种情况下，就会削弱会计信息的有用性。所以，在物价变动较大的情况下，可按照国家规定对资产的账面价值进行调整。在一般情况下，当市价明显低于资产的账面价值时，可以通过计提资产减值准备的方法来进行调整。

（二）收入与费用配比

正确确定一个会计期间的收入和与其相关的成本、费用，以便计算当期的损益，这是配比的要求。

收入与费用配比包括两个层面：一是收入和费用在因果关系上的配比，即取得一定的收入时发生了一定的支出，而发生这些支出就是为了取得这些收入；二是收入和费用在时间意义上的配比，即一定会计期间的收入和费用的配比。

（三）划分收益性支出与资本性支出原则

划分收益性支出与资本性支出原则是指企业的会计核算应当合理划分收益性支出与资本性支出的界限。对于企业发生的支出，应该事先估计其财务效益，凡支出的效益仅属于本会计期间（或一个营业周期）的，应当作为收益性支出。收益性支出应当在支出的期间作费用化处理；凡支出的效益属于几个会计期间（或几个营业周期）的，应当作为资本性支出。资本性支出应作资本化处理，确认当期的资产增加。只有正确划分收益性支出与资本性支出的界限，才能真实反映企业的财务状况，正确计算企业当期的经营成果。

第四节 会计核算基础

在实务中，会计主体交易或者事项的发生时间与相关货币的收支时间并不完全一致，有时候存在收入和费用的发生期在前、收支期在后，或收支期在前、发生期在后的情况，对于跨期收入或费用应当在什么时间进行确认直接影响到各期成本和利润。每个会计主体都应在会计核算之前选定划分跨期收入和费用的方法，也即选定会计核算基础。目前，我国主要采用权责发生制和收付实现制两种会计核算基础。

一、权责发生制

权责发生制也称应计制，是以"应收应付"作为标准来确认当期收入和费用的会计核算基础。根据权责发生制的原则，凡是当期已经实现的收入和已经发生或应当负担的费用，无论款项是否已经收付，都应作为当期的收入和费用处理；凡是不属于当期的收入和费用，即使款项已经在当期收付，也不应当作为当期的收入和费用处理。权责发生制的核心是根据权责关系的实际发生来确认企业的收入和费用，能够使企业在同一会计期间的收入和费用之间存在相对合理的比例关系，更加真实地反映企业的财务状况和经营成果。正因如此，我国会计准则规定，企业应当以权责发生制为会计核算基础。

二、收付实现制

收付实现制也称现金制，是以"款项的实际收付"作为标准来确认当期收入和费用的会计核算基础。根据收付实现制的原则，凡是在本期收到的款项和支出的费用，不论其是否属于本期，都应当作为本期的收入和费用处理；凡是本期未收到的收入和支出的费用，即使属于本期，也不作为本期的收入和费用处理。虽然收付实现制的账务处理方法较为简单，但是不能准确、合理地确认各期损益。目前，非营利性组织的会计核算以收付实现制为基础。

【课后习题】

习题一

一、目的：掌握四大会计核算前提。

二、资料:万科企业股份有限公司(以下简称万科集团)成立于1984年,经过近四十年的发展,已成为国内领先的城乡建设与生活服务商,公司业务聚焦于全国经济最具活力的三大经济圈及中西部重点城市。为满足投资者对其财务状况、经营成果和现金流量等信息的需求,万科集团每季度、半年度和年度都会编制和发布财务报告。对于每一项经营业务,均采用人民币进行计量。在未来长期的时间内,万科集团将持续在房地产行业中占据较大的市场份额。

三、要求:根据上述材料,回答以下问题。

(1)在本案例中,万科集团是否为会计主体,具有什么特征?

(2)万科集团所采取的会计分期包括哪几个种类?

(3)万科集团的会计计量单位是什么?

(4)万科集团持续经营对于其会计工作的意义何在?

习题二

一、目的:了解会计信息质量的要求。

二、资料:浙江亚太药业股份有限公司(以下简称亚太药业)前身为浙江亚太制药厂,是一家集科研、生产、销售于一体的专业化、规模化的国家高新技术企业和国家火炬计划重点高新技术企业。2016年至2018年,亚太药业收购的全资子公司上海新高峰生物医药有限公司虚构业务往来,累计虚增收入4亿余元,虚增利润近2亿元。子公司财务信息的真实、准确、完整是上市公司整体信息披露质量的重要基础,上市公司应当加强对子公司的规范管理,督促其守法合规经营。

三、要求:根据上述材料,回答以下问题。

(1)请具体阐述亚太药业子公司上海新高峰生物医药有限公司上述造假行为,同时阐述这些造假行为主要违反了会计信息质量的哪几项要求。

(2)谈谈会计信息质量应该满足哪些要求。

习题三

一、目的:比较公允价值和历史成本的优缺点。

二、资料:价值总是随着价格上下波动。公允价值能体现资产在报告日的市场价格,这体现了其价格随价值调整的结果。2019年1月1日起,甲公司的投资性房地产后续计量从成本模式变为公允价值模式,其转换日的账面净值为2.35亿元,转换为公允价值模式后,其期初账面净值调增3.37亿元,2021年末因投资性房地产公允价值变动产生的损益为0.32亿元。此时,按公允价值反映的就是该资产的实际价值,而不再仅仅是成本,这对于资产的保值增值也更有利。

三、要求：根据上述材料，回答以下问题。

(1)历史成本和公允价值的含义分别是什么？

(2)公允价值相较于历史成本具有哪些优点？

习题四

一、目的：比较权责发生制与收付实现制。

二、资料：某企业6月份发生以下经济业务：支付上月份电费5 000元；收回上月的应收账款10 000元；收到本月的营业收入款8 000元；支付本月应负担的办公费900元；支付下季度保险费1 800元；应收营业收入25 000元，款项尚未收到；预收客户货款5 000元。

三、要求：根据上述材料，回答以下问题。

(1)比较权责发生制与收付实现制的异同。

(2)说明它们各有何优缺点。

第三章
会计要素、账户与复式记账

【案例导入】

400元创业

小刘是一所著名美术学院的学生,她正在为缺少资金购买一台有特别设计功能的计算机而烦恼。为此,她准备用手头的400元创办一个美术培训班。首先她花费160元与朋友聚餐商谈自己创办培训班的事,并且筹集到资金4 000元,用于支付每月1 000元的房租以及购置办公用品等。随后,她支出100元印刷了500份广告传单,花费100元购置了信封、邮票等。经过十几天的宣传,她招收了10名学员,每人每月学费为1 800元,并且找到了一位具有较强能力的同学作为合伙人。美术培训班现已经营了4个月,经营状况良好。他们准备在下个月以每小时200元的讲课报酬雇佣4位同学做兼职教师,并且招收更多的学员。

【课程思政要点】

从复式记账法看万物守恒定律。

第一节 会计要素

一、会计对象

会计对象是指会计核算和监督的内容，具体是指社会再生产过程中能以货币表现的经济活动，即资金运动或价值运动。企业的资金运动表现为资金投入、资金的循环与周转以及资金退出三个过程。如图3-1揭示了制造业企业的资金运动过程。

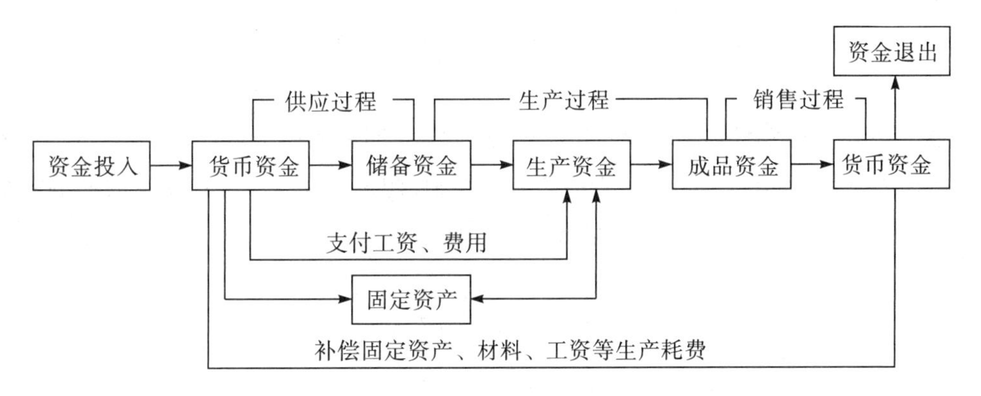

图3-1　制造业企业的资金运动过程

（一）资金投入

企业的资金来源包括所有者投入的资金（所有者权益）和债权人投入的资金（负债）。投入企业的资金一部分形成流动资产，另一部分形成企业固定资产等非流动资产。投入资金后，企业才开始正常的生产经营活动。

（二）资金循环与周转

企业从事生产经营活动，首先用货币资金去购买材料物资为生产作准备，这一过程称为供应过程；接着领用材料物资加工生产产品，这一过程称为生产过程；最终将产品对外销售，取得销售收入，收回货币资金，这一过程称为销售过程。企业的资金运动是指资金投入企业后，在供应、生产和销售等环节不断循环与周转。

在供应过程中，以货币资金购入材料物资，材料物资等占用的资金为储备资金，在这一过程中，货币资金减少，储备资金增加，资金的形态由货币资金转化为储备资金。在生产过程中，领用材料物资加工生产产品，支付职工薪酬和计提固定资产折旧，产品完工后验收到产成品仓库，车间各种在生产中占用的资金为生产资金，完工产品占用的资金为成品资金。

在销售过程中,将产成品售出收回货币资金,在这一过程中,成品资金转化为货币资金。

资金的循环与周转就是从货币资金开始依次转化为储备资金、生产资金、成品资金,最后回到货币资金的过程。

(三)资金退出

销售环节收回资金后,资金还需要按照法定程序偿还债务、缴纳各项税金、向所有者分配利润等,这部分资金离开本企业,称为资金的退出。

综上所述,制造业企业因资金的投入、循环和周转、资金的退出等各项经济活动所引起的经济资源的增减变化、各项成本费用的支出以及收入的取得、利润的实现及分配,共同构成会计核算的对象。

二、会计要素

会计要素是会计对象的基本分类,是会计对象的初步具体化。我国企业会计准则将会计要素分为资产、负债、所有者权益、收入、费用和利润六大类。其中,资产、负债和所有者权益三个要素属于静态会计要素,侧重于反映企业在某个时点的财务状况,又称为资产负债表要素;收入、费用和利润三个要素属于动态会计要素,侧重于反映企业在某个时期的经营成果,又称为利润表要素。会计要素分类如图 3-2 所示:

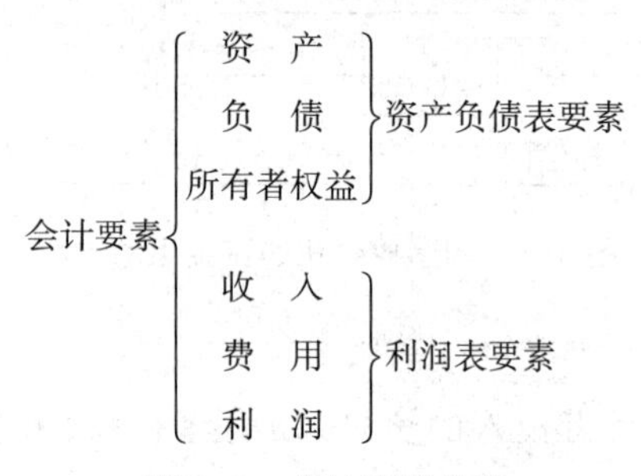

图 3-2　会计要素分类

(一)资产

1. 资产及其特征

资产是指企业过去的交易或者事项形成的,由企业拥有或者控制的,预期会给企业带来经济利益的资源。按照在经济活动中的性质和存在形态,资产一般可以划分为流动资产、长期资产、固定资产、无形资产和其他资产。

资产具有如下特征:第一,由企业过去的交易或者事项形成。预期在未来发生的交易或者事项可能产生的结果,则不属于现在的资产。第二,应为企业拥有或控制的资源。其中,"拥有"是指企业通过购买等方式取得该项资产的产权,而"控制"是指企业目前虽然尚未取得该项资产的产权,但实际上已经控制该项资产,如超过正常信用条件的分期付款购入的资产等。第三,预期会给企业带来经济利益。这是资产最重要的特征,是指有极大的可能性直接或间接给企业带来现金和现金等价物的流入。

2. 资产的构成

企业的资产按其流动性的不同可以划分为流动资产和非流动资产。

(1)流动资产是指可以在1年或者超过1年的一个营业周期内变现或者耗用的资产,主要包括库存现金、银行存款、应收及预付款项、存货等。

库存现金是指企业持有的现款,也称为现金。库存现金主要用于支付日常发生的小额、零星的费用或支出。

银行存款是指企业存入本地银行账户的款项。企业的银行存款主要来自投资者投入资本的款项、债权人借入的款项、销售商品的货款等。

应收及预付款项是指企业在日常生产经营过程中发生的各项债权,包括应收票据、应收账款、其他应收款、预付账款等。

存货是指企业在日常生产经营过程中持有以备出售,或者仍处于生产过程中将要消耗,或者在生产或提供劳务的过程中将要耗用的各种材料或物料,包括库存商品、半成品、在产品以及各类材料等。

(2)非流动资产是指不能在1年或者超过1年的一个营业周期内变现或者耗用的资产,主要包括长期股权投资、固定资产、无形资产等。

长期股权投资是指持有时间超过1年(不含1年)、不能变现或不准备随时变现的股票和其他投资。企业进行长期股权投资,是为了获得较为稳定的投资收益或者对被投资单位实施控制或重大影响。

固定资产是指企业使用年限超过1年的房屋、建筑物、机器、机械、运输工具以及其他与生产、经营有关的设备、器具、工具等。

无形资产是指企业拥有或者控制的没有实物形态的可辨认非货币性资产。无形资产主要包括专利权、非专利技术、商标权、著作权、土地使用权等。

(二)负债

1. 负债及其特征

负债是指企业过去的交易或者事项形成的,预期会导致经济利益流出企业的现时义务。

负债具有如下特征:第一,由企业过去的交易或者事项形成。只有过去的交易或者事项才会形成负债,企业在未来发生的承诺、签订的合同等交易或者事项不会形成负债。第二,是企业承担的现时义务。现时义务是指企业在现行条件下已经承担的义务,未来发生的交易或者事项形成的义务不属于现时义务。第三,预期会导致经济利益流出企业。这是负债的本质特征。经济利益流出企业的方式很多,可以通过转让资产或提供劳务的方式来偿还,也可以将债务转化为资本等形式来偿还。

2. 负债的构成

企业的负债通常按照债务偿还期限的长短进行分类,大致分为流动负债和非流动负债。

(1)流动负债是指将在1年(含1年)或者超过1年的一个营业周期内偿还的债务,主要包括短期借款、应付及预收款项等。

短期借款是指企业从银行或者其他金融机构借入的期限在1年以下的各种借款,如企业从银行取得的、用来补充流动资金不足的临时性借款。

应付及预收款项是指企业在日常生产经营过程中发生的各项债务,主要包括应付票据、应付账款、应付职工薪酬、应交税费、应付股利、其他应付款项和预收款项等。

(2)非流动负债是指偿还期在1年或者超过1年的一个营业周期以上的债务,主要包括长期借款、应付债券、长期应付款等。

长期借款是指企业从银行或其他金融机构借入的期限在1年以上的各项借款。企业借入长期借款,主要是为了满足长期工程项目的资金需要。

应付债券是指企业为筹集长期资金而实际发行的长期债券。

长期应付款是指除长期借款和应付债券以外的其他长期应付款项,包括应付引进设备款、融资租入固定资产应付款等。

(三)所有者权益

1. 所有者权益及其特征

所有者权益是指企业资产扣除负债后由所有者享有的剩余权益,是投资者对企业净资产的要求。股份制公司的所有者权益又称为股东权益,包括实收资本(股本)、其他权益工具、资本公积、其他综合收益、盈余公积和未分配利润等。

所有者权益具有如下特征:第一,是一种剩余权益。企业的资产只有在保证全部债务得到偿还后才归所有者享有。第二,一般不需要偿还给投资者,除非企业发生清算、减资的情况。第三,可分享企业利润。投资者可以根据其在企业实收资本中所占份额参与企业的利润分配,而债权人则不能参与利润分配。

2. 所有者权益的构成

所有者权益按其来源主要包括所有者投入的资本、直接计入所有者权益的利得和损失、留存收益等,通常由实收资本(或股本)、其他权益工具、资本公积(含资本溢价或股本溢价、其他资本公积)、其他综合收益、盈余公积和未分配利润等构成。

实收资本是指投资者按照企业章程,或合同、协议的约定,实际投入企业的资本。它是企业注册成立的基本条件之一,也是企业承担民事责任的财力保证。

其他权益工具是指核算企业发行的除普通股以外的归类为权益工具的各种金融工具。主要包括归类于权益工具的优先股、永续债等金融工具。

资本公积是指归企业所有者共有的资本,主要来源于资本在投入过程中所产生的溢价和其他资本公积。资本公积主要用于转增资本。

留存收益是指企业历年实现的净利润留存于企业的部分,主要包括累计计提的盈余公积和未分配利润。

其他综合收益是指在企业经营活动中形成的未计入当期损益但归所有者共有的利得或损失，主要包括以公允价值计量且变动计入其他综合收益的金融资产公允价值变动，以及权益法下被投资单位所有者权益其他变动等。

（四）收入

1. 收入及其特征

收入是指企业在日常活动中形成的、会导致所有者权益增加的、与所有者投入资本无关的经济利益的总流入。

收入具有如下特征：第一，是从企业的日常活动中产生的。日常活动是指企业为完成其经营目标所从事的经常性活动以及与之相关的活动，如销售商品、提供劳务取得的收入。第二，是与所有者投入资本无关的经济利益的总流入。收入应当会导致经济利益的流入，表现为资产的增加或负债的减少，投资者的投入不是企业的收入。第三，会导致所有者权益的增加。与收入相关的经济利益的流入应当会导致所有者权益的增加。相反，不能导致所有者权益增加的经济利益流入就不能确认为收入。

2. 收入的构成

按照企业经营业务的主次不同，收入主要包括主营业务收入、其他业务收入和投资收益等。

主营业务收入是指企业在其经常性的、主要业务活动中获得的收入，如工商企业的商品销售收入、服务业的劳务收入。

其他业务收入是指企业在其非主要业务活动中所获得的收入，如制造业企业销售原材料、出租固定资产等业务取得的收入。

投资收益是指企业对外投资所取得的收益减去发生的投资损失后的净额。

应予以强调的是，上面所说的收入是指狭义的收入，它是营业性收入的同义语。广义的收入还包括直接计入当期利润的利得，即营业外收入。营业外收入是指企业取得的与其生产经营活动无直接关系的各项收入，包括报废非流动资产利得和捐赠利得等。

（五）费用

1. 费用及其特征

费用是指企业在日常经营活动中形成的，会导致所有者权益减少的，与向所有者分配利润无关的经济利益的总流出。

费用具有如下特征：第一，是企业在日常活动中形成的。这与对收入的界定类似，产生于非日常经营活动的经济利益流出则不应当确认为费用。第二，是与所有者分配利润无关的经济利益的总流出。所有者分配利润与费用的发生一样都会导致经济利润流出，但是向所有者分配利润应当是所有者利益的抵减项，不能确认为费用。第三，会导致所有者权益的减少。不能导致所有者权益减少的经济利益流出不能确认为费用。

2. 费用的构成

这里所说的费用包括两方面的内容:成本和费用。

(1)成本是指企业为生产产品、提供劳务而发生的各种耗费,包括生产成本、制造费用等。

(2)费用一般是指企业在日常活动中发生的,应当从当期收入中扣除的营业成本、期间费用(销售费用、管理费用、财务费用)、资产(信用)减值损失、营业税费等。

营业成本是指企业因销售商品、提供劳务或让渡资产使用权等日常活动而发生的实际成本。例如,商业企业的商品销售成本、服务业由于提供劳务发生的劳务成本等。

期间费用具体包括销售费用、管理费用和财务费用。①销售费用是指企业在销售商品过程中发生的费用,包括企业销售商品过程中发生的运输费、装卸费、包装费、保险费、展览费和广告费,以及为销售本企业商品而专设的销售机构(含销售网点、售后服务网点等)的职工薪酬、业务费、折旧费、固定资产修理费用等营业费用。②管理费用是指企业为组织和管理企业生产经营所发生的管理费用,包括企业的董事会和行政管理部门的职工工资、修理费、办公费和差旅费等公司经费,以及聘请中介机构费、咨询费(含顾问费)、业务招待费等费用。管理费用的受益对象是整个企业,而不是企业的某个部门。③财务费用是指企业为筹集生产经营所需资金而发生的各项费用,包括应当作为期间费用的利息支出(减利息收入)、汇兑损失(减汇兑收益)以及相关的手续费。

资产(信用)减值损失是指企业计提各项资产减值准备所形成的损失。资产(信用)减值准备主要包括坏账准备、存货跌价准备、固定资产减值准备等。

营业税费,也称销售税费,是指企业营业活动应当负担并根据有关计税基数和税率确定的各种税费,如消费税、城市维护建设税、教育费附加,以及车船税、房产税、城镇土地使用税和印花税等。

上面所定义的费用亦是狭义上的概念。广义的费用还包括直接计入当期利润的损失和所得税费用。①直接计入当期利润的损失,即营业外支出,是指企业发生的与其生产经营活动无直接关系的各项支出,包括盘亏损失、报废固定资产净损失、报废无形资产净损失、债务重组损失、公益性捐赠支出和非常损失等。②所得税费用是指企业按照企业所得税法的规定向国家缴纳的所得税。

(六)利润

1. 利润及其特征

利润是指企业在一定会计期间的经营成果,包括收入减去费用后的余额、直接计入当期利润的利得和损失等。

利润具有如下特征:第一,是一定会计期间的经营成果。如果企业实现了利润,就表明企业的所有者权益增加。反之,如果企业发生了亏损,就表明企业的所有者权益减少。第二,还包含了日常经营活动以外的事项。企业日常经营活动以外的经济利益的流入和流出也应当计入利润。

2. 利润的构成

按照收入与费用的构成和配比,利润可以分为营业利润、利润总额和净利润三个层次。

营业利润的计算公式为:营业利润=主营业务收入+其他业务收入-主营业务成本-其他业务成本-税金及附加-期间费用(销售费用、管理费用、财务费用)-资产(信用)减值损失+投资收益等。它是狭义收入与狭义费用配比后的结果。

利润总额的计算公式为:利润总额=营业利润+营业外收入-营业外支出。

净利润又称税后利润,它是广义收入与广义费用配比后的结果。计算公式为:净利润=利润总额-所得税费用。

三、会计恒等式

上述六个会计要素反映了资金运动的静态和动态两个方面,它们在数量上有着特定的平衡关系,这种平衡关系可以用会计恒等式表示。

会计恒等式,又称会计等式、会计方程式或会计平衡公式,它是表明各会计要素之间基本关系的等式,是设置账户、复式记账、编制资产负债表等会计核算方法的理论基础。

(一)会计等式的表现形式

会计等式有三种表现形式:静态会计等式、动态会计等式和综合会计等式。

1. 静态会计等式

企业开展生产经营活动,必须拥有一定数量的资产。企业的资产一般由投资人和债权人提供,而企业资产的提供方享有对企业资产的要求权,这种要求权,在会计上称为“权益”。其中,属于债权人的部分,称为“负债”;属于投资人的部分,称为“所有者权益”。也就是说,资产表明企业拥有什么经济资源和拥有多少经济资源,而权益则表明是谁提供了这些经济资源,谁对这些经济资源拥有要求权。可见,资产与权益是同一事物的两个不同方面,二者是相互依存的关系。因此,一个企业的资产总额与权益总额在数量上必然相等,二者之间必然保持着平衡关系。资产与权益的这种平衡关系,可以用下面的等式来表示:

资产=权益

而权益又分为“负债”和“所有者权益”,于是上式可以写成:

资产=负债+所有者权益

以上等式是静态会计等式,又称基本会计等式、财务状况等式或资产负债表等式,它反映企业在某一时日的资产、负债和所有者权益三者之间存在的恒等关系,揭示了企业在某一特定时点的财务状况。

2. 动态会计等式

随着经营活动的进行,在会计期间内,企业一方面取得收入(可视同所有者权益的增加),并因此而增加资产或减少负债;另一方面要发生各种各样的费用(可视同所有者权益的减少),并因此而减少资产或者增加负债。到会计期末(一般是月末),企业将费用与收入相配比,计算出利润或亏损,用等式表示为:

收入-费用=利润

以上等式是动态会计等式,又称经营成果等式,它反映了收入、费用、利润在某一会计期间内的动态状况,是企业编制利润表的基础。

3. 综合会计等式

综合会计等式反映了资产、负债、所有者权益、收入、费用和利润六大会计要素之间的关系。它由静态会计等式和动态会计等式合并而成。用公式可表示为:

资产=负债+所有者权益+(收入-费用)

或　　资产=负债+所有者权益+利润

企业定期计算取得的利润,按规定缴纳企业所得税后,余下的净利润归投资者共同享有,也属于所有者权益的组成部分。因此上述等式又回归到:

资产=负债+所有者权益

由此可见,"资产=负债+所有者权益"是会计基本等式,又称基本会计等式或第一会计恒等式。

(二)经济业务对会计恒等式的影响

经济业务又称会计事项,是指企业在生产经营过程中使会计要素发生增减变动的交易或事项。企业在生产经营过程中发生的经济业务会引起会计要素在数量上的增减变动,从而会影响到会计恒等式的数量变化。但是,无论企业经济业务如何变化,都不会破坏会计恒等式的平衡关系。经济业务对会计恒等式的影响可以概括为以下九种情况:

(1)资产内部项目一增一减,负债和所有者权益不变。

【例3-1】 20×9年1月10日,龙磬公司用银行存款1 000元购买一台设备,设备已交付使用。

分析:这项经济业务使龙磬公司资产(银行存款)减少1 000元,同时使资产(固定资产)增加1 000元,企业的资产内部发生增减变动,但资产总额不变,会计恒等式仍然成立。

(2)负债内部项目一增一减,资产和所有者权益不变。

【例3-2】 20×9年1月12日,龙磬公司从银行借入2 000元用于偿还应付账款。

分析:这项经济业务使龙磬公司负债(短期借款)增加2 000元,同时使负债(应付账款)减少2 000元,企业的负债内部发生增减变动,但负债总额不变,会计恒等式仍然成立。

(3)所有者权益内部项目一增一减,资产和负债不变。

【例 3-3】　20×9 年 1 月 13 日，龙磬公司经批准同意将资本公积 20 000 元转增实收资本。

分析：这项经济业务使龙磬公司所有者权益（资本公积）减少 20 000 元，同时使所有者权益（实收资本）增加 20 000 元，企业的所有者权益内部发生增减变动，但所有者权益总额不变，会计恒等式仍成立。

（4）一个资产项目与一个负债项目同时增加，所有者权益不变。

【例 3-4】　20×9 年 1 月 14 日，龙磬公司从银行取得期限 2 年的贷款 50 000 元。

分析：这项经济业务使龙磬公司资产（银行存款）增加 50 000 元，同时使负债（长期借款）也增加 50 000 元，企业的资产和负债以同等金额同时增加，双方总额虽均发生变动，但会计恒等式仍然成立。

（5）一个资产项目与一个负债项目同时减少，所有者权益不变。

【例 3-5】　20×9 年 1 月 15 日，龙磬公司以银行存款 6 000 元偿还短期借款。

分析：这项经济业务使龙磬公司的资产（银行存款）减少 6 000 元，同时使负债（短期借款）减少 6 000 元。企业的资产和负债以同等金额同时减少，双方总额虽均发生变动，但会计恒等式仍然成立。

（6）一个资产项目与一个所有者权益项目同时增加，负债不变。

【例 3-6】　20×9 年 1 月 16 日，龙磬公司接受其他企业投资的价值 10 000 元的设备一台。

分析：这项经济业务使龙磬公司资产（固定资产）增加 10 000 元，同时使所有者权益（实收资本）增加 10 000 元。企业的资产和所有者权益以同等金额同时增加，双方总额虽均发生变动，但会计恒等式仍然成立。

（7）一个资产项目与一个所有者权益项目同时减少，负债不变。

【例 3-7】　20×9 年 1 月 17 日，按法定程序报经批准，龙磬公司以银行存款 4 000 元退还个人投资款。

分析：这项经济业务使龙磬公司的资产（银行存款）减少 4 000 元，同时使所有者权益（实收资本）减少 4 000 元。企业的资产和所有者权益以同等金额同时减少，双方总额虽均发生变动，但会计恒等式仍然成立。

（8）一个负债项目增加，同时一个所有者权益项目减少，资产不变。

【例 3-8】　20×9 年 1 月 25 日，龙磬公司宣布分配上年度利润 500 000 元。

分析：这项经济业务使龙磬公司的负债（应付股利或应付利润）增加 500 000 元，同时使所有者权益（利润分配）减少 500 000 元。企业的负债和所有者权益以同等金额同时变动，双方总额虽发生变动，但会计恒等式仍然成立。

(9)一个负债项目减少,同时一个所有者权益项目增加,资产不变。

【例3-9】 20×9年1月29日,经龙磬公司和A公司协商同意,将未支付给A公司的货款20 000元转作其对龙磬公司的投资。

分析:这项经济业务使龙磬公司的负债(应付账款)减少20 000元,同时使所有者权益(实收资本)增加20 000元,企业的负债和所有者权益以同等金额同时变动,双方总额虽发生变动,但会计恒等式仍然成立。

第二节 会计科目

一、会计科目的概念

会计科目是按照一定标准对会计要素的具体内容进行科学分类的项目。通过对企业资产、负债、所有者权益、收入、费用和利润等六大会计要素的核算,可以了解一家企业在某一特定时点的资产、负债和所有者权益情况,了解一家企业在某一特定期间的收入、费用及利润情况。但是企业的经济业务错综复杂,仅仅对这六大会计要素进行核算和监督难以满足信息使用者对会计信息的需要。例如,企业发生用银行存款购买固定资产或者将现金存入银行这项经济业务,若只将资金运动划分为六个要素,则这两项经济活动都引起了资产内部的一增一减,究竟是哪一项资产在增加,哪一项资产在减少,还需要进一步分析。因此,有必要对每一会计要素所反映的具体内容进一步进行划分,设置会计科目。

二、会计科目的分类

(一)会计科目按其反映的经济内容分类

1. 资产类科目

资产类科目按照流动性分为反映流动资产科目和反映非流动资产科目。反映流动资产科目,如"库存现金""银行存款""应收账款""原材料""库存商品"等;反映非流动资产科目,如"固定资产""无形资产""长期股权投资"等。

2. 负债类科目

负债类科目按照偿还期限分为反映流动负债科目和反映非流动负债科目。反映流动负债科目,如"短期借款""应付账款""应付职工薪酬"等;反映非流动负债科目有"长期借款""应付债券""长期应付款"等。

3. 所有者权益类科目

所有者权益类科目按所有者权益的形成和性质可分为反映投入资本科目和反映留存收益科目。反映投入资本科目,如“实收资本”(或“股本”)、“资本公积”等;反映留存收益科目,如“盈余公积”“本年利润”“利润分配”等。所有者权益类“本年利润”科目属于利润会计要素,由于企业实现利润会增加所有者权益,因而将其作为所有者权益科目。

4. 共同类科目

共同类科目是既有资产性质又有负债性质的科目,主要有“清算资金往来”“外汇买卖”“衍生工具”等科目。

5. 成本类科目

成本类科目按照成本的内容和性质的不同,一般分为反映制造成本的科目和反映劳务成本的科目。反映制造成本的科目有“生产成本”“制造费用”科目,反映劳务成本的科目有“劳务成本”等。

6. 损益类科目

损益类科目按损益的不同内容可以分为反映收入要素的科目和反映费用要素的科目以及反映利润要素的利得与损失的科目。损益类科目还包括既反映收入信息,也反映费用信息的双重性质的会计科目。

反映收入要素的科目,如“主营业务收入”“其他业务收入”等;反映费用要素的科目,如“主营业务成本”“税金及附加”“其他业务成本”“销售费用”“管理费用”“财务费用”等;反映利得的科目有“营业外收入”等;反映损失的科目有“营业外支出”等;既反映收入信息,也反映费用信息的双重性质的会计科目有“投资收益”“公允价值变动损益”等。

(二)会计科目按其核算信息的详细程度及其统驭关系分类

1. 总分类科目

总分类科目又称总账科目或一级科目,是对会计要素的具体内容进行总括分类的会计科目,提供核算对象的总括指标,如“原材料”“固定资产”“应收账款”等。在我国会计核算中,总分类科目由财政部统一制定并颁布实施。

2. 明细分类科目

明细分类科目又称明细科目,是对总分类科目所含内容进一步分类的会计科目,提供更加详细、具体的指标,如在“库存商品”总分类科目下按具体产品品种分为“甲产品”“乙产品”等明细科目。在我国的会计核算中,明细分类科目一般可根据企业自身业务情况自行设置。

在实际工作中,当总分类科目下设置的明细科目无法满足业务需要时,可在明细科目下再进行进一步的分类,如设置三级科目。二级科目、三级科目均属于明细科目。

第三节 会计账户

一、会计账户的概念

(一)会计账户的含义

账户就是在会计对象划分为会计要素的基础上对会计要素的增减变动及其效果进行分类记录反映的工具。

(二)会计科目与账户的区别和联系

会计科目与账户是两个密切相关但并不相同的概念,二者既有联系又有区别。

1. 二者的联系

(1)反映的经济内容相同。会计科目与账户都是对会计对象具体内容的分类。

(2)会计科目是设置账户的依据,会计账户是会计科目的具体应用。

2. 二者的区别

会计科目本身没有结构,无法反映会计要素具体内容的增减变动及其结果。而会计账户有相应的结构,可以具体记录经济业务的内容,提供具体的数据资料,反映经济内容的增减变动和变动后的结果。

二、会计账户的分类

由于会计科目是账户的设置依据,因此账户的分类与前述的会计科目的分类一致。

(一)会计账户按其反映的经济内容分类

会计账户按其反映的经济内容可分为资产类、负债类、所有者权益类、共同类、成本类、损益类六大类。

(二)会计账户按其核算信息的详细程度及其统驭关系分类

会计账户按其核算信息的详细程度及其统驭关系可分为总分类账户和明细分类账户。

总分类账户根据总分类科目设置,用于对会计要素具体内容进行总括分类核算,简称总账。而明细分类账户根据明细分类科目设置,用于对会计要素具体内容进行明细分类核算,简称明细账。其能够提供某一具体经济业务的明细核算指标。

总分类账户统驭和控制所属明细分类账户,明细分类账户从属于总分类账户。总分类账户与明细分类账户的关系如表 3-1 所示。

表 3-1　总分类账户和明细分类账户的关系

总分类账户(一级账户)	明细分类账户	
	二级	三级
原材料	原料及主要材料	圆钢、角钢
	燃料	汽油、原煤

三、会计账户的基本结构

账户的基本结构是由会计要素的数量变化情况决定的。从数量上看,经济业务的发生所引起的会计要素的变动,分为增加和减少两种情况。因此,账户也相应地分成两个部分:一方登记增加额,另一方登记减少额。在具体账户的左右两个方向中究竟哪一方记录增加额,哪一方记录减少额,取决于账户所记录的经济内容的性质和所采用的记账方法。其中,会计要素在本期增加的金额称为账户的"本期增加发生额",在本期减少的金额称为"本期减少发生额",二者统称为账户的"本期发生额"。会计要素在会计期末的增减变动结果,称为账户的"余额"。按照表示的时间不同,"余额"具体表现为期初余额和期末余额。账户上期的期末余额转入本期,即为本期的期初余额;账户本期的期末余额转入下期,即为下期的期初余额。

这四个金额要素的基本关系可用如下公式表示:

期末余额=期初余额+本期增加发生额-本期减少发生额

具体来说,会计账户主要包括以下内容:

(1)账户名称(即会计科目)。

(2)日期(用以说明经济业务记录的日期)。

(3)凭证编号(表明账户记录所依据的凭证)。

(4)摘要(概括说明经济业务的内容)。

(5)增加额、减少额(业务价值量或实物数量的增减变化数)。

(6)余额(包括期初余额和期末余额)。

在借贷记账法下,某项信息的增加或减少额以借方或者贷方两个方向分别登记。其账户的基本结构如表 3-2 所示。

表 3-2　账户的基本结构

××××年		凭证编号	摘要	借方	贷方	借或贷	余额
××月	××日						

为了便于会计教学，对账户的基本结构作了简化处理，省略掉部分栏目。简化后的账户结构在整体上类似于汉字“丁”和大写的英文字母“T”，因此，账户的基本结构在实务中被形象地称为“丁”字账户或“T”形账户。“T”形账户的左边称为“借方”，右边称为“贷方”，如图3-3 所示。

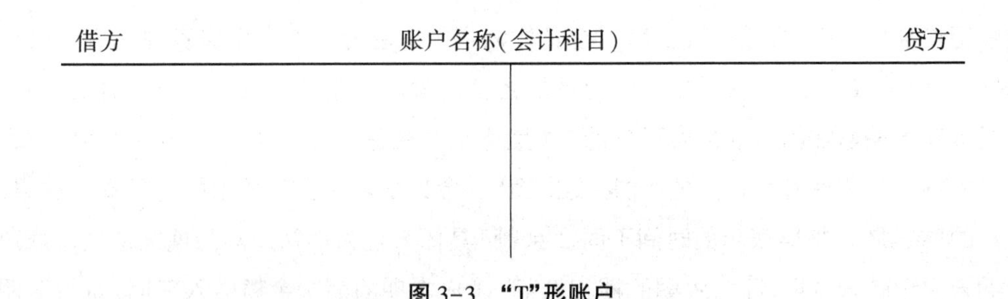

图 3-3　“T”形账户

第四节 复式记账

记账方法是根据一定的原理、记账符号、记账规则，采用一定的计量单位，利用文字和数字在账簿中登记经济业务的方法。记账方法按记录方式不同，可分为单式记账法和复式记账法。

一、单式记账法

单式记账法是对于需要记录的经济业务，往往只用一个账户，反映经济业务的一个方面，而与此相联系的另一方面不予反映和监督的记账方法。例如，用银行存款购买材料，只记“银行存款”账，不记“原材料”账；购买材料，货款未付时，只记“应付账款”账，不记“原材料”账。它是一种不够完整的记账方法。账户与账户之间没有必然的内在联系，也没有相互对应平衡的概念。单式记账法只能反映经济业务的一个侧面，会计记录之间不存在相互勾稽关系。因此,其不能全面、系统地反映经济业务的来龙去脉,也不便于检查账簿记录的正确性,故现已很少使用。

二、复式记账法

(一)复式记账法的概念

复式记账法是从单式记账法发展演变而来的,是单式记账法的发展。每一笔经济业务的发生都会引起会计要素的有关项目发生增减变动。有些经济业务会同时引起会计等式两边会计要素的有关项目发生增减变动,要么同时增加,要么同时减少,而有些经济业务只引起资产方面或负债、所有者权益方面的有关项目发生增减变动,其中一个项目增加,另一个项目减少。为了将这些经济业务记录在有关的账户中,以全面、系统地反映各会计要素有关项目的增减变动情况及其结果,就必须采用复式记账法。所谓复式记账法是指对于任何一笔经济业务都要用相等的金额,在两个或两个以上的有关账户中进行相互联系的记录的一种记账方法。

在复式记账法下,对每项经济业务都以相等的金额在相互对应的账户中作记录,账户之间存在相互勾稽关系,通过对应账户可以了解每项经济业务的来龙去脉,还可以用试算平衡的方法检验账簿记录的正确性。例如,以银行存款购买原材料这笔经济业务发生后,一方面应登记在“银行存款”账户中,反映银行存款的减少;另一方面还要登记在“原材料”账户中,反映原材料的增加。

(二)复式记账法的优点

与单式记账法相比,复式记账法具有以下优点:

(1)能够全面反映经济业务内容和资金运动的来龙去脉。复式记账法对于每一项经济业务,都要在两个或两个以上的账户中进行相互联系的记录,不仅可以通过账户记录,完整、系统地反映经济活动的过程,而且能清楚地反映资金运动的来龙去脉。

(2)能够进行试算平衡,便于查账和对账。复式记账法对于每一项经济业务,都以相等的金额进行对应记录,便于核对和检查账户记录结果,防止和纠正错误记录。

(三)复式记账法的理论依据

企业发生的所有经济业务都涉及资金增加和减少两个方面,并且某项资金在量上的减少或增加,总是伴随着另一项资金在量上的增加或减少。这就要求在会计记账时,必须把每项经济业务所涉及的资金增减变化的原因和结果都记录下来,从而完整、全面地反映经济业务所引起的资金运动的来龙去脉。复式记账法恰恰就是适应了资金运动的这一规律性的客观要求,把每一项经济业务所涉及的资金在量上的增减变化,通过两个或两个以上账户的记录予以全面反映。可见,资金运动的内在规律性是复式记账的理论依据。

（四）复式记账法的种类

复式记账法按记账符号、记账规则等的不同，可具体分为借贷记账法、增减记账法和收付记账法。其中，借贷记账法是目前世界上通用的记账方法，也是目前我国法定的记账方法。《企业会计准则——基本准则》以及《事业单位会计准则》等法规中明确规定“企业(事业单位)应当采用借贷记账法记账”。因此，本教材只介绍借贷记账法。

三、借贷记账法

（一）借贷记账法的概念

借贷记账法是复式记账法的一种，通常又称为借贷复式记账法。它是以“资产=负债+所有者权益”为理论依据，以“借”和“贷”为记账符号，以“有借必有贷，借贷必相等”为记账原则，反映各会计要素增减变动情况的一种复式记账法，其内容包括记账符号、账户结构、记账规则、试算平衡等方面。

（二）借贷记账法的记账符号

借贷记账法以“借”和“贷”作为记账符号，表明经济业务的增减和变动方向。“借”“贷”两个文字的字义与其在会计史上的最初含义无关，现在在会计中已成为专门的术语，并已经作为通用的国际商业语言。

“借”和“贷”二字作为记账符号，都具有增加和减少的双重含义。“借”和“贷”与具体账户结合，有两层含义：第一，表示记账的方向。在借贷记账法下，所有账户的左方为“借方”，所有账户的右方为“贷方”。至于哪一方表示增加还是减少，取决于账户的性质和核算的经济内容。第二，表示资金的增减。具体来看，“借”对资产、成本、费用类账户表示增加，对负债、所有者权益、收入类账户则表示减少；“贷”对资产、成本、费用类账户表示减少，对负债、所有者权益、收入类账户则表示增加。

（三）借贷记账法下账户的结构

1. 资产及成本类账户

资产及成本类账户的结构是账户的借方记录资产或成本的增加额，贷方记录资产或成本的减少额，期末余额一般在借方，有些账户可能无余额。资产及成本类账户中各要素的关系如下。

借方期末余额=借方期初余额+借方本期发生额-贷方本期发生额

可以用“T”形账户表示资产及成本类账户的结构，如图 3-4 所示。

借方	资产及成本类账户		贷方
期初余额	×××		
(1)增加额	×××	(1)减少额	×××
(2)增加额	×××	(2)减少额	×××
本期发生额合计	×××	本期发生额合计	×××
期末余额	×××		

图 3-4　资产及成本类账户的结构

2. 负债及所有者权益类账户

负债类、所有者权益类账户的借方登记减少额，贷方登记增加额，期末余额一般在贷方，有些账户可能无余额。其余额计算公式为：

贷方期末余额=贷方期初余额+贷方本期发生额-借方本期发生额

可以用“T”形账户表示负债和所有者权益类账户的结构，如图 3-5 所示。

借方	负债与所有者权益类账户		贷方
		期初余额	×××
(1)减少额	×××	(1)增加额	×××
(2)减少额	×××	(2)增加额	×××
本期发生额合计	×××	本期发生额合计	×××
		期末余额	×××

图 3-5　负债及所有者权益类账户的结构

3. 损益类账户的结构

损益类账户是记录企业各项收入和各项费用的账户，主要包括收入类账户和费用类账户。

(1)收入类账户的结构。收入类账户的结构与负债及所有者权益类账户的结构基本相同，收入的增加额记入账户的贷方，收入减少额则应记入账户的借方。企业的各种收入是形成利润增加的主要因素，因此期末时收入的增加额减去收入的减少额后的差额，应转入“本年利润”账户的贷方，同时记入有关收入账户的借方，所以各种收入账户期末没有余额。

可以用“T”形账户表示收入类账户的结构，如图 3-6 所示。

借方	收入类账户		贷方
减少额	×××	(1)增加额	×××
		(2)增加额	×××
本期发生额合计	×××	本期发生额合计	×××

图 3-6　收入类账户的结构

(2)费用类账户的结构。费用类账户的结构与资产类及成本类账户的结构基本一致,费用的增加额记入账户的借方,费用减少额则应记入账户的贷方。企业发生的各种费用形成利润减少的因素,因此期末时应将影响利润的有关费用的增加额减去其减少额后的差额,转入"本年利润"账户的借方,同时登记在有关费用账户的贷方。所以,费用类账户一般期末也没有余额。费用类账户的结构如图3-7所示。

借方	费用类账户		贷方
(1)增加额	×××	减少额	×××
(2)增加额	×××		
本期发生额合计	×××	本期发生额合计	×××

图3-7 费用类账户的结构

(四)借贷记账法的记账规则

在借贷记账法下,根据复式记账的原理,对于任何一笔经济业务,都应按照其内容,一方面记入一个或几个有关账户的借方,另一方面记入一个或几个有关账户的贷方。记入借方的金额与记入贷方的金额必须相等。这就是借贷记账法的记账规则,即"有借必有贷,借贷必相等"。

【例3-10】 龙磬公司20×8年12月31日资产、负债和所有者权益各账户的期末余额如表3-3所示。

表3-3 龙磬公司20×8年期末余额表 单位:元

资产类账户	金额	负债和所有者权益类账户	金额
库存现金	1 000	短期借款	350 000
银行存款	45 000	应付账款	100 000
应收账款	70 000	应付职工薪酬	40 000
原材料	230 000	应付股利	20 000
固定资产	354 000	实收资本	120 000
		资本公积	70 000
总计	700 000	总计	700 000

龙磬公司20×9年1月经济业务如下:

(1)接受投资者投入资金200 000元,存入银行。

分析:这项经济业务使龙磬公司的资产(银行存款)增加,应记入借方,同时使所有者权益(实收资本)增加,应记入贷方。登账结果如图3-8所示。

借	银行存款		贷
期初余额	45 000		
(1)	200 000		

借	实收资本		贷
		期初余额	120 000
		(1)	200 000

图 3-8　登账结果(一)

(2)以银行存款 30 000 元购买原材料。

分析:这项经济业务使龙磬公司的资产(银行存款)减少,应记入贷方,同时使资产(原材料)增加,应记入借方。登账结果如图 3-9 所示。

借	银行存款		贷
期初余额	45 000	(2)	30 000
(1)	200 000		

借	原材料		贷
期初余额	230 000		
(2)	30 000		

图 3-9　登账结果(二)

(3)以银行存款 40 000 元偿还前欠货款。

分析:这项经济业务使龙磬公司的资产(银行存款)减少,应记入贷方,同时使负债(应付账款)减少,应记入借方。登账结果如图 3-10 所示。

借	银行存款		贷
期初余额	45 000	(2)	30 000
(1)	200 000	(3)	40 000

借	应付账款		贷
(3)	40 000	期初余额	100 000

图 3-10　登账结果(三)

(4)从银行存款提取现金 6 000 元。

分析:这项经济业务使龙磬公司的资产(库存现金)增加,应记入借方,同时使资产(银行存款)减少,应记入贷方。登账结果如图 3-11 所示。

借	银行存款		贷
期初余额	45 000	(2)	30 000
(1)	200 000	(3)	40 000
		(4)	6 000

借	库存现金		贷
期初余额	1 000		
(4)	6 000		

图 3-11　登账结果(四)

综合以上例题，运用借贷记账法记账时，一般可以按照以下三个步骤分析经济业务：

第一步，确定经济业务发生后所影响的账户，其名称和类别；

第二步，确定这些账户的变动方向，是增加还是减少；

第三步，根据账户的性质，确定应记入账户的借方还是贷方。

（五）账户对应关系和会计分录

1. 账户的对应关系和对应账户

在运用借贷记账法进行核算时，有关账户之间存在着应借、应贷的相互关系，账户之间的这种相互关系称为账户的对应关系。对应账户即为存在对应关系的账户。例如，用银行存款 10 000 元购买原材料，将使企业“银行存款”减少 10 000 元以及“原材料”增加 10 000 元这一同步变化，企业应分别在“银行存款”账户的贷方和“原材料”账户的借方记录这一变化。因此，“银行存款”和“原材料”之间存在着由同一经济业务所引起的应借应贷的相互关系，只有运用这两个账户来同步反映信息才能清楚表达同一经济业务的来龙去脉。这两个账户因此发生了对应关系，两个账户也就成了对应账户。通过账户的对应关系会计信息使用者能了解经济业务的内容，检查对经济业务的处理是否合理合法。

2. 会计分录

（1）会计分录的含义。会计分录简称分录。在借贷记账法下，会计分录是指标明某项经济业务应借应贷方向、科目名称和金额的记录。会计分录由应借应贷方向、对应账户（科目）名称及应记金额三要素构成。

图 3-12　会计分录举例

（2）会计分录的分类。会计分录按其所运用账户的多少分为简单会计分录和复合会计分录。简单会计分录只有一借一贷，即借方只有一个会计科目，贷方也只有一个会计科目。复合会计分录是指由两个以上（不含两个）对应账户组成的会计分录，即一借多贷、多借一贷或多借多贷的会计分录。

一个复合会计分录由多个内容相关的简单会计分录合并而成，也可以分解为若干个内容相关的简单会计分录。

（3）会计分录的编制方法。运用借贷记账法编制会计分录，可按下列步骤进行：

第一步，定科目，确定经济业务事项发生涉及哪些科目。

第二步，找类别，分析所涉及的科目属于哪类账户结构。

第三步，定方向，确定所涉及科目增加、减少情况和应记的借贷方向。

第四步,定金额,确定借贷方金额。

第五步,作分录,检查会计科目、金额是否正确,并作出会计分录。

【例 3-11】 20×9 年 1 月 26 日,龙磬公司购入厂房设备,价款 50 000 元,其中 40 000 元以银行存款支付,剩余 10 000 元尚未支付,假设不考虑增值税因素。

会计分录编制如下:

借:固定资产　　50 000
　贷:银行存款　　40 000
　　应付账款　　10 000

编制【例 3-10】中 20×9 年龙磬公司发生经济业务的会计分录。

(1)接受投资者投入资金 200 000 元,存入银行。

借:银行存款　　200 000
　贷:实收资本　　200 000

(2)以银行存款 30 000 元购买原材料。

借:原材料　　30 000
　贷:银行存款　　30 000

(3)以银行存款 40 000 元偿还前欠货款。

借:应付账款　　40 000
　贷:银行存款　　40 000

(4)从银行提取现金 6 000 元。

借:库存现金　　6 000
　贷:银行存款　　6 000

(六)借贷记账法的试算平衡

企业日常的经济业务都要记入有关账户,记账稍有疏忽,便有可能发生差错。因此,有必要对全部账户的记录定期进行试算,借以验证账户记录是否正确。借贷记账法的试算平衡是根据会计等式的平衡原理,按照记账规律的要求,通过汇总计算和比较,来检查账户记录的正确性和完整性。借贷记账法的试算平衡包括发生额试算平衡和余额试算平衡。

1. 发生额试算平衡法

发生额试算平衡法依据“有借必有贷,借贷必相等”这一记账规则,在一定时期内根据会计分录登记有关账户之后,全部账户的借方本期发生额合计数和全部账户的贷方本期发生额合计数必然相等。其公式表达为:

$$\sum \text{全部账户本期借方发生额} = \sum \text{全部账户本期贷方发生额}$$

2. 余额试算平衡法

余额试算平衡法是指根据“资产=负债+所有者权益”的恒等关系,分别合计有借方余额的资产类账户和有贷方余额的权益类账户以检验本期记录是否正确的方法。根据试算平衡时选择的余额指标不同，又可以将余额试算平衡法分为期初余额试算平衡法与期末余额试算平衡法两类。

$$\sum 全部账户本期借方期初余额 = \sum 全部账户本期贷方期初余额$$

$$\sum 全部账户本期借方期末余额 = \sum 全部账户本期贷方期末余额$$

在实际工作中，余额试算平衡是通过编制账户余额试算平衡表进行的，其格式如表 3-4 所示。

表 3-4　账户余额试算平衡表

账户名称	借方余额	贷方余额
合计		

【课后习题】

习题一

一、目的：熟悉企业资金的循环与周转。

二、资料：前进公司为制造业企业，它在日常中的生产经营活动描述大致如下：该公司需要用一部分货币资金购买材料物资为生产过程作准备；准备工作结束后，再到仓库领取生产产品的材料物资，进行产品生产；产品完工验收入库后，还要对外出售，以获得收入。

三、要求：请分析前进公司日常生产经营活动中资金形态的变化，并据此将该公司生产经营过程分为三个阶段。

习题二

一、目的：熟悉会计等式、会计要素、会计科目。

二、资料：前进公司 20×9 年 1 月 1 日拥有资产 250 000 元，其中债权人提供的资金及负债为 50 000 元，所有者权益为 200 000 元。如表 3-5 所示。

表 3-5　前进公司期初余额　　　　单位:元

业务分析	资产		负债		所有者权益
期初余额	250 000		50 000		200 000
业务(1)					
业务(2)					
业务(3)					
业务(4)		=		+	
业务(5)					
业务(6)					
业务(7)					
期末余额					

20×9 年 1 月份发生如下经济业务:

(1)1 月 5 日,向银行提取现金 400 元备用。

(2)1 月 8 日,从甲公司购进价值 8 000 元的原材料,货款未付。

(3)1 月 10 日,李某交来银行存款 10 000 元,作为对本公司的投资。

(4)1 月 11 日,以银行存款 30 000 元偿还短期借款。

(5)1 月 28 日,按规定将盈余公积 10 000 元转增投资者资本。

(6)1 月 29 日,按规定计算出应付给投资者利润 12 000 元。

(7)1 月 30 日,经双方协商同意,将应偿还给乙公司的货款 16 000 元转作其对本企业的投资。

三、要求:根据上述经济事项填写表 3-5(在表格对应空白处填写“+”或“-”多少金额),同时分析上述经济业务分别涉及哪些会计科目。

习题三

一、目的:熟悉各类账户的结构。

二、资料:前进公司 20×9 年的资料如下。

表 3-6　前进公司 20×9 年资料　单位:元

账户名称	期初余额	借方本期发生额	贷方本期发生额	期末余额
库存现金	6 000	7 000		8 000
银行存款	80 000	30 000	40 000	
应收账款		60 000	40 000	30 000
短期借款	60 000		30 000	40 000
实收资本	180 000		0	180 000
固定资产	70 000	5 000		60 000
原材料		7 000	9 000	8 000
应付账款	2 000		1 500	3 000

三、要求:根据各类账户的结构,计算并填写上列表格中的空格。

习题四

一、目的:熟悉借贷记账法、练习编制会计分录、掌握借贷记账法的试算平衡。

二、资料:20×9 年 1 月初,前进公司各账户的余额如表 3-7 所示。

表 3-7　前进公司期初余额　单位:元

账户名称	期初借方余额	账户名称	期初贷方余额
库存现金	7 000	应付账款	20 000
银行存款	10 000	实收资本	97 000
原材料	60 000		
固定资产	40 000		
合计	117 000	合计	117 000

20×9 年 1 月,前进公司发生的部分经济业务如下:

(1)购买材料 5 000 元(假定不考虑增值税因素)已验收入库,尚未付款。

(2)从银行提取现金 2 000 元作为备用。

(3)使用银行存款 5 000 元购买一台无需安装的机器设备一台(假定不考虑增值税因素),设备已交付使用。

(4)收到投资者投资资本金 30 000 元,已存入银行。

三、要求:

(1)编制上述业务的会计分录;

(2)设置账户,并登记上述业务;

(3)根据总分类账户("T"形账户)的期初余额、本期发生额和期末余额编制总分类账户试算平衡表。

第四章
企业基本经济业务核算

【案例导入】

升达林业：因资金链断裂被“ST”

四川升达林业产业股份有限公司(以下简称“升达林业”),是一家林业产业一体化经营的企业。公司主要从事强化地板、实木地板、实木复合地板等木地板的研发、生产与销售以及林木种植业务。2006 年其竹地板全国同类市场销量第一名。升达林业在中国农业银行的信用等级为 AAA 级。2008 年 7 月 16 日,升达林业在深圳证券交易所上市,股票代码 00225。

然而,上市后市场和政策发生了较大变化,升达林业未能及时应对调整,导致投资效率低下,业绩持续下滑。为扭转这一被动局面,升达林业决定改变主业,多次进行重大资产重组,但最后都以失败而告终。不仅如此,升达林业未经董事会、股东大会审议为控股股东四川升达林产工业集团有限公司(以下简称“升达集团”)对外借款违规提供巨额担保。

2018 年 10 月 8 日,升达林业发布公告,10 月 8 日停牌一天,10 月 9 日复牌并被实施其他风险警示,公司股票简称由“升达林业”变更为“ST 升达”。因公司控股股东升达集团资金链断裂,无法到期归还借款,导致升达林业资金被贷款方扣划而形成对公司资金的被动占用。升达集团原承诺于 2018 年 9 月 29 日前解决升达林业对外担保及资金占用事项,但由于金融政策和市场风险等多方面因素,升达集团暂时未能与各债权人协调一致,并未能与相关战略投资者达成可行性合作方案以解决升达林业对升达集团的担保问题,及归还对升达林业的占款。

【课程思政要点】

培养实质重于形式的会计规则意识。

第一节 资金筹集业务核算

企业为了进行生产经营活动,必须拥有一定数量的资金。企业的资金主要包括所有者权益资金和负债资金。其中,所有者权益资金的来源主要有所有者投入的资本、直接计入所有者权益的利得和损失、留存收益等方面。负债资金的主要来源是向银行及其他金融机构借入的款项。企业筹集的资金最初一般表现为货币资金形态,货币资金是资金运动的起点。

企业筹资业务按其资金来源通常分为所有者权益筹资和负债筹资。所有者权益筹资形成所有者的权益(通常称为权益资本),包括投资者的投资及其增值,这部分资本的所有者既享有企业的经营收益,也承担企业的经营风险。负债筹资形成债权人的权益(通常称为债务资本),主要包括企业向债权人借入的资金和结算形成的负债资金等,这部分资本的所有者享有按合约收回本金和利息的权利。会计一般将债权人的要求权和投资人的要求权统称为权益。但是,这两种权益又存在着一定的区别:二者性质不同、是否需要偿还和偿还期限不同、享受的权利不同、对象不同。所以两种权益在会计处理上也存在显著的差异。

一、所有者权益筹资业务的核算

(一)所有者投入资本的构成

所有者投入的资本主要包括实收资本(或股本)和资本公积。

实收资本(或股本)是指企业的投资者按照企业章程、合同或协议的约定,实际投入企业的资本金以及按照有关规定由资本公积、盈余公积等转增为资本的资金。

资本公积是企业收到投资者投入的超出其在企业注册资本(或股本)中所占份额的投资(即资本投入过程中形成的溢价)。资本公积是企业所有者权益的重要组成部分,主要用于转增资本。

(二)账户设置

企业通常设置以下账户对所有者权益筹资业务进行会计核算:

1. 实收资本(或股本)

"实收资本"账户(股份有限公司一般设置"股本"账户)属于所有者权益类账户,用以核算企业接受投资者投入的本金变化过程及结果。该账户贷方登记所有者投入企业资本金及资本公积、盈余公积转增资本的金额,借方登记所有者投入企业资本金的减少额;期末余额在贷方,反映企业期末实收资本(或股本)总额。

2. 资本公积

"资本公积"账户属于所有者权益类账户，用以核算企业收到投资者出资额超出其在注册资本或股本中所占份额的部分，以及其他资本公积等。该账户贷方登记资本公积的增加额，借方登记资本公积的减少额；期末余额在贷方，反映企业期末资本公积的结余数额。该账户可按资本公积的来源不同，分别设置"资本溢价（或股本溢价）""其他资本公积"明细账户进行明细核算。

（三）核算举例

1. 接受现金资产投资的账务处理

借：银行存款（以实际收到金额入账）

　贷：实收资本（或股本，投资合同或协议约定的投资者在企业注册资本或股本中所占份额的部分）

　　资本公积——资本溢价（或股本溢价，实际收到的金额超过投资者在企业注册资本或股本中所占份额的部分）

【例 4-1】 *龙磬公司是一般纳税人，20×9 年 1 月 1 日由 A、B 两人共同投资设立，注册资本为 2 000 000 元，各出资人的出资比例各为 60%和 40%。双方投资款已存入银行。*

该公司应编制的会计分录如下：

借：银行存款	2 000 000	
贷：实收资本——A		1 200 000
——B		800 000

【例 4-2】 *承【例 4-1】，为扩大经营规模，经批准，该公司注册资本扩大为 3 000 000 元，假设 C 愿意出资 1 100 000 元获取该公司 1/3 的股份。C 按期投入资金获得相应股份。*

该公司应编制的会计分录如下：

借：银行存款	1 100 000	
贷：实收资本——C		1 000 000
资本公积——资本溢价		100 000

2. 接受非现金资产投资的账务处理

企业接受以固定资产、原材料、无形资产等方式投入的资本，应按照投资合同或协议约定价值确认接受的非现金资产的价值（公司或协议约定价值不公允的除外），并确定在注册资本或股本中应该享有的份额。

借：固定资产、无形资产、原材料等（合同或协议约定的价值）

　应交税费——应交增值税（进项税额）

　贷：实收资本（或股本）

　　资本公积——资本溢价（或股本溢价，差额）

【例4-3】 承【4-1】,为扩大经营规模,经批准,该公司注册资本扩大为3 000 000元,假设C愿意出资以获取1/3的股份。C以一批设备作为资本投入,该批设备投资合同约定价值1 100 000元,不考虑相关税费。

该公司应编制的会计分录如下:

借:固定资产　　1 100 000

　贷:实收资本——C　　1 000 000

　　资本公积——资本溢价　　100 000

【例4-4】 龙磬公司按法定程序办妥增资手续,以资本公积100 000元转增资本,同时将盈余公积400 000元转增资本。假定不考虑其他因素。

该公司应编制的会计分录如下:

借:资本公积　　100 000

　盈余公积　　400 000

　贷:实收资本　　500 000

3. 实收资本减少的账务处理

企业减少实收资本的原因有两种:一是资本过剩;二是发生重大亏损需要减少实收资本。

企业在返还投资者资本时,编制会计分录如下:

借:实收资本(实际返还金额)

　贷:库存现金(或银行存款)

【例4-5】 20×9年12月31日,假设龙磬公司经批准减少实收资本200 000元。

该公司应编制的会计分录如下:

借:实收资本　　200 000

　贷:银行存款　　200 000

二、负债筹资业务的核算

企业生产经营所需的资金并不是全部由投资者投入的,投资者投入的资金构成企业的注册资本金,而企业生产经营所需的另一部分资金则通过银行借款、商业信用、发行债券等形式解决,这就形成了负债筹资。

(一)负债筹资的构成

负债筹资主要包括短期借款、长期借款以及结算形成的负债等。

短期借款是指企业为了满足其生产经营对资金的临时性需要而向银行或其他金融机构等借入的偿还期限在1年以内(含1年)的各种借款。

长期借款是指企业向银行或其他金融机构等借入的偿还期限在1年以上(不含1年)的

各种借款。

（二）账户设置

企业通常设置以下账户对负债筹资业务进行会计核算。

1. 短期借款

该账户贷方登记短期借款本金的增加额，借方登记短期借款本金的减少额；期末余额在贷方，反映企业期末尚未归还的短期借款。

2. 长期借款

该账户贷方登记企业各种长期借款本金的增加额，以及一次还本付息借款的利息增加额，借方登记归还的长期借款本金和一次还本付息借款的利息；期末余额在贷方，反映企业期末尚未偿还的长期借款。该账户可按贷款单位和贷款种类，分别设置"本金""应计利息""利息调整"等账户进行明细核算。

3. 应付利息

"应付利息"账户属于负债类账户，用以核算企业按照合同约定应支付的利息，包括短期借款、分期付息到期还本的长期借款、企业债券等应支付的利息。

该账户贷方登记企业按合同利率计算确定的应付未付利息，借方登记归还的利息；期末余额在贷方，反映企业应付未付的利息。该账户可按存款人或债权人进行明细核算。

4. 财务费用

"财务费用"账户属于损益类账户，用以核算企业为筹集生产经营所需资金等而发生的筹资费用，包括利息支出、汇兑损益以及相关的手续费。该账户借方登记本期发生的各项财务费用；贷方登记应冲减财务费用的利息收入。期末转入"本年利润"账户的财务费用净额等；期末结转后，该账户无余额。该账户可按费用项目进行明细核算。

（三）核算举例

1. 短期借款的账务处理

（1）借入短期借款

借：银行存款

　　贷：短期借款（借入的短期借款本金）

【例 4-6】 20×9 年 1 月 1 日，龙磬公司向银行借入短期借款 900 000 元，期限 6 个月，年利率为 4%，本金到期后一次归还，利息按季支付，分月计提。

该公司应编制的会计分录如下：

借：银行存款　　　　900 000

　　贷：短期借款　　　　900 000

（2）计提短期借款利息以及支付利息

资产负债表日，计提短期借款利息的账务处理：

借:财务费用

　贷:应付利息(按照借款本金和合同利率计算确定)

支付利息时的账务处理:

借:应付利息(已计提利息)

　财务费用(实际支付的利息金额与已经计提的利息金额的差额,即本期应承担的部分)

　贷:银行存款(应付利息总额)

【例 4-7】 承【例 4-6】,在以后月份,龙磬公司对该笔借款逐月计提利息,并按规定每季度归还利息。

该公司应编制的会计分录如下:

①1 月末预提短期借款利息:900 000×4%÷12=3 000(元)

借:财务费用　　3 000

　贷:应付利息　　3 000

②2 月末预计短期借款利息及账务处理同上

③3 月末支付本季度短期借款利息:900 000×4%÷12×3=9000(元)

借:财务费用　　3 000

　应付利息　　6 000

　贷:银行存款　　9 000

④4 月、5 月预计短期借款利息及账务处理与 1 月末相同

(3)归还短期借款

借:短期借款(偿还短期借款的本金)

　贷:银行存款

【例 4-8】 承【例 4-6】和【例 4-7】,6 月末短期借款到期,龙磬公司归还本金和未付利息。

该公司应编制的会计分录如下:

借:短期借款　　900 000

　应付利息　　6 000

　财务费用　　3 000

　贷:银行存款　　909 000

2. 长期借款的账务处理

(1)借入长期借款

借:银行存款

　贷:长期借款(按实际收到的金额)

【例 4-9】　20×9 年 11 月 30 日，龙磬公司从银行借入到期一次还本付息，逐年计提利息，期限为 3 年，票面年利率为 4.8%（假设与实际利率一致）的借款 3 000 000 元。企业收到借款存入银行。

会计部门根据银行的收款通知，应编制如下会计分录：

借：银行存款　　3 000 000

　贷：长期借款——本金　　3 000 000

（2）资产负债表日计息

借：财务费用（不符合资本化条件的借款利息）

　　在建工程（符合资本化条件的借款利息）

　贷：应付利息（分期付息到期还本借款应计提的利息）

　　　长期借款——应计利息（到期一次还本付息借款应计提的利息）

（3）到期还本付息

借：长期借款——本金

　　　　　　——应计利息

　　应付利息

　　财务费用（最后一期利息）

　贷：银行存款

【例 4-10】　承【例 4-9】，龙磬公司 20×9 年 12 月 31 日计提本年应承担的利息。假设该借款借入用于维持生产经营活动。长期借款利息费用应当在资产负债表日按照实际利率法计算，实际利率与合同利率差异较小的，也可以按照合同利率计算确定利息费用。本例假设实际利率与合同利率一致。

本年应承担的利息＝3 000 000×4.8%÷12＝12 000（元），会计部门根据计提利息计算表，应编制如下会计分录：

借：财务费用　　12 000

　贷：长期借款——应计利息　　12 000

20×0 年 12 月 31 日和 20×1 年 12 月 31 日应承担的利息＝3 000 000×4.8%＝144 000（元），应编制如下会计分录：

借：财务费用　　144 000

　贷：长期借款——应计利息　　144 000

20×2 年 11 月 30 日到期归还本金时，应编制如下会计分录：

借：财务费用　　132 000

　　长期借款——本金　　3 000 000

　　　　　　——应计利息　　300 000

　贷：银行存款　　3 432 000

第二节 供应环节业务核算

企业的经营过程划分为供应过程、生产过程和销售过程三个部分。企业筹集到的资金首先进入供应过程，在这个过程中，企业用货币资金购买机器设备、原材料等生产资料，货币资金分别转化为固定资产形态和储备资金形态。

供应阶段是为生产做准备的阶段，包括购建固定资产和采购生产所需的原材料及辅助材料，是将货币资金转化为其他资产的过程。

一、固定资产购置业务的核算

固定资产是指为生产商品、提供劳务、出租或者经营管理而持有，使用寿命超过 1 个会计年度的有形资产。

（一）固定资产的入账价值

固定资产取得时的入账价值，包括企业为购建某项固定资产达到预定可使用状态前所发生的一切合理的、必要的支出，这些支出既有直接发生的，如支付的固定资产的价款、运杂费、包装费和安装成本等；也有间接发生的，如应予以资本化的借款利息和外币借款折算差额以及应予分摊的其他间接费用等。

（二）账户设置

企业通常设置以下账户对固定资产业务进行会计核算。

1. 在建工程

“在建工程”账户属于资产类账户，用以核算企业基建、更新改造等在建工程发生的支出。该账户借方登记企业各项在建工程的实际支出，贷方登记工程达到预定可使用状态时转出的成本等；期末余额在借方，反映企业期末尚未达到预定可使用状态的在建工程的成本。

2. 工程物资

“工程物资”账户属于资产类账户，用以核算企业为在建工程准备的各种物资的成本，包括工程用材料、尚未安装的设备以及为生产准备的工器具等。该账户借方登记企业购入工程物资的成本，贷方登记领用工程物资的成本；期末余额在借方，反映企业期末为在建工程准备的各种物资的成本。

3. 固定资产

“固定资产”账户属于资产类账户，用以核算企业持有的固定资产原价。该账户的借方登记固定资产原价的增加额，贷方登记固定资产原价的减少额；期末余额在借方，反映企业期末固定资产的原价。

（三）核算举例

1. 购入固定资产的账务处理

（1）购入不需要安装的固定资产。购入不需要安装的固定资产，是指企业购入的固定资产不需要安装就可以直接交付使用。企业应按购入固定资产时实际支付的买价、运输费、装卸费、专业人员服务费和其他相关税费等作为固定资产的成本。有关账务处理如下：

借：固定资产（固定资产的成本）

　　应交税费——应交增值税（进项税额）（可以抵扣的进项税额）

　贷：银行存款（支付的全部价款）

【例 4-11】　20×9 年 5 月 10 日，龙磐公司购入一台不需要安装的设备，已验收使用。取得增值税专用发票上注明设备买价为 30 000 元，增值税税额为 3 900 元，另支付包装费，取得增值税专用发票上注明包装费 700 元，税率 6%，增值税税额 42 元。

该公司应编制的会计分录如下：

借：固定资产　　30 700

　　应交税费——应交增值税（进项税额）　　3 942

　贷：银行存款　　34 642

（2）购入需要安装的固定资产。企业购入需要安装的固定资产的支出以及发生的安装费用等均应通过“在建工程”科目核算，待安装完毕达到预定可使用状态时，再从“在建工程”账户转入“固定资产”账户。有关账务处理如下：

①企业购入固定资产

借：在建工程（实际支付的买价、运输费、装卸费和其他相关税费等）

　　应交税费——应交增值税（进项税额）（可以抵扣的进项税额）

　贷：银行存款（实际支付的全部价款）

②发生专业人员服务费、安装费

借：在建工程

　贷：银行存款（实际支付的款项）

　　工程物资（安装固定资产领用的工程物资）

　　应付职工薪酬（安装服务人员薪酬）

③安装完毕，达到预定可使用状态

借：固定资产（确定的固定资产的实际成本）

贷：在建工程

需要说明的是，企业如果是小规模纳税人，购入固定资产的增值税进项税额应计入固定资产成本，不得从销项税额中抵扣。

【例4-12】 20×9年5月15日，龙磐公司购入一台需要安装的设备，取得增值税专用发票上注明的买价为200 000元，增值税税额为26 000元，支付安装费并取得增值税专用发票，注明安装费40 000元，税率9%，增值税税额3 600元。款项全部以银行存款支付。

该公司应编制的会计分录如下：

①支付设备价款和增值税

借：在建工程　　200 000

　应交税费——应交增值税（进项税额）　　26 000

　贷：银行存款　　226 000

②支付安装费

借：在建工程　　40 000

　应交税费——应交增值税（进项税额）　　3 600

　贷：银行存款　　43 600

③安装完毕达到预定可使用状态

借：固定资产　　240 000

　贷：在建工程　　240 000

2. 自建固定资产的账务处理

企业自行建造固定资产是指自行建造房屋、建筑物、各种设施以及进行大型机器设备的安装工程（如大型生产线的安装工程）等。自建固定资产按实施的方式不同分为自营工程和出包工程两种。自营工程是指企业自行组织工程物资采购、自行组织施工人员施工的建筑工程和安装工程，主要通过“工程物资”和“在建工程”账户进行核算。

（1）采用自营方式企业进行固定资产工程建设，购入为工程准备的物资

借：工程物资（价款和运杂费）

　应交税费——应交增值税（进项税额）（可以抵扣的进项税额）

　贷：银行存款（按支付的价税款和运杂费用）

（2）自营工程领用的工程物资以及发生的其他费用（如应负担的职工薪酬等）

借：在建工程

　贷：工程物资

　　银行存款

　　应付职工薪酬

(3)工程完工达到预定可使用状态时

借:固定资产

　贷:在建工程

企业所建造的固定资产已达到预定可使用状态,但尚未办理竣工决算的,应当按照工程预算、造价等估计价值确定其成本,然后转入固定资产,并计提固定资产折旧;待办理竣工决算手续后,再按实际成本调整原来的暂估价值,但不需要调整原已计提的折旧额。

【例 4-13】 20×9 年 6 月 1 日,龙磬公司以自营方式建造生产设备,以银行存款购入建造设备用材料 500 000 元,增值税税率为 13%,取得增值税专用发票,购入的材料全部用于工程建设;领用本企业生产的水泥一批,实际成本为 400 000 元,该工程应负担工程建筑人员薪酬 100 000 元;支付的安装费取得增值税专用发票上注明安装费 30 000 元,增值税税额 2 700 元。7 月 8 日,自营工程完工达到预定使用状态并办理了竣工决算手续。

①购入建造材料

	借方	贷方
借:工程物资	500 000	
应交税费——应交增值税(进项税额)	65 000	
贷:银行存款		565 000

②领用建造材料

	借方	贷方
借:在建工程	500 000	
贷:工程物资		500 000

③计提工程建筑人员薪酬

	借方	贷方
借:在建工程	100 000	
贷:应付职工薪酬		100 000

④工程领用水泥

	借方	贷方
借:在建工程	400 000	
贷:库存商品/原材料		400 000

⑤支付安装费时

	借方	贷方
借:在建工程	30 000	
应交税费——应交增值税(进项税额)	2 700	
贷:银行存款		32 700

⑥工程完工结转固定资产

	借方	贷方
借:固定资产	1 030 000	
贷:在建工程		1 030 000

3. 投资者投入固定资产的账务处理

接受投资者投入固定资产,在办理了固定资产移交手续后,应按投资合同或协议约定的价值进行如下账务处理：

借：固定资产（投资双方合同约定的价值）

　　应交税费——应交增值税（进项税额）（可以抵扣的进项税额）

　贷：实收资本、资本公积等

【例 4-14】 20×9 年 7 月 1 日，龙磐公司接受乙公司投入的设备一台，该设备在乙公司的账面原价为 700 000 元，双方确认的价值为 500 000 元（假设合同约定的价格公允），收到增值税专用发票，注明税款 65 000 元。

该公司接受投资时，根据有关原始凭证，编制如下会计分录：

	借方	贷方
借：固定资产	500 000	
应交税费——应交增值税（进项税额）	65 000	
贷：实收资本		565 000

二、材料采购业务的核算

材料采购业务所指的材料一般称为原材料。原材料是指企业在生产过程中经过加工改变其形态或性质并构成产品主要实体的各种原料和外购半成品，以及不构成产品实体但有助于产品形成的辅助材料，包括原材料及主要材料、辅助材料、外购半成品等。

（一）材料采购成本

材料采购成本是指企业物资从采购到入库前所发生的全部支出，包括购买价款、相关税费、运杂费以及其他可归属于采购成本的费用。运输途中的合理损耗也应计入材料的采购成本。具体包括以下内容：①买价是指购货发票中所注明的价款。其金额的计算为所购材料物资的数量与其单价的乘积。需要注意的是，这里的买价不包含增值税进项税额。②运杂费是指企业自外地购入材料物资过程中，由本企业支付的途中运输费、装卸费、保险费等相关费用。③运输途中的合理损耗是指外购材料物资在运输途中所发生的正常范围内的损耗，这种损耗会减少外购材料物资的数量，从而使外购存货的单位成本增加。④入库前的加工、挑选和整理费用。⑤购入材料负担的税金（如进口关税等）和其他费用。

在实务中，企业也可以将发生的运输费、装卸费、保险费以及其他可归属于采购成本的费用等先进行归集，期末再按照所购材料的存销情况进行分摊。采购费用分配外购材料物资的成本应按其品种或名称分别进行确定。如果在同时购入两种或两种以上的材料物资，就可能发生共同性采购费用。这些共同性采购费用需在外购的几种材料物资中采用一定的方法进行分配，以分别确定各材料物资的采购成本。

对于共同性采购费用的分配，应选择与分配对象有密切关系的分配标准。在外购材料物资发生共同性采购费用时，一般采用材料物资的重量、买价等分配标准分配共同性采购费用。其基本公式：

共同性采购费用的分配率=待分配的共同性采购费用总额÷分配标准之和

某一分配对象应负担的采购费用=该对象的分配标准×共同性采购费用分配率

【例 4-15】 龙磐公司从南京同时购入甲、乙、丙三种材料，其中甲材料 1000 千克，单价 2 元/千克；乙材料 2000 千克，单价 4 元/千克；丙材料 5000 千克，单价 6 元/千克。甲、乙、丙三种材料共发生运杂费 9600 元。试分别计算甲、乙、丙三种材料的成本。

【解析】①采用材料的重量作为分配标准进行分配：

运杂费的分配率=9600÷(1000+2000+5000)=1.20(元/千克)

甲材料应负担的运杂费=1000×1.20=1200(元)

乙材料应负担的运杂费=2000×1.20=2400(元)

丙材料应负担的运杂费=5000×1.20=6000(元)

甲材料的成本=1000×2+1200=3200(元)

乙材料的成本=2000×4+2400=10400(元)

丙材料的成本=5000×6+6000=36000(元)

②采用材料的买价作为分配标准进行分配：

运杂费的分配率=9600÷(1000×2+2000×4+5000×6)=0.24(元/千克)

甲材料应负担的运杂费=1000×2×0.24=480(元)

乙材料应负担的运杂费=2000×4×0.24=1920(元)

丙材料应负担的运杂费=5000×6×0.24=7200(元)

甲材料的成本=1000×2+480=2480(元)

乙材料的成本=2000×4+1920=9920(元)

丙材料的成本=5000×6+7200=37200(元)

（二）账户设置

1. 原材料

"原材料"账户属于资产类账户，用以核算企业库存的各种材料，包括原料及主要材料、辅助材料、外购半成品、修理用备件、包装材料、燃料等的实际成本。该账户借方登记已验收入库材料的成本，贷方登记发出材料的成本；期末余额在借方，反映企业库存材料的实际成本。

2. 在途物资

"在途物资"账户属于资产类账户，用以核算企业进行材料、商品等物资的日常核算、货款已付尚未验收入库的在途物资的采购成本。该账户借方登记购入材料、商品等物资的买价和采购费用，贷方登记已验收入库材料、商品等物资应结转的实际采购成本；期末余额在借方，反映企业期末在途材料、商品等物资的采购成本。

3. 应付账款

"应付账款"账户属于负债类账户，用以核算企业因购买材料、商品和接受劳务等经营活动应支付的款项。该账户贷方登记企业因购入材料、商品和接受劳务等尚未支付的款项，借方登记偿还的应付账款；期末余额一般在贷方，反映企业期末尚未支付的应付账款余额，期末借方余额，反映企业预付的款项。

4. 应付票据

“应付票据”账户属于负债类账户，用以核算企业购买材料、商品和接受劳务等开出、承兑的商业汇票，包括银行承兑汇票和商业承兑汇票。该账户贷方登记企业开出、承兑的商业汇票，借方登记企业已经支付或者到期无力支付的商业汇票；期末余额在贷方，反映企业尚未到期的商业汇票的票面金额。

5. 预付账款

“预付账款”账户属于资产类账户，用以核算企业按照合同规定预付的款项。预付款项情况不多的企业，也可以不设置该账户，将预付的款项直接记入“应付账款”账户。该账户的借方登记企业因购货等业务预付的款项，贷方登记企业收到货物后应支付的款项等；期末借方余额，反映企业预付的款项，期末贷方余额，反映企业尚需补付的款项。

（三）核算举例

1. 材料已验收入库，货款已经支付

此种情况下，企业可根据银行结算凭证、发票账单和收料单等凭证进行如下账务处理：

借：原材料（按应计入材料采购成本的金额）

　　应交税费——应交增值税（进项税额）（可抵扣的进项税额）

　贷：银行存款、库存现金、预付账款（按实际支付或应支付的金额）

【例 4-16】 20×9 年 12 月 5 日，龙磐公司从甲公司购入 A 材料 800 千克，取得增值税专用发票，注明价款 40 000 元，增值税税额 5 200 元，外地运杂费 1 500 元，通过银行转账付清全部款项，材料已验收入库。

该公司应编制的会计分录如下：

借：原材料——A 材料　　41 500

　　应交税费——应交增值税（进项税额）　　5 200

　贷：银行存款　　46 700

【例 4-17】 20×9 年 12 月 10 日，龙磐公司向甲公司订购一批原材料，按合同规定需预付 34 800 元。

该公司应编制的会计分录如下：

借：预付账款——甲公司　　34 800

　贷：银行存款　　34 800

【例 4-18】 承【例 4-17】，20×9 年 12 月 15 日，龙磐公司所购该批原材料已经入库，收到增值税专用发票，注明货款 100 000 元，增值税额 13 000 元，合计 113 000 元，以银行存款补付余款。

该公司应编制的会计分录为：

①收到原材料：

借：原材料　　100 000

　应交税费——应交增值税(进项税额)　　13 000

　贷：预付账款——甲公司　　113 000

②补付货款：

借：预付账款——甲公司　　78 200

　贷：银行存款　　78 200

2. 材料已经验收入库，货款尚未支付

企业发生收料在前，付款在后，又分为两种情况：

(1)材料已验收入库，发票已收到，但款项尚未支付。企业根据有关发票账单结算凭证编制会计分录：

借：原材料(价款)

　应交税费——应交增值税(进项税额)

　贷：应付账款(或应付票据)

(2)材料已入库，但发票账单未收到。平时可以暂不进行账务处理，待收到发票账单时，再进行会计处理。如果等到月末仍未收到已入库材料的结算凭证和发票账单，可暂估入账，借记“原材料”科目，贷记“应付账款——暂估应付款”科目；下月初编制相反分录予以冲回。收到相关发票账单后再按正常程序编制会计分录。

【例 4-19】 20×9 年 12 月 20 日，龙磬公司采用银行承兑汇票支付方式购入 A 材料一批，货款为 40 000 元，增值税税额为 5 200 元，发票账单已收到，材料已经验收入库，款项未支付。

该公司应编制的会计分录如下：

借：原材料　　40 000

　应交税费——应交增值税(进项税额)　　5 200

　贷：应付票据　　45 200

【例 4-20】 龙磬公司 20×9 年 12 月 15 日从甲公司购进 A 材料 1000 千克，已入库，但发票账单未收到，该批材料的合同价格为 40 000 元。

(1)平时可不进行账务处理。(2)12 月末，若结算凭证、发票账单等单据还未收到，则按合同价格 40 000 元编制如下会计分录：

①借：原材料——A 材料　　40 000

　贷：应付账款——暂估应付款　　40 000

②下月初冲回暂估的分录，冲回会计分录为：

借：应付账款——暂估应付款　　40 000

　贷：原材料——A 材料　　40 000

③收到发票账单，货款为 40 000 元，增值税税额为 5 200 元，则应编制如下会计分录：

借：原材料　　40 000

　应交税费——应交增值税（进项税额）　　5 200

　贷：应付账款——甲公司　　4 5200

④用银行存款支付该货款，应编制如下会计分录：

借：应付账款　　45 200

　贷：银行存款　　45 200

3. 货款已经支付，材料尚未验收入库

如果货款已经支付，发票账单已到，但材料尚未验收入库，那么应编制如下会计分录：

借：在途物资

　应交税费——应交增值税（进项税额）

　贷：银行存款（按支付的金额）

【例 4-21】 20×9 年 12 月 7 日，龙磐公司从甲公司购进 A 材料 800 千克，取得增值税专用发票，注明价款 40 000 元，增值税税额 5 200 元。全部款项已通过银行转账支付，材料尚未入库。

该公司应编制的会计分录如下：

①借：在途物资——甲公司　　40 000

　应交税费——应交增值税（进项税额）　　5 200

　贷：银行存款　　45 200

②待 A 材料验收入库后，再根据入库单，编制如下会计分录：

借：原材料——A 材料　　40 000

　贷：在途物资——甲公司　　40 000

第三节　生产环节业务核算

从材料投入生产到产品完工入库为止的过程称为生产过程，企业产品的生产过程同时也是生产资料的耗费过程。企业在生产过程中发生的各项生产费用，是企业为获得收入而预先垫支并需要得到补偿的资金耗费。这些耗费最终都要归集、分配给特定的产品,形成产品的成本。

在生产过程中所发生的各种耗费,称为生产费用,主要包括生产产品所消耗的原材料、辅助材料、燃料和动力,生产工人的工资和福利费,厂房和机器设备等固定资产的折旧费,以及管理和组织生产、为生产服务而发生的各种费用。这些费用,要按一定种类的产品进行归集和分配,以计算产品的生产成本。为此,生产过程核算的主要任务是生产费用的归集和分配,完成产品成本的确定。

一、生产费用的构成

生产费用是指制造业企业在生产过程中发生的、能用货币计量的生产耗费。这些费用最终都要归集、分配到一定种类的产品上去,从而形成各种产品的成本。生产费用按其经济用途可分为直接材料、直接人工和制造费用。直接材料是指构成产品实体的原材料以及有助于产品形成的主要材料和辅助材料。直接人工是指直接从事产品生产的工人的职工薪酬。制造费用是指企业为生产产品和提供劳务而发生的各项间接费用,包括车间管理人员薪酬、折旧费、修理费、办公费、水电费、机物料消耗、季节性停工损失等。

二、账户设置

企业通常设置以下账户对生产费用业务进行会计核算。

(一)生产成本

"生产成本"账户属于成本类账户,用以核算企业生产各种产品(产成品、自制半成品等)、自制材料、自制工具、自制设备等发生的各项生产成本。

该账户借方登记应计入产品生产成本的各项费用,包括直接计入产品生产成本的直接材料费、直接人工费和其他直接支出,以及期末按照一定方法分配计入产品生产成本的制造费用,贷方登记完工入库产成品应结转的生产成本;期末余额在借方,反映企业期末尚未加工完成的在产品成本。

(二)制造费用

"制造费用"账户属于成本类账户,用以核算企业生产车间(部门)为生产产品和提供劳务而发生的各项间接费用,包括生产车间发生的机物料消耗、管理人员的工资、折旧费、办公费、水电费、季节性停工损失等。

该账户借方登记实际发生的各项制造费用,贷方登记期末按照一定标准分配转入"生产成本"账户借方的应计入产品成本的制造费用;期末结转后,该账户一般无余额。

(三)库存商品

"库存商品"账户属于资产类账户,用以核算企业库存的各种商品的收、发和结存情况,包括库存的外购商品、自制商品以及存放在仓库或寄存在外的商品等，但不包括委托外单位加工的商品和已办妥销售手续而购买单位在月末尚未提货的库存商品。

该账户借方登记验收入库的库存商品成本，贷方登记发出的库存商品成本；期末余额在借方，反映企业期末库存商品的实际成本。

（四）应付职工薪酬

“应付职工薪酬”账户属于负债类账户，用以核算企业根据有关规定应付给职工的薪酬。

该账户贷方登记本期计算的应付职工的各种薪酬，借方登记本期实际支付的职工薪酬；期末余额在贷方，反映企业应付未付的职工薪酬。

三、核算举例

（一）材料费用归集与分配的账务处理

对于直接用于某种产品生产的材料费用，应直接计入该产品生产成本；对于由多种产品共同耗用、应由这些产品共同负担的材料费用，应选择适当的标准在这些产品之间进行分配，按分担的金额计入相应的成本计算对象。在确定材料费用时，应根据领料凭证区分车间、部门和不同用途后，按照确定的金额将发出材料进行如下账务处理：

借：生产成本（生产产品耗用的材料费用）
　　制造费用（车间一般耗用的材料费用）
　　管理费用（管理部门耗用的材料费用）
　　在建工程（在建工程耗用的材料费用）
　　销售费用（销售部门耗用的材料费用）
　　其他业务成本（对外销售材料的成本）
　贷：原材料

【例 4-22】 *龙磬公司会计部门将各部门转来的领料凭证汇总后，编制“材料耗用汇总表”，如表 4-1 所示。*

表 4-1　材料耗用汇总表

20×9 年 12 月

项目	A 材料		B 材料	
	数量（千克）	金额（元）	数量（千克）	金额（元）
生产甲产品耗用	300	18 000	100	8 000
生产乙产品耗用	400	24 000	200	16 000
车间一般耗用	200	12 000	100	8 000
行政管理部门耗用	100	6 000	50	4 000
合计	1 000	60 000	450	36 000

根据上述材料耗用汇总表，龙磬公司应编制的会计分录如下：

借：生产成本——甲产品　　26 000

　　　　　　——乙产品　　40 000

　　制造费用　　20 000

　　管理费用　　10 000

　贷：原材料——A 材料　　60 000

　　　　　　——B 材料　　36 000

（二）职工薪酬归集与分配的账务处理

职工薪酬是指企业为获得职工提供的服务或解除劳动关系而给予各种形式的报酬或补偿，具体包括短期薪酬、离职后福利、辞退福利和其他长期职工福利。对于当期职工薪酬，企业应当在职工为其提供服务的会计期间，按实际发生额确认为负债，并计入当期损益或相关资产成本。企业应当根据职工提供服务的不同受益对象，进行如下账务处理：

借：生产成本（生产部门人员的职工薪酬）

　　制造费用（车间管理人员的职工薪酬）

　　管理费用（行政管理部门人员的职工薪酬、解除劳动关系的补偿）

　　销售费用（销售人员的职工薪酬）

　　在建工程（在建工程负担的职工薪酬）

　贷：应付职工薪酬

【例 4-23】 龙磬公司根据 12 月份考勤记录和有关资料计算分配职工工资，并编制“职工工资分配汇总表”，如表 4-2 所示。

表 4-2　职工工资分配汇总表

20×9 年 12 月

项目	金额(元)
生产甲产品工人工资	24 000
生产乙产品工人工资	36 000
车间管理人员工资	15 000
行政管理人员工资	30 000
合计	105 000

根据上述“职工工资分配汇总表”，龙磬公司应编制的会计分录如下：

借：生产成本——甲产品　　24 000

　　　　　　——乙产品　　36 000

　　制造费用　　15 000

管理费用　　30 000
　贷：应付职工薪酬——工资　　105 000

【例 4-24】 20×9 年 12 月 31 日，龙磐公司发放工资。

该公司应编制的会计分录如下：

借：应付职工薪酬——工资　　105 000
　贷：银行存款　　105 000

（三）制造费用归集与分配的账务处理

在计算产品的成本时，一般将产品生产过程中发生的各项生产费用，按产品的名称或类别进行归集和分配，以便于计算各种产品的总成本和单位成本。由于直接材料和直接人工费用都是直接用于产品生产的费用，在发生时能够分清是为哪种产品的生产而耗用，应由哪种产品来承担，因而一般可以直接计入各种产品的生产成本。而制造费用在发生时，一般不能分清应由哪种产品承担，因而不能直接归属于某种产品，而应先归集，然后再按一定的标准分配后计入各种产品成本。会计实务中，常选择的分配标准有人工工时、人工工资、机器工时、计划分配率等。在选择分配标准时，要注意其科学性、合理性和可操作性。

1. 发生制造费用时的账务处理

借：制造费用
　贷：原材料、应付职工薪酬、累计折旧等

2. 分配制造费用时的账务处理

借：生产成本
　贷：制造费用

【例 4-25】 20×9 年 12 月，龙磐公司统计生产甲产品和乙产品发生的相关费用如下：①领用 A 材料 3 000 千克，其中甲产品耗用 2 000 千克，乙产品耗用 1 000 千克，该材料单价为 100 元；②生产甲产品发生的直接生产人员工时为 3 000 小时，乙产品为 2 000 小时，生产工人每小时工资为 20 元；③生产车间一般消耗 A 材料 3 000 元，计提车间管理人员薪酬 15 000 元，计提车间折旧费 17 000 元，用银行存款支付水电费 15 000 元。假设龙磐公司采用生产工时比例法对制造费用进行分配。

【解析】该企业的产品成本可以分为两个部分。一部分为①、②中，直接用于产品制造的直接材料与直接人工费用，A 产品耗用 800 000 元（2 000×100+3 000×20），B 产品耗用 500 000 元（1 000×100+2 000×20）；另一部分为③中，车间的一般生产费用，需先归集为制造费用，并根据 A、B 生产工时进行分配：

①制造费用归集：

借：制造费用　　50 000
　贷：原材料——A 材料　　3 000

应付职工薪酬 15 000

累计折旧 17 000

银行存款 15 000

②分配制造费用:

甲产品应分配的制造费用=50 000÷(3 000+2 000)×3 000=30 000(元)

乙产品应分配的制造费用=50 000÷(3 000+2 000)×2 000=20 000(元)

甲产品的生产成本=2 000×100+3 000×20+30 000=290 000(元)

乙产品的生产成本=1 000×100+2 000×20+20 000=160 000(元)

借:生产成本——甲产品 290 000

——乙产品 160 000

贷:原材料 300 000

应付职工薪酬 100 000

制造费用 50 000

(四)完工产品生产成本结转的账务处理

产品生产成本计算是指将企业生产过程中为制造产品所发生的各种费用按照成本计算对象进行归集和分配,以便计算各种产品的总成本和单位成本。通过对材料费用、职工薪酬和制造费用的归集和分配,企业各月生产产品所发生的生产费用计入“生产成本”账户中。如果月末某种产品全部完工,该种产品生产成本明细账所归集的费用总额,就是该种完工产品的总成本,用完工产品总成本除以该种产品的完工总产量即可计算出该种产品的单位成本。如果月末某种产品全部未完工,该种产品生产成本明细账所归集的费用总额就是该种在产品的总成本。如果月末某种产品一部分完工,一部分未完工,这时归集在产品成本明细账中的费用总额还要采取适当的分配方法在完工产品和在产品之间进行分配,然后才能计算出完工产品的总成本和单位成本。完工产品成本的计算公式为:

完工产品生产成本=期初在产品成本+本期发生的生产费用-期末在产品成本

当产品生产完成并验收入库时,应作如下账务处理:

借:库存商品(完工产品生产成本)

贷:生产成本

【例 4-26】 龙磬公司生产车间生产一批甲产品。20×9 年 12 月初有在产品 3 000 件;当月领用原材料 200 000 元,发生工资费用 60 000 元,分配制造费用 30 000 元。当月完工入库 A 产品 26 000 件,月末留存在产品 2 000 件。龙磬公司产品成本情况如表 4-3 所示。

表 4-3　产品成本表　　单位:元

项目	直接材料	直接人工	制造费用	合计
月初在产品				10 800
本月生产成本	81 400	50 900	37 000	290 000
本月全部生产成本				300 800
减:月末在产品成本				7 200
本月完工产品成本				293 600

结转已验收入库的完工产品的会计分录如下:

借:库存商品——甲产品　　293 600

　贷:生产成本——甲产品　　293 600

第四节 销售环节业务核算

销售过程是企业业务循环的最后一个阶段,也是产品价值实现过程。在销售过程中,企业将在生产过程中完成的产品销售出去并收回货款,从而使产品资金形态转化为货币资金形态,回到了资金运动的起点状态。收回货币资金可以补偿生产产品的资金耗费,保证再生产的正常进行。在产品销售过程中,一方面要将产成品及时销售给购买者,另一方面要按照产品销售价格向购买单位收取货款。这时企业的经营资金才能从成品资金形态转化为货币资金形态,完成一次资金循环。所以,在企业销售业务的会计核算过程中,确认产品销售收入和其他销售收入的实现并办理与购买单位的货款结算、计算并结转产品销售成本和其他销售成本、支付产品销售费用、计算和缴纳销售税金便构成了制造业企业销售业务核算的主要内容。

收入是指企业在销售商品、提供劳务及让渡资产使用权等日常活动中所形成的经济利益总流入,包括主营业务收入和其他业务收入。主营业务收入是指企业为完成经营目标而从事的日常活动中的主要活动所取得的收入。其他业务收入是指主营业务以外的其他日常活动所取得的收入,如企业销售材料收入,提供非工业性劳务收入,出租固定资产、出租包装物租金收入,转让无形资产使用权收入等。销售成本是指已经销售产品的生产成本。

一、商品销售收入的确认与计量

（一）商品销售收入的确认

当企业与客户之间的合同同时满足下列条件时，应当在客户取得相关商品控制权时确认收入：①合同各方已批准该合同并承诺将履行各自义务；②该合同明确了合同各方与所转让商品或提供劳务相关的权利和义务；③该合同有明确的与所转让商品或提供劳务相关的支付条款；④该合同具有商业实质，即履行该合同将改变企业未来现金流量的风险、时间分布或金额；⑤企业因向客户转让商品或提供劳务而有权取得的对价很可能收回。

（二）商品销售收入的计量

收入准则采用的是以分配的合同对价计量履约义务，收入的金额即等于分配给已实现履约义务的金额，即按分摊的客户对价金额（即交易价格）计量。企业应当在履行了合同中的履约义务约定在客户取得相关商品控制权时确认收入，即收入应以合同约定的履约义务为基础，在企业履行了履约义务，向客户交付了承诺商品或服务时才能确认收入。在确认销售商品收入的金额时，应注意下列因素：①现金折扣。现金折扣是一种理财代价，是企业为尽快回收资金对顾客提前付款的行为给予一定的优惠。现金折扣发生时，冲减发生当期的收入。②销售折让。销售折让是指销货企业因售出商品的质量不合格等原因在售价上给予的减让。发生销售折让时，应冲销应收账款、销售收入和应交税费。③商业折扣。商业折扣是指销货企业为了鼓励客户多购商品而在商品标价上给予的扣除。由于商业折扣发生在销售业务发生之时，所以企业应当按扣除商业折扣后的净额确认应收账款。

二、账户设置

（一）主营业务收入

“主营业务收入”账户属于损益类账户，用以核算企业确认的销售商品、提供劳务等主营业务的收入。该账户贷方登记企业实现的主营业务收入，即主营业务收入的增加额；借方登记期末转入“本年利润”账户的主营业务收入（按净额结转），以及发生现金折扣、销售退回和销售折让时应冲减本期的主营业务收入；期末结转后，该账户无余额。

（二）其他业务收入

“其他业务收入”账户属于损益类账户，用以核算企业确认的除主营业务活动以外的其他经营活动实现的收入，包括出租固定资产、出租无形资产、出租包装物和商品、销售材料等实现的收入。该账户贷方登记企业实现的其他业务收入，即其他业务收入的增加额，借方登记期末转入“本年利润”账户的其他业务收入；期末结转后，该账户无余额。

(三)应收账款

“应收账款”账户属于资产类账户，用以核算企业因销售商品、提供劳务等经营活动应收取的款项。该账户借方登记由于销售商品以及提供劳务等业务发生的应收账款，包括应收取的价款、税款和代垫款等，贷方登记已经收回的应收账款；期末余额通常在借方，反映企业尚未收回的应收账款，期末余额如果在贷方，反映企业预收的款项。

(四)应收票据

“应收票据”账户属于资产类账户，用以核算企业因销售商品、提供劳务等业务而收到的商业汇票。该账户借方登记企业收到的应收票据，贷方登记票据到期转销的应收票据；期末余额在借方，反映企业持有的商业汇票的账面价值。

(五)合同负债

“合同负债”账户属于负债类账户，用以核算企业因转让商品收到的预收款。该账户贷方登记企业在向客户转让商品之前，客户已经支付了合同对价或企业已经取得了无条件收取合同对价权利的金额，借方登记企业向客户转让相关商品时按实现的收入转销的金额；期末余额在贷方，反映企业在向客户转让商品之前，已经收到的合同对价或已经取得的无条件收取合同对价权利的金额。

(六)坏账准备

“坏账准备”账户属于资产类备抵账户，核算应收款项的坏账准备计提、转销等情况。该账户的贷方登记当期计提的坏账准备金额，借方登记实际发生的坏账损失金额和由于无法收回应收款项而冲减的坏账准备金额；期末余额一般在贷方，反映企业已计提但尚未转销的坏账准备金额。

(七)主营业务成本

“主营业务成本”账户属于损益类账户，用以核算企业确认销售商品、提供劳务等主营业务收入时应结转的成本。该账户借方登记本期因销售商品、提供劳务等业务从“库存商品”账户结转的本期已销售产品的实际成本数额；贷方登记期末转入“本年利润”账户的主营业务成本；期末结转后，该账户无余额。

(八)其他业务成本

“其他业务成本”账户属于损益类账户，用以核算企业确认的除主营业务活动以外的其他经营活动所发生的支出，包括销售材料的成本、出租固定资产的折旧额、出租无形资产的摊销额、出租包装物的成本或摊销额等。该账户借方登记除主营业务活动以外的其他经营活动所发生的支出，贷方登记期末转入“本年利润”账户的其他业务成本；期末结转后，该账户无余额。

（九）税金及附加

"税金及附加"账户属于损益类账户，用以核算企业经营活动发生的消费税、城市维护建设税、印花税、资源税、房产税、土地使用税、车船使用税和教育费附加等相关税费。该账户借方登记企业按规定计算确定的与经营活动相关的税费，贷方登记期末转入"本年利润"账户的与经营活动相关的税费；期末结转后，该账户无余额。

三、核算举例

（一）主营业务收入的账务处理

企业销售商品或提供劳务实现的收入，应按实际收到、应收或者预收的金额，编制如下会计分录：

借：银行存款、应收账款、应收票据、预收账款等

　贷：主营业务收入

对于增值税销项税额，一般纳税人应贷记"应交税费——应交增值税（销项税额）"科目，小规模纳税人应贷记"应交税费——应交增值税"科目。

【例 4-27】 20×9 年 11 月 11 日，龙磬公司销售一批产品给甲公司，按合同约定开具增值税专用发票，产品销售价格为 900 000 元，增值税税额为 117 000 元，产品已经发出，货款也已收到。

龙磬公司会计部门根据增值税专用发票，应编制如下会计分录：

借：银行存款　　1017 000

　贷：主营业务收入　　900 000

　　应交税费——应交增值税（销项税额）　　117 000

【例 4-28】 20×9 年 11 月 12 日，龙磬公司向甲公司出售产品 100 件，每件不含增值税售价为 1 000 元，货款为 100 000 元，增值税为 13 000 元。货已发出，款项未收到。

龙磬公司会计部门根据增值税专用发票，应编制如下会计分录：

借：应收账款——甲公司　　113 000

　贷：主营业务收入　　100 000

　　应交税费——应交增值税（销项税额）　　1 3000

【例 4-29】 20×9 年 11 月 22 日，甲公司以银行转账方式支付上述货款。

龙磬公司会计部门根据银行收款通知，应编制如下会计分录：

借：银行存款　　113 000

　贷：应收账款——甲公司　　113 000

【例 4-30】 20×9 年 11 月 15 日，乙公司（小规模纳税人）出售商品一批，发票金额（含税）为 412 000 元，增值税征收率为 3%，货款已收到。

会计部门计算不含税销售额=含税销售额÷(1+征收率)=412 000÷(1+3%)=400 000(元)

应纳增值税=不含税销售额×征收率=400 000×3%=12 000(元)

会计部门根据增值税普通发票,应编制如下会计分录:

借:银行存款　　412 000

　贷:主营业务收入　　400 000

　　应交税费——应交增值税　　12 000

(二)主营业务成本的账务处理

期(月)末,企业应根据本期(月)销售各种商品、提供各种劳务等实际成本,计算应结转的主营业务成本,编制如下会计分录:

借:主营业务成本

　贷:库存商品

【例 4-31】 承【例 4-30】,假定龙磬公司销售给甲公司的产品的成本为 600 000 元。

龙磬公司结转该产品成本时应编制如下会计分录:

借:主营业务成本　　600 000

　贷:库存商品　　600 000

(三)其他业务收入和其他业务成本的账务处理

主营业务和其他业务的划分并不是绝对的,一家企业的主营业务可能是另一家企业的其他业务,即便在同一家企业,不同期间的主营业务和其他业务的内容也不是固定不变的。

1. 当企业发生其他业务收入时,应编制如下会计分录:

借:银行存款、应收账款、应收票据

　贷:其他业务收入

　　应交税费——应交增值税(销项税额)

2. 企业应根据本期应结转的其他业务成本金额,编制如下会计分录:

借:其他业务成本

　贷:原材料(销售材料的成本)

　　累计折旧(出租固定资产的折旧额)

　　累计摊销(出租无形资产的摊销额)

【例 4-32】 龙磬公司 20×9 年 11 月份将一批不需要的原材料出售。该批原材料的成本为 16 000 元,售价为 20 000 元,增值税税额为 2 600 元,收到货款,存入银行。

该公司应编制的会计分录如下:

借:银行存款　　22 600

　贷:其他业务收入　　20 000

　　应交税费——应交增值税(销项税额)　　2 600

借:其他业务成本　　16 000
　贷:原材料　　16 000

(四)税金及附加的账务处理

企业按规定计算确定的与经营活动相关的消费税、城市维护建设税、教育费附加、资源税、房产税、城镇土地使用税、车船税等税费,应编制如下会计分录:

借:税金及附加
　贷:应交税费

实际缴纳相关税费时编制会计分录:

借:应交税费
　贷:银行存款

企业缴纳的印花税,不需要预计应纳税额,因此不通过"应交税费"科目核算,于购买印花税票时,直接作如下处理:

借:税金及附加
　贷:银行存款

【例4-33】 20×9年11月份,龙磐公司当月实际应交增值税为350 000元,应交消费税为150 000元,城市维护建设税税率为7%,教育费附加的征收率为3%。

该公司与城市维护建设税、教育费附加有关的会计分录如下:

(1)应交城市维护建设税:(350 000+150 000)×7%=35 000(元)

应交教育费附加:(350 000+150 000)×3%=15 000(元)

确认税金及附加的会计分录为:

借:税金及附加　　50 000
　贷:应交税费——应交城市维护建设税　　35 000
　　　　　　——应交教育费附加　　15 000

(2)实际缴纳城市维护建设税和教育费附加时:

借:应交税费——应交城市维护建设税　　35 000
　　　　　——应交教育费附加　　15 000
　贷:银行存款　　50 000

第五节 利润形成与分配业务核算

企业在销售过程中所获得的各项收入遵循配比原则抵偿了各项成本、费用之后的差额，形成企业利润。企业的收入，广义地讲，不仅包括营业收入（主营业务收入和其他业务收入），还应包括营业外收入和投资净收益。企业的费用，广义上不仅包括为取得营业收入而发生的各种耗费，还包括营业外支出、投资损失和所得税。因此，企业在一定时期的利润（或亏损）是由营业利润、利润总额和净利润三部分构成的。企业实现的利润，一部分要以所得税的形式上缴国家；另一部分即税后利润，要按照规定的程序在各有关方面进行合理的分配。如果是亏损，还要按照规定的程序进行弥补。通过利润分配，一部分资金要退出企业，另一部分资金要以公积金等形式继续参加企业的资金周转。

一、期间费用的核算

（一）期间费用的构成

期间费用是指企业日常活动中不能直接归属于某个特定成本核算对象的，在发生时应直接计入当期损益的各种费用。期间费用包括管理费用、销售费用和财务费用。

管理费用是指企业为组织和管理企业生产经营活动所发生的各种费用，包括企业在筹建期间发生的开办费、咨询费、诉讼费、业务招待费、研究费用、排污费等。企业生产车间（部门）和行政管理部门等发生的固定资产修理费用等后续支出，也计入管理费用。

销售费用是指企业销售商品和材料、提供劳务的过程中发生的各种费用，包括企业在销售商品过程中发生的包装费、保险费、展览费、广告费、商品维修费、预计产品质量保证损失、运输费、装卸费等费用。

财务费用是指企业为筹集生产经营所需资金等而发生的筹资费用，包括利息支出（减利息收入）、汇兑损益以及相关的手续费等。

（二）账户设置

1. 管理费用

“管理费用”账户属于损益类账户，用以核算企业为组织和管理企业生产经营所发生的管理费用。该账户借方登记发生的各项管理费用，贷方登记期末转入“本年利润”账户的管理费用；期末结转后，该账户无余额。

2. 销售费用

“销售费用”账户属于损益类账户，用以核算企业发生的各项销售费用。该账户借方登记发生的各项销售费用，贷方登记期末转入“本年利润”账户的销售费用；期末结转后，该账户无余额。

3. 财务费用

“财务费用”账户属于损益类账户，用以核算企业为筹集生产经营所需资金等而发生的筹资费用。该账户借方登记企业发生的各项财务费用，贷方登记应冲减财务费用的利息收入以及期末转入“本年利润”账户的金额；期末结转后，该账户无余额。

（三）核算举例

1. 管理费用的账务处理

（1）企业在筹建期间内发生的开办费，包括人员工资、办公费、培训费、差旅费、印刷费等

借：管理费用

　贷：库存现金（或银行存款等）

（2）行政管理部门计提职工薪酬

借：管理费用

　贷：应付职工薪酬

（3）行政管理部门计提固定资产折旧

借：管理费用

　贷：累计折旧

（4）行政管理部门在日常管理活动中发生办公费、水电费、业务招待费、聘请中介机构费、咨询费、诉讼费、研发费用等

借：管理费用

　贷：银行存款（或研发支出等）

【例 4-34】 20×9 年 4 月 10 日，龙磬公司采购办公用品一批，价款为 600 元，以现金支付。

该公司应编制的会计分录如下：

借：管理费用　　600

　贷：库存现金　　600

【例 4-35】 20×9 年 4 月 15 日，龙磬公司出差人员李好经批准预借差旅费 2 000 元，4 月 25 日出差归来报销差旅费 1 460 元，余款 540 元现金交回财务部门。

该公司应编制的会计分录如下：

（1）20×9 年 4 月 15 日李好预借差旅费时：

借：其他应收款——李好　　2 000

贷:库存现金 2 000

(2)20×9 年 4 月 25 日李好出差归来时:

借:管理费用 1 460

库存现金 540

贷:其他应收款——李好 2 000

2. 销售费用的账务处理

(1)企业在销售商品过程中发生包装费、保险费、展览费和广告费、运输费、装卸费等

借:销售费用

贷:库存现金(或银行存款等)

(2)企业发生的为销售本企业商品而专设的销售机构的职工薪酬、业务费、设备折旧等

借:销售费用

贷:应付职工薪酬(或银行存款、累计折旧等)

【例 4-36】 20×9 年 5 月 8 日,龙磐公司发生广告费 8 000 元,以银行存款支付。

该公司应编制的会计分录如下:

借:销售费用 8 000

贷:银行存款 8 000

3. 财务费用的账务处理

(1)企业发生财务费用时

借:财务费用

贷:银行存款(或应付利息等)

(2)企业发生的应冲减财务费用的利息收入、汇兑损益时

借:银行存款(或应付账款等)

贷:财务费用

【例 4-37】 龙磐公司 20×9 年 6 月支付银行借款当月利息 2 000 元。

该公司应编制的会计分录如下:

借:财务费用 2 000

贷:银行存款 2 000

二、利润形成业务的核算

(一)利润的形成

利润是指企业在一定会计期间的经营成果,包括收入减去费用后的净额、直接计入当期损益的利得和损失等。利润由营业利润、利润总额和净利润三个层次构成。

1. 营业利润

营业利润这一指标能够比较恰当地反映企业管理者的经营业绩，其计算公式如下：

营业利润＝营业收入－营业成本－税金及附加－管理费用－研发费用－销售费用－财务费用－资产减值损失－信用减值损失＋其他收益±投资收益±净敞口套期收益±公允价值变动收益±资产处置收益

其中：营业收入＝主营业务收入＋其他业务收入

营业成本＝主营业务成本＋其他业务成本

资产减值损失是指企业计提各项资产减值准备所形成的损失。

公允价值变动收益（或损失）是指企业交易性金融资产等公允价值变动形成的应计入当期损益的利得（或损失）。

投资收益（或损失）是指企业以各种方式对外投资所取得的收益（或发生的损失）。

2. 利润（亏损）总额

利润总额，又称税前利润，是营业利润加上营业外收入减去营业外支出后的金额，其计算公式如下：

利润总额＝营业利润＋营业外收入－营业外支出

其中，营业外收入是指企业发生的与其日常生产经营活动没有直接关系的各项利得。营业外支出是指企业发生的与其日常生产经营活动没有直接关系的各项支出。

3. 净利润

净利润，又称税后利润，是利润总额扣除所得税费用后的净额，一般通过“本年利润”科目核算，其计算公式如下：

净利润＝利润总额－所得税费用

（二）账户设置

1. 本年利润

为了核算企业利润的形成情况，期末应将损益类账户余额结转到“本年利润”账户中。“本年利润”账户属于所有者权益类账户，用以核算企业当期实现的净利润（或发生的净亏损）。

企业期末（月末或年末）结转利润时，应将各损益类账户的金额转入本账户，结平各损益类账户。该账户贷方登记转入的各项收入，借方登记转入的各项费用；该账户期末余额如果在贷方，表示累计实现的利润，如果在借方，表示累计发生的亏损。年末应将该账户的余额转入“利润分配”账户，结转之后，该账户年末没有余额。

2. 投资收益

“投资收益”账户属于损益类账户，用以核算企业确认的投资收益或投资损失。

该账户贷方登记实现的投资收益和期末转入“本年利润”账户的投资净损失，借方登记发生的投资损失和期末转入“本年利润”账户的投资净收益；期末结转后，该账户无余额。

3. 营业外收入

“营业外收入”账户属于损益类账户，用以核算企业发生的各项营业外收入，主要包括债务重组利得、与企业日常活动无关的政府补助、盘盈利得、捐赠利得、无法支付的应付账款等。

该账户贷方登记营业外收入的实现，即营业外收入的增加额；借方登记会计期末转入“本年利润”账户的营业外收入；期末结转后，该账户无余额。

4. 营业外支出

“营业外支出”账户属于损益类账户，用以核算企业发生的各项营业外支出，包括债务重组损失、公益性捐赠支出、非常损失、盘亏损失及非流动资产的毁损、报废、损失等。

该账户借方登记营业外支出的发生，即营业外支出的增加额；贷方登记期末转入“本年利润”账户的营业外支出；期末结转后，该账户无余额。

5. 所得税费用

“所得税费用”账户属于损益类账户，用以核算企业确认的应从当期利润总额中扣除的所得税费用。

该账户借方登记企业应计入当期损益的所得税；贷方登记企业期末转入“本年利润”账户的所得税；期末转入“本年利润”账户后，该账户无余额。

（三）核算举例

1. 营业外收入和营业外支出的账务处理

(1) 企业发生各项营业外收入时

借：银行存款、库存现金

　贷：营业外收入

(2) 企业发生各项营业外支出时

借：营业外支出

　贷：银行存款、库存现金

【例 4-38】 20×9 年 11 月 23 日，龙磬公司收到甲公司因违约支付的赔款 100 000 元，款项已存入银行。

该公司应编制的会计分录如下：

	借方	贷方
借：银行存款	100 000	
贷：营业外收入		100 000

【例 4-39】　20×9 年 11 月 27 日，龙磐公司使用银行存款向地震灾区捐赠 200 000 元。

该公司应编制的会计分录如下：

借：营业外支出　　200 000

　贷：银行存款　　200 000

2. 期末结转各项收入和费用的账务处理

为了计算企业利润的形成情况，期末应将各项收入类账户和费用类账户的余额结转到“本年利润”账户。

(1) 期末结转各项收入类账户

期末企业应将计入当期损益的各项收入类账户的余额转入“本年利润”账户的贷方：

借：主营业务收入

　　其他业务收入

　　投资收益

　　公允价值变动损益

　　其他收益

　　资产处置损益

　　营业外收入

　贷：本年利润

(2) 期末结转各项费用类账户

期末，企业应将计入当期损益的各项费用、损失类账户的余额转入“本年利润”账户的借方：

借：本年利润

　贷：主营业务成本

　　　其他业务成本

　　　税金及附加

　　　销售费用

　　　管理费用

　　　财务费用

　　　资产减值损失

　　　营业外支出

　　　所得税费用

【例 4-40】　龙磐公司 20×9 年度有关损益类账户的年末余额如表 4-4 所示（该企业采用表结法年末一次结转损益类科目，所得税税率为 25%）。

表 4-4　龙磬公司 20×9 年损益类账户年末余额

单位:元

账户名称	借或贷	余额
主营业务收入	贷	6 000 000
其他业务收入	贷	700 000
公允价值变动损益	贷	150 000
投资收益	贷	1 000 000
营业外收入	贷	50 000
主营业务成本	借	4 000 000
其他业务成本	借	400 000
税金及附加	借	80 000
销售费用	借	500 000
管理费用	借	770 000
财务费用	借	200 000
资产减值损失	借	100 000
营业外支出	借	250 000

龙磬公司 20×9 年年末结转本年利润,应编制如下会计分录:

(1)将各损益类账户年末余额结转至“本年利润”账户

①结转各项收入、利得类账户:

借:主营业务收入　　6 000 000
　　其他业务收入　　700 000
　　公允价值变动损益　　150 000
　　投资收益　　1 000 000
　　营业外收入　　50 000
　贷:本年利润　　7 900 000

②结转各项费用、损失类账户:

借:本年利润　　6 300 000
　贷:主营业务成本　　4 000 000
　　　其他业务成本　　400 000
　　　税金及附加　　80 000
　　　销售费用　　500 000
　　　管理费用　　770 000
　　　财务费用　　200 000
　　　资产减值损失　　100 000

营业外支出　　　　250 000

(2)经过上述结转,"本年利润"账户的贷方发生额合计7 900 000元,减去借方发生额合计6 300 000元,即为税前利润1 600 000元

(3)净利润的形成,应交所得税=1 600 000×25%=400 000(元)

①确认所得税费用:

借:所得税费用　　　　400 000

　贷:应交税费——应交所得税　　　　400 000

②将所得税费用结转入"本年利润"科目:

借:本年利润　　　　400 000

　贷:所得税费用　　　　400 000

三、利润分配业务的核算

利润分配是指企业根据国家有关规定和企业章程、投资者协议等,对企业当年可供分配利润指定其特定用途和分配给投资者的行为。

(一)利润分配的顺序

企业向投资者分配利润,应按一定的顺序进行。按照《中华人民共和国公司法》(以下简称《公司法》)的有关规定,利润分配应按下列顺序进行:

1. 计算可供分配的利润

企业在利润分配前,应根据本年净利润(或亏损)与年初未分配利润(或亏损)、其他转入的金额(如盈余公积弥补的亏损)等项目,计算可供分配的利润,即

可供分配的利润=净利润(或亏损)+年初未分配利润-弥补以前年度的亏损+其他转入的金额

如果可供分配的利润为负数(即累计亏损),则不能进行后续分配;如果可供分配的利润为正数(即累计盈利),则可进行后续分配。

2. 提取法定盈余公积

按照《公司法》的有关规定,公司应当按照当年净利润(抵减年初累计亏损后)的10%提取法定盈余公积,提取的法定盈余公积累计额超过注册资本50%的,可以不再提取。企业的盈余公积主要用于弥补亏损或者转增资本,当转增资本时,转增后企业盈余公积的数额不得少于其注册资本的25%。

3. 提取任意盈余公积

提取法定盈余公积后,经股东会或者股东大会决议,还可以从净利润中提取任意盈余公积。

4. 向投资者分配利润(或股利)

企业可供分配的利润扣除提取的盈余公积后,形成可供投资者分配的利润,即

可供投资者分配的利润=可供分配的利润-提取的盈余公积

企业经股东大会或类似机构决议,可采用现金股利、股票股利和财产股利等形式向投资者分配利润(或股利)。可供投资者分配的利润,应按下列顺序进行分配:

(1)支付优先股股利。优先股股利是指企业按照利润分配方案分配给优先股股东的现金股利,是按照约定的股利率计算支付。

(2)支付普通股现金股利。普通股现金股利是指企业按照利润分配方案分配给普通股股东的现金股利,一般按各股东持有股份的比例进行分配。如果是非股份制企业则为分配给投资者的利润。

(3)转作资本(或股本)的普通股股利,是指企业按照利润分配方案以分派股票股利的形式转作的资本(或股本)。

可供投资者分配的利润经过上述分配,为企业的未分配利润(或未弥补亏损):

本年末未分配利润=可供投资者分配的利润-优先股股利-普通股股利

利润分配后的余额为企业年末未分配利润,即下一年的年初未分配利润,它是指企业留到以后年度分配的利润或待分配的利润。

(二)账户设置

企业通常设置以下账户对利润分配业务进行会计核算:

1. 利润分配

"利润分配"账户属于所有者权益类账户,用以核算企业利润的分配(或亏损的弥补)和历年分配(或弥补亏损)后的余额。

该账户贷方登记自"本年利润"账户转入的当年实现的净利润;借方登记自"本年利润"账户转入的当年净亏损,以及本年按规定实际分配的利润。年末,应将"利润分配"账户下的其他明细账户的余额转入"未分配利润"明细账户,结转后,除"未分配利润"明细账户可能有余额外,其他各个明细账户均无余额。"未分配利润"明细账户的贷方余额为历年累积的未分配利润(即可供以后年度分配的利润),借方余额为历年累积的未弥补亏损(即留待以后年度弥补的亏损)。

2. 盈余公积

"盈余公积"账户属于所有者权益类账户,用以核算企业从净利润中提取的盈余公积。该账户贷方登记提取的盈余公积,即盈余公积的增加额,借方登记实际使用的盈余公积,即盈余公积的减少额;期末余额在贷方,反映企业结余的盈余公积。

3. 应付股利

"应付股利"账户属于负债类账户,用以核算企业分配的现金股利或利润。该账户贷方

登记应付给投资者股利或利润的增加额;借方登记实际支付给投资者的股利或利润,即应付股利的减少额;期末余额在贷方,反映企业应付未付的现金股利或利润。

（三）核算举例

1. 净利润转入利润分配的账务处理

会计期末,企业应将当年实现的净利润转入"利润分配——未分配利润"科目,即借记"本年利润"科目,贷记"利润分配——未分配利润"科目,如为净亏损,则做相反会计分录。结转前,如果"利润分配——未分配利润"明细科目的余额在借方,上述结转当年所实现净利润的分录,同时反映了当年实现的净利润自动弥补以前年度亏损的情况。因此,在用当年实现的净利润弥补以前年度亏损时,不需另行编制会计分录。

【例 4-41】 承【例 4-40】,将龙磬公司 20×9 年实现的"本年利润"科目年末余额 1 200 000 元(7 900 000-6 300 000-400 000)转入"利润分配——未分配利润"科目:

借:本年利润　　1 200 000

　贷:利润分配——未分配利润　　1 200 000

2. 提取盈余公积的账务处理

(1)企业提取法定盈余公积:

借:利润分配——提取法定盈余公积

　贷:盈余公积——法定盈余公积

(2)企业提取任意盈余公积:

借:利润分配——提取任意盈余公积

　贷:盈余公积——任意盈余公积

【例 4-42】 承【例 4-41】,龙磬公司按 20×9 年度净利润的 10%计提法定盈余公积。

该公司应编制的会计分录如下:

计提的法定盈余公积=1 200 000×10%=120 000(元)

借:利润分配——提取法定盈余公积　　120 000

　贷:盈余公积——法定盈余公积　　120 000

【例 4-43】 承【例 4-42】,龙磬公司按 20×9 年度净利润的 5%计提任意盈余公积。

该公司应编制的会计分录如下:

计提的任意盈余公积=1 200 000×5%=60 000(元)

借:利润分配——提取任意盈余公积　　60 000

　贷:盈余公积——任意盈余公积　　60 000

3. 向投资者分配利润或股利的账务处理

(1)企业根据股东大会或类似机构审议批准的利润分配方案,确认应支付的现金股利或利润:

借:利润分配——应付现金股利

贷:应付股利

(2)企业向投资者分配股票股利:

借:利润分配——转作股本的股利

贷:股本

需要注意的是,董事会或类似机构通过的利润分配方案中拟分配的现金股利或利润,不需进行账务处理,但应在附注中披露。

【例 4-44】 承【例 4-43】,假定龙磐公司 20×9 年度对外公告向股东分配现金股利 120 000 元。

该公司应编制的会计分录如下:

(1)宣告分配 20×9 年度现金股利:

借:利润分配——应付现金股利	120 000	
贷:应付股利		120 000

(2)支付现金股利:

借:应付股利	120 000	
贷:银行存款		120 000

4. 使用盈余公积的账务处理

盈余公积的主要用途是弥补亏损、转增资本以及用于发放现金股利。

【例 4-45】 经股东大会批准,甲股份有限公司用以前年度提取的盈余公积弥补 20×9 年度亏损,当年弥补亏损的金额为 600 000 元。假定不考虑其他因素。

该公司应编制的会计分录如下:

借:盈余公积	600 000	
贷:利润分配——盈余公积补亏		600 000

【例 4-46】 因扩大经营规模需要,经股东大会批准,甲股份有限公司将盈余公积 400 000 元转增 20×9 年度股本。假定不考虑其他因素。

该公司应编制的会计分录如下:

借:盈余公积	400 000	
贷:股本		400 000

5. 企业未分配利润形成的账务处理

年度终了,企业应将"利润分配"科目所属其他明细科目的余额转入该科目"未分配利润"明细科目,即

借:利润分配——未分配利润

——盈余公积补亏

贷：利润分配——提取法定盈余公积
　　　　　　——提取任意盈余公积
　　　　　　——应付现金股利
　　　　　　——转作股本的股利

结转后，“利润分配”科目中除“未分配利润”明细科目外，所属其他明细科目无余额。“未分配利润”明细科目的贷方余额表示累积未分配的利润，该科目如果出现借方余额，则表示累积未弥补的亏损。

【例4-47】 承【例4-42】至【例4-44】，龙磬公司将“利润分配”科目所属其他明细科目的余额结转至“未分配利润”明细科目：

借：利润分配——未分配利润	300 000	
贷：利润分配——提取法定盈余公积		120 000
——提取任意盈余公积		60 000
——应付现金股利		120 000

经上述结转，龙磬公司“利润分配——未分配利润”明细科目为贷方余额900 000元，即为龙磬公司年末累积未分配利润。

【课后习题】

习题一

一、目的：了解筹集资金主要经济业务的核算。

二、资料：

(1)朝阳公司于20×9年4月15日向银行借入期限9个月的短期借款3 000 000元，款项已存入账户；

(2)根据协议，甲投资企业以一机器设备作为投入资本，投资合同约定的价值为500 000元；

(3)朝阳公司委托某证券公司代理发行普通股5 000万股，每股面值1元，发行价格为每股4.8元，发行股款已全部收到并存入银行；

(4)假如上述(1)中朝阳公司取得的借款年利率为6%，利息按季度结算，计算4月份应负担的利息。

三、要求：运用借贷记账法编制相应会计分录。

习题二

一、目的：了解供应环节主要经济业务的核算。

二、资料：

(1)朝阳公司于A股份公司处用银行存款购入一台需要安装的设备，有关发票等凭证显示，其买价为1 250 000元，增值税税额为162 500元，包装运杂费等共15 000元，设备投入安装；A股份公司的上述设备在安装过程中发生的安装费如下：领用本企业的原材料18 500元，用现金支付外来安装工人的工资54 720元。上述设备安装完毕，达到预定可使用状态，经验收合格办理竣工决算手续，现已交付使用，结转工程成本；

(2)朝阳公司向蓝天公司签发并承兑一张面值为809 080元的商业汇票购入丁材料，该批丁材料的买价为716 000元，增值税进项税额为93 080元，材料尚未到达。

三、要求：运用借贷记账法编制相应会计分录。

习题三

一、目的：了解生产环节主要经济业务的核算。

二、资料：

(1)朝阳公司本月工资结算与分配情况：A产品生产工人工资1 640 000元，B产品生产工人工资1 430 000元，车间管理人员工资320 000元，行政管理人员工资210 000元；

(2)假设朝阳公司根据本月工资总额的14%计提各种社会保险费：A产品生产工人工资计提229 600元，B产品生产工人工资计提200 200元，车间管理人员工资计提44 800元，行政管理人员工资计提29 400元，合计504 000元；

(3)朝阳公司于月末计提本月固定资产折旧，其中车间固定资产折旧额为126 600元，行政管理部门固定资产折旧额为4 500元；

(4)朝阳公司本月A、B两种产品部分完工，其中A产品完工总成本为1 842 000元，B产品完工总成本为1 265 000元。A、B产品现已验收入库，结转成本。

三、要求：运用借贷记账法编制相应会计分录。

习题四

一、目的：了解销售环节主要经济业务的核算。

二、资料：

(1)朝阳公司向兴业工厂销售A产品95台，每台售价12 800元，发票注明该批A产品的价款为1 216 000元，增值税税额为158 080元，全部款项收到一张已承兑的商业汇票。其中A产品的单位成本为7 200元/台；

(2)朝阳公司经计算，本月销售A、B产品应缴纳的城市维护建设税为24 930元，教育费附加为10 670元。另外，A产品应缴纳的消费税为137 600元(假设A产品为应税消费品)。

三、要求：运用借贷记账法编制相应会计分录。

习题五

一、目的:了解利润形成与分配主要经济业务的核算。

二、资料:

(1)朝阳公司行政管理人员张某出差预借差旅费 2 000 元,用现金支付。张某出差回来,报销差旅费 1 680 元,原借款 2 000 元,余额退回现金;

(2)朝阳公司用银行存款 60 000 元支付销售产品的广告费,用银行存款支付本月行政管理部门的水费 1 600 元、电费 3 000 元;

(3)朝阳公司收到某单位的违约罚款收入 84 800 元,存入银行,用银行存款 20 000 元支付一项公益性捐赠;

(4)朝阳公司在期末将本期实现的各项收入,包括主营业务收入 5 202 000 元、其他业务收入 469 800 元、投资收益 638 976 元、营业外收入 52 000 元转入“本年利润”账户。将本期发生的各项费用,包括主营业务成本 2 668 000 元、税金及附加 173 200 元、其他业务成本 75 500 元、管理费用 279 384 元、财务费用 7 500 元、销售费用 132 192 元、营业外支出 27 000 元转入“本年利润”账户;本期计算出的所得税费用为 750 000(3 000 000×25%)元;

(5)朝阳公司期末结转本年实现的净利润(朝阳公司本年共实现净利润 2 250 000 元)。经董事会决议,决定按全年净利润的 10%提取法定盈余公积,按全年净利润的 5%提取任意盈余公积。按照董事会及股东大会决议,决定分配给股东现金股利 499 800 元;期末结转“利润分配”各明细账户的余额。

三、要求:运用借贷记账法编制相应会计分录。

第五章 会计凭证与会计账簿

【案例导入】

无处安放的会计凭证和会计账簿

2017 年 2 月,时任某建筑安装有限公司法人代表、总经理的张某以腾出公司财务室柜子为由,安排公司会计邬某将原放置在财务室的该公司 1998 年至 2006 年所有会计凭证、会计账簿、财务会计报告打包装箱,放置到公司一楼办公室储存。

邬某不同意,并告知张某放到一楼无人保管是不行的,但张某执意要搬。邬某要求张某出具证明字据,张某在公司财务写的情况说明材料上出具情况属实的意见并签名。张某签署意见后邬某将该公司 1998 年至 2006 年所有会计凭证、会计账簿、财务会计报告等资料进行了打包装箱,张某、邬某、副经理梁某等人一同将打包装箱的资料搬至一楼办公室堆放。

2017 年 7 月某天,在未经得相关职能部门许可鉴证的情况下,上述财务资料被张某以潮湿腐烂为由,安排装修工人唐某甲、曾某、唐某乙当作垃圾烧毁。经司法会计鉴定,该财务会计资料涉案金额为 48 830 627.02 元。

2019 年 3 月 12 日,张某自动到公安局投案。

2020 年 3 月 24 日,经人民法院审判,判决张某犯故意销毁会计凭证、会计账簿、财务会计报告罪,判处有期徒刑一年一个月,并处罚金人民币 30 000 元。

【课程思政要点】

培养良好的职业习惯和职业素养。

第一节 会计凭证

会计凭证是用来记录经济业务、明确经济责任的书面证明，也可作为登记账簿依据的书面证明。例如，企业购买原材料需要由供货方开出发票，支付购货款项需要收款方开出收据，原材料入库要有收货单，发出材料要有领料单，等等。发票、收据、收货单、领料单等都是会计凭证。填制和审核会计凭证是会计核算工作的起点和基础。会计处理任何一项经济业务，都必须以合法的会计凭证为依据。

一、会计凭证的种类

会计凭证按照填制程序和用途可分为原始凭证和记账凭证。

（一）原始凭证

原始凭证又称单据，是指在经济业务发生或完成时取得或填制的，用以记录或证明经济业务的发生或完成情况的原始凭据。原始凭证记载的信息是整个企业会计信息系统运行的起点。常见的原始凭证有收据、发票、银行进账单、差旅费报销单、产品入库单、领料单等。

（二）记账凭证

记账凭证又称记账凭单，是指会计人员根据审核无误的原始凭证，按照经济业务的内容加以归类，并据以确定会计分录后填制的会计凭证。记账凭证将原始凭证中的经济数据转化为会计语言，是登记账簿的直接依据。

二、会计凭证的作用

会计人员可以根据会计凭证，对日常大量、分散的各种经济业务，进行整理、分类、汇总，并经过会计处理，为经济管理提供有用的会计信息。其作用有以下四点：

（1）可以记录经济业务的发生和完成情况，为会计核算提供原始依据。

（2）可以检查经济业务的真实性、合法性和合理性，为会计监督提供重要依据。

（3）可以明确经济责任，为落实岗位责任制提供重要文件。

（4）可以反映相关经济利益关系，为维护合法权益提供法律证据。

三、会计凭证的填制与审核

（一）原始凭证的填制与审核

原始凭证又称单据，是在经济业务发生时直接取得或填制的，用于记录经济业务的发生和完成情况，具有法律效力、明确经济责任的书面证明。原始凭证是会计核算的原始资料，也是编制记账凭证的依据。每一个原始凭证都必须具备以下要素：

（1）原始凭证的名称。

（2）填制原始凭证的日期及编号。

（3）填制原始凭证的单位名称或者填制人姓名。

（4）接受凭证单位的名称。

（5）经济业务的内容。

（6）填制单位、填制人、经办人员、验收人员等的签字或盖章。

1. 原始凭证的填制

（1）基本要求。

①真实可靠。原始凭证应如实填列经济业务内容，填制的日期、经济业务内容和数字必须是经济业务发生或完成的实际情况，不得弄虚作假，不得涂改、挖补。

②内容完整。原始凭证中应该填写的项目要逐项填写，不可缺漏；名称要写完整，不要简化；品名和用途要填写明确，不能含糊不清；有关部门和人员的签名和盖章必须齐全。在实际工作中，具体填制应注意以下几点：

a. 单位自制原始凭证，必须有经办人员和经办单位负责人的签名或盖章，经办单位负责人指定人员的签名或盖章也视为有效。

b. 对外开出的凭证必须加盖本单位的公章或财务专用章；从外单位取得的原始凭证必须盖有填制单位的公章。这里所说的“公章”，是指具有法律效力和特定用途，能够证明单位身份和性质的印鉴，如业务公章、财务专用章、发票专用章、结算专用章等。

c. 从个人取得的原始凭证，必须有填制人员的签名或盖章。

③填制及时。在每一项经济业务发生或完成时，有关部门和人员都应及时填制原始凭证，做到不积压、不误时、不事后补制，并按规定的程序审核。

（2）具体要求。由于经济业务千差万别，各单位在管理上的要求也不尽相同，原始凭证在具体的内容和格式上存在很大差异。因此，在填制原始凭证时，除了应遵循上述基本要求，对于不同业务的原始凭证还应注意一些具体的要求。

①连续编号。各种原始凭证必须连续编号，如果凭证上已预先印定编号，如发票、支票等，在因填写错误或其他原因需要作废时，应当加盖“作废”戳记，连同存根一起保存，不得撕毁。一式几联的发票和收据，必须用双面复写纸套写，并连续编号。

②填写票据时，票据日期应大写。月为壹、贰、壹拾的，应在其前加“零”；日为壹至玖或壹拾、贰拾、叁拾的，应在其前加“零”；日为拾壹至拾玖的，应在其前加“壹”。例如，2018 年 2 月 10 日，大写日期应为“贰零壹捌年零贰月零壹拾日”。

③书写工整、规范。原始凭证上的文字和数字要按规定书写，文字简洁，字迹清晰，易于辨认，具体应符合以下要求：

a. 阿拉伯数字应当一个一个地写，不得连笔写。阿拉伯金额数字前面应当书写货币币种符号，如人民币符号“￥”，美元符号“$”。币种符号与阿拉伯金额数字之间不得留有空白。凡阿拉伯数字前写有币种符号的，数字后面不再写货币单位。所有以元为单位的阿拉伯数字，除表示单价等情况外，一律填写到角分。无角分的，角位和分位可写“00”或符号“-”。有角无分的，分位应当写“0”，不得用符号“-”代替。

b. 大写金额用汉字零、壹、贰、叁、肆、伍、陆、柒、捌、玖、拾、佰、仟、万、亿等，一律用正楷或者行书体书写，不得用 0、一、二、三、四、五、六、七、八、九、十等字代替，不得任意自造简化字。大写金额前没有印“人民币”字样的，应加写“人民币”字样，并且“人民币”三个字和大写金额之间不得留有空白。大写金额数字到元或角为止的，在“元”或者“角”字之后应写“整”或者“正”字；大写金额数字有分的，分字后面不写“整”或者“正”字。如小写金额￥100 006.20，大写金额应写成“人民币壹拾万零陆元贰角整”。

c. 阿拉伯金额数字中间有“0”时，汉字大写金额要写“零”字。阿拉伯金额数字中间连续有几个“0”时，汉字大写金额中可以只写一个“零”字；阿拉伯金额数字元位是“0”或者数字中间连续有几个“0”、元位也是“0”，但角位不是“0”时，汉字大写金额可以只写一个“零”字，也可以不写“零”字。

凡填有大写和小写金额的原始凭证，大写与小写金额必须相符。

2. 原始凭证的审核

原始凭证的审核主要从以下三个方面进行：

(1) 对原始凭证的合理性、真实性和合法性进行审核。包括是否符合国家有关规定的要求、是否有违反财经制度、所列经济业务是否真实、有无弄虚作假的情况等。

(2) 对原始凭证的完整性进行审核。包括审核原始凭证各项基本要素是否填列齐全，如是否填制接受凭证单位的名称、填制单位和人员是否签章等情况。

(3) 对原始凭证的正确性进行审核。主要是审核原始凭证在计算方面是否正确，如数量、单价、金额计算是否正确，金额合计是否正确等。

只有经过审核无误的原始凭证，才能作为编制记账凭证和登记明细分类账的依据。对于完全符合要求的原始凭证，应及时据以编制记账凭证入账；对于不真实、不合法的原始凭证，会计机构和会计人员有权不予接受，并向单位负责人报告；对于真实、合法、合理但内容不够完整、填写有错误的原始凭证，应退回给有关经办人员，由其负责将有关凭证补充完整、更正或重开后，再办理正式会计手续。

（二）记账凭证的填制与审核

记账凭证又称记账凭单、分录凭单，是会计人员根据审核无误的原始凭证，按照经济业务的内容加以归类整理，并在确定会计分录后填制的会计凭证。记账凭证是登记账簿的依据。记账凭证必须具备以下内容：

(1)记账凭证的名称。

(2)填制凭证的日期、凭证编号。

(3)经济业务的内容和摘要。

(4)经济业务应记入账户的名称、记账方向和金额。

(5)所附原始凭证的张数和其他附件资料。

(6)会计主管、记账、复核、出纳、制单等有关人员的签名或盖章。

记账凭证和原始凭证同属会计凭证，但二者存在以下区别：

(1)填制人不同。原始凭证由经办人员填制，记账凭证一律由会计人员填制。

(2)填制依据不同。原始凭证根据发生或完成的经济业务填制，记账凭证根据审核后的原始凭证填制。

(3)填制意义不同。原始凭证仅用以记录、证明经济业务已经发生或完成，记账凭证要依据会计科目对已经发生或完成的经济业务进行归类、整理。

(4)填制的作用不同。原始凭证是填制记账凭证的依据，记账凭证是登记账簿的依据。

1. 记账凭证的种类

(1)按用途分类。

①专用记账凭证。专用记账凭证是指分类反映经济业务的记账凭证，可分为收款凭证、付款凭证和转账凭证。

a. 收款凭证。收款凭证是指用于记录现金和银行存款收款业务的记账凭证。收款凭证格式如表5-1所示。

表5-1 收款凭证

借方科目　　　　　　　　　　年　　月　　日　　　　　　　　　　收字第　　号

摘要	贷方科目		金额										记账
	总账科目	明细科目	千	百	十	万	仟	佰	拾	元	角	分	
合计													

附件　　张

会计主管：　　　　记账：　　　　复核：　　　　出纳：　　　　制单：

b. 付款凭证。付款凭证是指用于记录现金和银行存款付款业务的记账凭证。付款凭证格式如表5-2所示。

表5-2　付款凭证

贷方科目　　　　　　　　　　　　年　　月　　日　　　　　　　　付字第　　号

摘要	借方科目		金额										记账
	总账科目	明细科目	千	百	十	万	仟	佰	拾	元	角	分	
合计													

附件　张

会计主管：　　　　记账：　　　　复核：　　　　出纳：　　　　制单：

c. 转账凭证。转账凭证是指用于记录不涉及现金和银行存款业务的记账凭证。转账凭证格式如表5-3所示。

表5-3　转账凭证

年　　月　　日　　　　　　　　转字第　　号

摘要	会计科目		借方金额							贷方金额							记账
	总账科目	明细科目	万	仟	佰	拾	元	角	分	万	仟	佰	拾	元	角	分	
合计																	

附件　张

会计主管：　　　　记账：　　　　复核：　　　　制单：

②通用记账凭证。通用记账凭证是指用来反映所有经济业务的记账凭证，为各类经济业务所共同使用，其格式与转账凭证基本相同。

（2）按填列方式分类。

①单式记账凭证。单式记账凭证是指只填列经济业务所涉及的一个会计科目及其金额的记账凭证。填列借方科目的称为借项记账凭证，填列贷方科目的称为贷项记账凭证。某项经济业务涉及几个会计科目，就填制几张单式记账凭证。单式记账凭证中的借项记账凭证、贷项记账凭证的格式分别如表5-4、表5-5所示。

表 5-4　借项记账凭证

年　月　日　　　　　　　　　编号

摘要	一级科目	二级或明细科目	金额	记账

附件　张

会计主管：　　记账：　　复核：　　出纳：　　制单：

表 5-5　贷项记账凭证

年　月　日　　　　　　　　　编号

摘要	一级科目	二级或明细科目	金额	记账

附件　张

会计主管：　　记账：　　复核：　　出纳：　　制单：

②复式记账凭证。复式记账凭证是指将每一笔经济业务涉及的全部科目及其发生额反映在同一张记账凭证中的记账凭证。复式记账凭证是实际工作中使用最普遍的记账凭证，上述介绍的收款凭证、付款凭证和转账凭证，以及通用记账凭证均属于复式记账凭证。

2. 记账凭证的填制

(1) 收款凭证的填制。收款凭证是用来记录货币资金收款业务的凭证，它是由出纳人员根据审核无误的原始凭证收款后填制的。收款凭证左上方所填列的借方科目，应是"现金"或"银行存款"科目。在凭证内所反映的贷方科目，应填列与"现金"或"银行存款"相对应的科目。"摘要栏"简明扼要地填写经济业务的内容；"金额"栏填写实际收到的现金或银行存款的数额，各总账科目与所属明细科目的应贷金额，应分别填写在与总账科目或明细科目同一行的"总账科目"或"明细科目"金额栏内；在凭证的右侧填写所附原始凭证张数，并在出纳及制单处签名或盖章。

【例 5-1】 龙磬公司 20×9 年 8 月 18 日销售 A 产品一批，价款 10 000 元，增值税销项税款 1 300 元，收到购货单位开来的 11 300 元转账支票一张，存入银行。

出纳人员根据审核无误的原始凭证填制银行存款收款凭证，其格式与填写方法，如表 5-6 所示。

表 5-6　收款凭证

借方科目:银行存款　　　　20×9 年 8 月 18 日　　　　银收字第 3 号

摘要	贷方科目		金额										记账
	总账科目	明细科目	千	百	十	万	仟	佰	拾	元	角	分	
销售 A 产品	主营业务收入	A 产品				1	0	0	0	0	0	0	
	应交税费	应交增值税					1	3	0	0	0	0	
合计					¥	1	1	3	0	0	0	0	

附件　张

会计主管:　　　记账:　　　复核:　　　出纳:张华　　　制单:刘云

(2)付款凭证的填制。付款凭证是用来记录货币资金付款业务的凭证,它是由出纳人员根据审核无误的原始凭证付款后填制的。在借贷记账法下,在付款凭证左上方所填列的贷方科目,应是"现金"或"银行存款"科目。在凭证内所反映的借方科目,应填列与"现金"或"银行存款"相对应的科目。金额栏填列经济业务实际发生的数额,在凭证的右侧填写所附原始凭证的张数,并在出纳及制单处签名或盖章。

【例 5-2】　龙磬公司 20×9 年 8 月 19 日购入甲材料一批,买价 30 000 元,增值税进项税额 3 900 元,价税款合计 33 900 元,开出一张转账支票支付购料款。

出纳人员根据审核无误的原始凭证填制银行存款付款凭证,其格式与填写方法,如表 5-7 所示。

表 5-7　付款凭证

贷方科目:银行存款　　　　20×9 年 8 月 19 日　　　　银付字第 6 号

摘要	借方科目		金额										记账
	总账科目	明细科目	千	百	十	万	仟	佰	拾	元	角	分	
购入甲材料	原材料	甲材料				3	0	0	0	0	0	0	
	应交税费	应交增值税					3	9	0	0	0	0	
合计					¥	3	3	9	0	0	0	0	

附件　张

会计主管:　　　记账:　　　复核:　　　出纳:张华　　　制单:刘云

在会计实务中,对于现金和银行存款之间的收付款业务,为了避免记账重复,一般只编制付款凭证,不编制收款凭证。

(3)转账凭证的填制。转账凭证是根据审核无误的不涉及现金和银行存款收付的转账业务的原始凭证编制的。转账凭证的"会计科目"栏应按照先借后贷的顺序分别填写应借应贷的总账科目及所属的明细科目;借方总账科目及所属明细科目的应记金额,应在与科目同一行的“借方金额”栏内相应栏次填写，贷方总账科目及所属明细科目的应记金额，应在与科目同一行的“贷方金额”栏内相应栏次填写；“合计”行只合计借方总账科目金额和贷方总账科目金额，借方总账科目金额合计数与贷方总账金额合计数应相等。

【例 5-3】 20×9 年 8 月 21 日，龙磬公司收到乙企业投入设备一台，价值 7 000 元。

会计人员根据原始凭证，填制“转账凭证”，其格式与填制方法如表 5-8 所示。

表 5-8 转账凭证

20×9 年 8 月 21 日　　转字第 1 号

摘要	会计科目		借方金额							贷方科目							记账
	总账科目	明细科目	万	仟	佰	拾	元	角	分	万	仟	佰	拾	元	角	分	
企业投资	固定资产	设备		7	0	0	0	0	0								
	实收资本	乙企业									7	0	0	0	0	0	
合计			¥	7	0	0	0	0	0	¥	7	0	0	0	0	0	

附件　张

会计主管：　　记账：　　复核：　　制单：

（4）通用凭证的填制。通用记账凭证的格式，不再分为收款凭证、付款凭证和转账凭证，而是以一种格式记录全部经济业务。在经济业务比较简单的经济单位，为了简化凭证可以使用通用记账凭证，记录所发生的各种经济业务。在借贷记账法下，将经济业务所涉及的会计科目全部填列在“借方余额”或“贷方余额”栏内。借、贷方金额合计数应相等，制单人应在填制凭证完毕后签名盖章。

【例 5-4】 龙磬公司 20×9 年 8 月 22 日生产 B 产品，领用甲材料 100 千克，单价 12 元，计价款 1 200 元。

根据审核无误的原始凭证，填制通用记账凭证，其格式与填制方法如表 5-9 所示。

表 5-9 记账凭证

20×9 年 8 月 22 日　　第 1 号

摘要	会计科目		借方金额							贷方金额							记账
	总账科目	明细科目	万	仟	佰	拾	元	角	分	万	仟	佰	拾	元	角	分	
生产产品	生产成本	A 产品		1	2	0	0	0	0								
	原材料	甲材料									1	2	0	0	0	0	
合计			¥	1	2	0	0	0	0	¥	1	2	0	0	0	0	

附件　张

会计主管：　　记账：　　复核：　　出纳：张华　　制单：刘云

3. 记账凭证的审核

记账凭证审核的基本内容包括以下几项：

(1)内容是否真实。审核记账凭证是否有原始凭证为依据，所附原始凭证的内容是否与记账凭证的内容一致，记账凭证汇总表的内容与其所依据的记账凭证的内容是否一致等。

(2)项目是否齐全。审核记账凭证各项目的填写是否齐全，如日期、凭证编号、摘要、金额、所附原始凭证张数及有关人员签章等。

(3)科目是否准确。审核记账凭证的应借、应贷科目是否准确，是否有明确的账户对应关系，所使用的会计科目是否符合国家统一的会计制度的规定等。

(4)金额是否正确。审核记账凭证所记录的金额与原始凭证的有关金额是否一致、计算是否正确，记账凭证汇总表的金额与记账凭证的金额合计是否相符等。

(5)书写是否规范。审核记账凭证中的记录是否文字工整、数字清晰，是否按规定进行更正等。

在审核过程中，如果发现有不符合要求的地方，应要求有关人员采取正确的方法进行更正。只有审核无误的记账凭证，才能作为登记账簿的依据。

四、会计凭证的传递与保管

(一)会计凭证的传递

会计凭证的传递是指从会计凭证的取得或填制时起至归档保管过程中，在单位内部有关部门和人员之间的传送程序。会计凭证的传递，应当满足内部控制制度的要求，使传递程序合理有效，并尽量节约传递时间，减少传递的工作量。会计凭证的传递具体包括传递程序和传递时间。各单位应根据经济业务特点、内部机构设置、人员分工和管理要求，具体规定各种凭证的传递程序；根据有关部门和经办人员办理业务的情况，确定凭证的传递时间。

(二)会计凭证的保管

会计凭证的保管是指会计凭证记账后的整理、装订、归档和存查工作。会计凭证作为登记账簿的依据，是重要的会计档案和经济资料。本单位以及其他有关单位，可能因为各种需要查阅会计凭证；当发生贪污、盗窃、违法乱纪行为时，会计凭证还是依法处理的有效证据。

因此，任何单位在完成经济业务手续和记账后，都必须将会计凭证按规定的立卷归档制度形成会计档案，妥善保管，防止丢失，不得任意销毁，以便日后随时查阅。会计凭证的保管要满足如下要求。

(1)会计凭证应定期装订成册，防止散失。会计部门在依据会计凭证记账以后，应定期(每天、每旬或每月)对各种会计凭证进行分类整理，将各种记账凭证按照编号顺序，连同所附的原始凭证一起加具封面和封底，装订成册，并在装订线上加贴封签，由装订人员在装订线封签处签名或盖章。

(2)从外单位取得的原始凭证遗失时,应取得原签发单位盖有公章的证明,并注明原始凭证的号码、金额、内容等,由经办单位会计机构负责人(会计主管人员)和单位负责人批准后,才能代作原始凭证;若确实无法取得证明的,如车票丢失,则应由当事人写明详细情况,由经办单位会计机构负责人(会计主管人员)和单位负责人批准后,代作原始凭证。

(3)会计凭证封面应注明单位名称、凭证种类、凭证张数、起止号数、年度、月份、会计主管人员和装订人员等有关事项,会计主管人员和保管人员应在封面上签章。

(4)会计凭证应加贴封条,防止抽换凭证;原始凭证不得外借,其他单位如有特殊原因确实需要使用时,经本单位会计机构负责人(会计主管人员)批准,可以复制;向外单位提供的原始凭证复制件,应在专设的登记簿上登记,并由提供人员和收取人员共同签名、盖章。

(5)原始凭证较多时,可单独装订,应在凭证封面注明所属记账凭证的日期、编号和种类,同时应在所属的记账凭证上注明"附件另订"及原始凭证的名称和编号,以便查阅;对各种重要的原始凭证,如押金收据、提货单等,以及各种需要随时查阅和退回的单据,应另编目录单独保管,并在有关的记账凭证和原始凭证上分别注明日期和编号。

(6)每年装订成册的会计凭证,在年度终了时可暂由单位会计机构保管一年,期满后应当移交本单位档案机构统一保管;未设立档案机构的,应当在会计机构内部指定专人保管;出纳人员不得兼管会计档案。

(7)严格遵守会计凭证的保管期限要求,期满前不得任意销毁。

第二节 会计账簿

会计账簿简称账簿,是指由一定格式的账页组成的,以经过审核的会计凭证为依据,全面、系统、连续地记录各项经济业务的簿籍。设置和登记账簿,是编制财务报表的基础,是连接会计凭证和财务报表的中间环节。

在实际工作中,由于各种会计账簿所记录的经济业务不同,会计账簿的格式也多种多样。各种会计账簿都应具备以下基本内容:

(1)封面:主要标明账簿的名称、记账单位和会计年度。

(2)扉页:填列账簿启用的日期和截止日期、页数、册次,经管账簿人员一览表及其签章,会计主管人员姓名和签章,账户目录等。

(3)账页:账页是会计账簿的主体,其基本内容应当包括以下几个方面:

①账户的名称以及总账科目、明细科目。

②日期栏。

③记账凭证的种类和号数栏。

④摘要栏：所记录经济业务内容的简要说明。

⑤金额栏：记录经济业务的增减变动和余额。

⑥总页次和分页次栏。

一、会计账簿的种类

账簿的种类是多种多样的，一般可以按照其用途、账页格式、外形特征进行划分。

（一）按用途分类

会计账簿按用途，可分为序时账簿、分类账簿和备查账簿。

1. 序时账簿

序时账簿又称日记账，是按照经济业务发生或完成时间的先后顺序逐日逐笔进行登记的账簿。日记账按记录的内容又可分为普通日记账和特种日记账。

普通日记账又称为会计分录簿或原始分类簿。它将发生的所有经济业务，按照时间的先后顺序，编成会计分录记入账簿中。登记普通日记账只能由一个人负责，并且每笔会计记录都需要逐笔分别转记到分录账中，工作量很大。特别是随着企业规模的扩大、经济业务的增多及记账凭证的出现，普通日记账不便于登记分类账和登账工作量很大的缺陷日渐显露，而且由于普通日记账不是分类记录经济业务，不便于日后查阅，不利于对重要经济业务的严格管理。因此，在当代会计的实际工作中，普通日记账运用得较少。

特种日记账是按时间先后顺序专门登记某类经济业务发生情况的日记账，通常用来记录某一类比较重要的经济业务。我国的会计制度规定，对于那些发生频繁、要求严格管理和控制的业务，应设置特种日记账。企业一般必须设置现金和银行存款日记账，对库存现金和银行的存款收付及结存情况进行序时登记。各单位还可根据自身的业务特点和管理需要来确定是否需要设置其他特种日记账，如为登记采购业务而设置的采购日记账，为登记产品销售业务而设置的销售日记账等。

2. 分类账簿

分类账簿是按照设置的会计科目开设账户对各项经济业务进行分类登记的账簿。分类账簿按其反映内容的详细程度和范围可分为总分类账簿和明细分类账簿。

总分类账簿简称总账，是根据总分类会计科目（一级科目）开设账户，总括反映会计主体经济业务情况的账簿。总分类账簿主要为编制会计报表提供直接数据资料。

明细分类账簿又称明细分类账，简称明细账，是根据二级科目或明细科目设置账户，详细记录某一类经济业务情况，提供明细核算资料的账簿。明细分类账簿可采用的格式主要有三栏式明细账、数量金额式明细账、多栏式明细账和平行式明细账。分类账簿是会计账簿的主体,是编制会计报表的主要依据。

3. 备查账簿

备查账簿也称辅助账簿或备查簿,是用来补充登记日记账簿和分类账簿等主要账簿中未记载或记载不全的经济业务的账簿,可以为某项经济业务的内容提供必要的参考资料,加强企业对使用和保管的属于他人的财产物资的监督。例如,为反映企业租入的固定资产而设置的“租入固定资产登记簿”、帮其他企业代管商品而设置的“代管商品物资登记簿”等。备查账簿不一定在每个单位都设置,各单位根据需要而定。备查账簿没有固定的格式。备查账簿不是根据会计科目设置的,而是根据表外科目设置的,与其他账户之间不存在密切的依存关系。

备查账簿与序时账簿和分类账簿相比,存在两点不同之处:一是登记依据可能不需要记账凭证,甚至不需要一般意义上的原始凭证;二是账簿的格式和登记方法不同,备查账簿的主要栏目不记录金额,它更注重用文字来表述某项经济业务的发生情况。

(二)按外形特征分类

会计账簿按外形特征,可分为订本账、活页账和卡片账。

1. 订本账

订本账是指在启用前就把账页装订成册并编好页码的账簿,即订本式账簿。采用订本账,有利于防止账页散失,并防止非法抽换账页等舞弊行为的发生,保证账簿记录的安全、完整。但是,采用订本账也存在缺点:一方面,由于账页序号和总数已经固定,不能增减,虽然开设账户时,凭借经验为每一账户预留好了账页,但是在使用中可能会出现某些账户预留账页不足,而另外一些账户预留账页过多的情况,往往会造成浪费;另一方面,采用订本账在同一时间里只能由一人登账,不便于会计人员的分工记账。

订本账主要适用于比较重要、业务量较多的账簿,如总分类账和库存现金日记账、银行存款日记账等。

2. 活页账

活页账在账簿登记完毕之前并不固定装订在一起,而是装订在活页账夹中;当账簿登记完毕之后(通常是一个会计年度结束之后),才将账页予以装订,加具封面,并给各账页连续编号。各种明细分类账一般采用活页账形式。

3. 卡片账

卡片账是将账户所需格式印刷在硬卡上的一种账簿。严格来说,卡片账也是一种活页账,只不过它不是装在活页账夹中,而是装在卡片箱内。在我国,一般只对固定资产的核算采用卡片账形式。

(三)按账页格式分类

会计账簿按账页格式,可分为三栏式账簿、多栏式账簿、数量金额式账簿和平行式账簿。

1. 三栏式账簿

三栏式账簿是设有借方、贷方和余额三个基本栏目的账簿。特种日记账、总分类账以及资本、债权、债务明细账都可采用三栏式账簿。三栏式账簿有设对方科目和不设对方科目两种，区别是在摘要栏和借方科目之间是否有一栏“对方科目”。有“对方科目”栏的，称为设对方科目的三栏式账簿；没有“对方科目”栏的，称为不设对方科目的三栏式账簿。

2. 多栏式账簿

多栏式账簿是在账簿的两个基本栏目——借方和贷方按需要分设若干专栏的账簿。收入、成本、费用、利润和利润分配明细账，一般均采用多栏式账簿。

3. 数量金额式账簿

数量金额式账簿是指在借方、贷方和余额三个栏目内，都分设数量、单价和金额三小栏，借以反映财产物资的实物数量和价值量的账簿。原材料、库存商品、产成品等明细账一般采用数量金额式账簿。

4. 平行式账簿

平行式账簿也称横线登记式账簿，其特点是前后密切相关的经济业务登记在同一横格，以便检查每笔业务的发生和完成情况。其他应收款、在途物资等明细账一般采用这种格式的账簿。

在经济业务比较简单的企业，日记账和分类账可以合并在一本账簿中登记，这种既进行序时登记又进行分类登记的账簿称为联合账簿。此外，还可以根据需要开设两栏式账簿。两栏式账簿是指只有借方和贷方两个基本栏目的账簿。

二、会计账簿的作用

(1) 账簿是系统地归纳和积累会计核算资料的工具。通过设置账簿可以系统、全面地反映财产物资和资金增减变动情况。通过设置和登记账簿，可以对经济业务进行分类核算和序时核算，获得各种总括资料和明细分类核算资料，从而为经济管理和经济活动分析提供系统而完整的会计资料。

(2) 账簿是核算单位财务和经营成果以及编制会计报表的依据。账簿记录的各项数据资料是分析经济活动过程及其结果的重要资料来源。根据账簿提供的总括核算资料和明细核算资料可以计算出各项财务指标，正确地计算出费用成本和利润，据以考核费用成本计划和利润计划的完成情况，综合反映财务成果。同时，账簿资料又是编制会计报表的直接依据，会计报表是否正确、及时，与会计账簿有着密切的关系。此外，正确设置账簿有利于会计人员的分工和内部牵制。

(3) 账簿是反映、监督经济活动，考核各部门经济责任的重要手段。账簿记录了一定时期资金运用和取得情况，能提供费用、成本、销售收入和财务成果等资料。有利于进行经济活动分析，总结经验，提出措施，改进工作，提高经济效益。

三、会计账簿的登记与使用

（一）账簿设置的原则

设置账簿要遵循以下原则：

（1）账簿的设置要确保全面、连续、系统地核算和监督所发生的各项经济业务，为企业经营管理和编制会计报表提供完整、系统的会计信息和资料。由于各单位的经济活动各有特点，业务规模和会计人员配备又不尽相同，所以在设置账簿时，凡是国家有统一规定和要求的，会计主体必须遵照执行，不得自行其是，应依照会计准则和国家统一的规定及本企业的实际情况设置账簿。

（2）在保证满足核算和监督经济业务的前提下，账簿的设置应考虑人力、物力的节约，注意防止重复记账。会计账簿设置是为了取得管理所需要的资料，因此会计账簿设置也要以满足需要为前提，避免重复设账、记账，浪费人力物力。

（3）账簿的设置，要从所要核算的经济业务的内容和需要提供的核算指标出发，力求简明实用，避免烦琐复杂，以提高会计工作效率。账簿的设置要组织严密、层次分明。账簿之间要互相衔接、互相补充、互相制约，能清晰地反映账户间的对应关系，以便能提供完整、系统的资料。

（4）账簿的设置要从各单位经济活动和业务的特点出发，以利于会计分工和加强岗位责任制。企业规模较大，经济业务必然较多，会计实务操作人员的数量也相应增多，其分工较细，会计账簿也较复杂，册数也多，在设计时应考虑这些特点以适应其需要。反之，企业规模小，经济业务量少，一个会计足够处理全部经济业务，在设计会计账簿时没有必要设多本账，所有的明细分类账可以集合成一两本即可。

（二）账簿的登记

1. 日记账的登记

日记账分为普通日记账和特种日记账。现金日记账和银行存款日记账是常用的两种特种日记账。下面分别说明现金日记账和银行存款日记账的设置和登记方法。

（1）现金日记账的登记。现金日记账是用来核算和监督库存现金每日的收入、支出和结存状况的账簿。它由出纳人员根据现金收款凭证、现金付款凭证，及与现金有关的银行存款付款凭证按经济业务发生时间的先后顺序，逐日逐笔进行登记。现金日记账的结构一般采用“收入”“支出”“结余”三栏式。其登记方法如下：

①“日期”栏填写与现金实际收、付日期一致的记账凭证的日期。

②“凭证”栏填写所入账的收、付款凭证的“字”和“号”。

③“摘要”栏填写经济业务的简要内容。

④“对方科目”栏填写与“现金”账户发生对应关系的账户的名称。

⑤“收入”栏、“支出”栏填写每笔业务的现金实际收、付的金额。

⑥现金日记账应进行“日清”。

每日应在本日所记最后一笔经济业务行的下一行(本日合计行)进行本日合计,并在本日合计行内的“摘要栏”填写“本日合计”字样,分别合计本日的收入和支出,并计算出余额,填写在该行内的“收入”栏、“支出”栏和“余额”栏。

每月期末,应结出当期“收入”栏和“支出”栏的发生额和期末余额,并与“现金”总分类账户核对一致,做到日清月结、账实相符。如账实不符,应查明原因。

【例 5-5】 库存现金日记账的登记方法如表 5-10 所示。

表 5-10　库存现金日记账

20×9 年		凭证		摘要	借方金额								贷方金额								借或贷	余额							
月	日	字	号		十	万	仟	佰	拾	元	角	分	十	万	仟	佰	拾	元	角	分		十	万	仟	佰	拾	元	角	分
8	1			承前页																	借		5	0	0	0	0	0	0
	10	现付	3	预借差旅费											3	0	0	0	0	0	借		4	7	0	0	0	0	0
	12	现收	4	责任人赔款				5	0	0	0	0									借		4	7	5	0	0	0	0

(2)银行存款日记账的登记。银行存款日记账是用来核算和监督银行存款每日的收入、支出和结余情况的账簿。银行存款日记账应按企业在银行开立的账户和币种分别设置,每家银行账户设置一本日记账。银行存款日记账的结构一般也采用“收入”“支出”和“结余”三栏式,由出纳人员根据银行存款的收、付款凭证,及与银行存款有关的现金付款凭证逐日逐笔按顺序登记。其登记方法如下:

①“日期”栏填写与银行存款实际收、付日期一致的记账凭证的日期。

②“凭证”栏填写所入账的收、付款凭证的“字”和“号”。

③“摘要”栏填写经济业务的简要内容。

④“结算凭证种类、编号”栏填写银行存款收支的凭据名称和编号。

⑤“对方科目”栏填写与“银行存款”账户发生对应关系的账户的名称。

⑥“收入”栏、“支出”栏填写银行存款实际收、付的金额。

⑦银行存款日记账应定期与“对账单”进行核对。

【例 5-6】 银行存款日记账的登记方法如表 5-11 所示。

表 5-11　银行存款日记账

20×9 年		凭证		摘要	借方金额								贷方金额								借或贷	余额							
月	日	字	号		十	万	仟	佰	拾	元	角	分	十	万	仟	佰	拾	元	角	分		十	万	仟	佰	拾	元	角	分
8	1			承前页																	借	1	0	0	0	0	0	0	0
	10	银付	5	预付款项										5	0	0	0	0	0	0	借		5	0	0	0	0	0	0
	13	银收	6	收货款		8	0	0	0	0	0	0									借	1	3	0	0	0	0	0	0
	14	银收	7	营业外收入			6	0	0	0	0	0									借	1	3	6	0	0	0	0	0
	17	银付	8	支付水电费												4	0	0	0	0	借	1	3	5	6	0	0	0	0
	20	银收	9	收货款		3	5	0	0	0	0	0									借	1	7	0	6	0	0	0	0
	23	银付	10	支付话费											1	2	0	0	0	0	借	1	6	9	4	0	0	0	0

注意：现金日记账和银行存款日记账都必须使用订本式账簿。

2. 分类账的登记

分类账有总分类账和明细分类账两类。

(1) 总分类账。总分类账也称总账，是按总分类账户进行分类登记，全面、总括地反映和记录经济活动情况，并为编制会计报表提供资料的账簿。通过总账能集中、全面、总括地反映和记录经济业务的总体状况，为进一步进行会计核算提供总括资料。每个企事业单位都必须设置总分类账。

总分类账一般采用订本式账，按照会计科目的编码顺序分别开设账户，并为每个账户预留若干账页。它通常采用三栏式，在账页中设置“借方”“贷方”和“余额”三栏。总分类账中的对应科目栏，可以设置也可以不设置。“借或贷”栏是指账户的余额在借方还是在贷方。

总分类账的登记方法取决于企业采用的账务处理程序。会计人员既可以根据记账凭证逐笔登记，也可以按不同的汇总方法，定期将有关的记账凭证进行归类汇总，编制成“科目汇总表”或“汇总记账凭证”，然后根据“科目汇总表”或“汇总记账凭证”进行登记。

【例 5-7】 以龙磬公司的“应收账款”为例说明总账的登记方法。如表 5-12 所示。

表 5-12 总分类账

20×9 年		凭证		摘要	借方金额									贷方金额									借或贷	余额								
月	日	字	号		百	十	万	仟	佰	拾	元	角	分	百	十	万	仟	佰	拾	元	角	分		百	十	万	仟	佰	拾	元	角	分
9	1			承前页		2	2	5	0	0	0	0	0			1	1	0	0	0	0	0	借		2	1	4	0	0	0	0	0
9	10	科汇	1	1-10 日			6	0	0	0	0	0	0			5	0	0	0	0	0	0	借		2	2	4	0	0	0	0	0
9	20	科汇	2	11-20 日			8	0	0	0	0	0	0				4	0	0	0	0	0	借		3	0	0	0	0	0	0	0
9	30	科汇	3	21-30 日				6	0	0	0	0	0				5	0	0	0	0	0	借		3	0	1	0	0	0	0	0

(2)明细分类账的登记。明细分类账是根据明细账户开设账页，分类、连续地登记经济业务以提供明细核算资料的账簿。根据实际需要，各种明细账分别按二级科目或明细科目开设账户，并为每个账户预留若干账页，用来分类、连续记录有关资产、负债、所有者权益、收入、费用、利润等详细资料。

根据经济活动的特点及记载反映的需要，以及财产物资管理的不同要求来设计，一般有三栏式明细分类账、数量金额式明细分类账、多栏式明细分类账和横线登记式明细分类账四种。这里主要介绍三栏式明细分类账、数量金额式明细分类账、多栏式明细分类账的登记方法。

①三栏式明细分类账。三栏式明细分类账账页的格式同总分类账的格式基本相同，它只设借方、贷方和余额三个金额栏，不设数量栏。所不同的是，总分类账簿为订本账，而三栏式明细分类账多为活页账。这种账页适用于采用金额核算的应收账款、应付账款等账户的明细核算。

【例 5-8】 以马雅公司的“应付账款”为例说明三栏式明细分类账的登记方法。如表 5-13 所示。

表 5-13　应付账款明细分类账

二级账户名称:马雅公司

20×9 年		凭证		摘要	借方金额									贷方金额									借或贷	余额								
月	日	字	号		百	十	万	仟	佰	拾	元	角	分	百	十	万	仟	佰	拾	元	角	分		百	十	万	仟	佰	拾	元	角	分
				承前页																			贷			1	0	0	0	0	0	0
10	4	银收	21	收货款													5	0	0	0	0	0	贷			1	5	0	0	0	0	0

②数量金额式明细分类账。数量金额式明细分类账账页格式在收入、发出、结存三栏内,再分别设置“数量”“单价”和“金额”等栏目,以分别登记实物的数量和金额。

数量金额式明细账适用于既要进行金额明细核算,又要进行数量明细核算的财产物资项目。如“原材料”“库存商品”等账户的明细核算。它能提供各种财产物资收入、发出、结存等的数量和金额资料,便于开展业务和加强管理。

【例 5-9】 以龙磬公司的“原材料”为例说明数量金额式明细分类账的登记方法。如表 5-14 所示。

表 5-14　原材料明细账

材料类别:主要材料　　　　　　　　　　　　　　　　　　　　存放地点:材料库

名称和规格:B 材料　　　　　　　　计量单位:千克　　　　　　　　第 2 页

20×9 年		凭证		摘要	收入										发出										储存									
					数量	单价	金额								数量	单价	金额								数量	单价	金额							
月	日	字	号				十	万	仟	佰	拾	元	角	分			十	万	仟	佰	拾	元	角	分			十	万	仟	佰	拾	元	角	分
10	1			期初结存																					1000	5			5	0	0	0	0	0
	5	记	21	购入	500	4			2	0	0	0	0	0											1500				7	0	0	0	0	0
	7	记	22	发出											700	5			3	5	0	0	0	0	800				3	5	0	0	0	0
	10	记	23	购入	200	4				8	0	0	0	0											1000				4	3	0	0	0	0

③多栏式明细分类账。多栏式明细分类账是由会计人员根据审核无误的记账凭证或原始凭证,按照经济业务发生的时间先后顺序逐日逐笔进行登记的。它是根据经济业务的特点和经营管理的需要,在一张账页的借方栏或贷方栏设置若干专栏,集中反映有关明细项目的核算资料。它主要适用于只记金额、不记数量,而且在管理上需要了解其构成内容的费用、成本、收入、利润账户,如"生产成本""制造费用""管理费用""主营业务收入"等账户的明细分类账。"本年利润""利润分配"和"应交税费——应交增值税"等科目所属明细科目则需采用借、贷方均为多栏式的明细账。

【例 5-10】　以龙磬公司的"管理费用"为例说明多栏式明细账的登记方法。如表 5-15 所示。

表 5-15　管理费用明细账

20×9 年		凭证		摘要	办公费	水电费	医药费	其他	合计
月	日	字	号						
10	1	银付	15	支付医药费			1 900		1 900
10	3	现付	12	购买办公设备	4 009				4 009
10	6	银付	17	支付话费				700	700
10	10	银付	18	支付水费		580			580
10	31	银付	23	支付困难补助				5 000	5 000

④横线登记式明细分类账。横线登记式明细分类账是将每一相关业务登记在一行，从而可依据每一行各个栏目的登记是否齐全来判断该项业务的进展情况。此明细分类账适用于登记材料采购业务、应收票据和一次性备用金等业务。

3. 备查簿的登记

备查簿又称备查登记账簿，它是辅助账簿。一般没有固定的格式，各单位可以根据实际管理需要设计相应的项目内容。如"租入固定资产登记簿"等。通过这种账簿可以为企事业单位的经济管理活动提供必要的补充资料。

（三）账簿的使用

启用会计账簿时，应当在账簿封面上写明单位名称和账簿名称，并在账簿扉页上附启用表。启用订本式账簿应当按从第一页到最后一页的顺序编定页数，不得跳页、缺号。使用活页式账簿应当按账户顺序编号，并须定期装订成册，装订后再按实际使用的账页顺序编定页码，另加目录以便于记明每个账户的名称和页次。

为了保证账簿记录的正确性，必须根据审核无误的会计凭证登记会计账簿，并符合有关法律、行政法规和国家统一的会计制度的规定。

(1)登记会计账簿时，应当将会计凭证日期、编号、业务内容摘要、金额和其他有关资料逐项记入账内。账簿记录中的日期，应该填写记账凭证上的日期；以自制原始凭证（如收料单、领料单等）作为记账依据的，账簿记录中的日期应按有关自制凭证上的日期填列。

(2)为了保持账簿记录的持久性，防止涂改，登记账簿必须使用蓝黑墨水或碳素墨水书写，不得使用圆珠笔（银行的复写账簿除外）或者铅笔书写。以下情况可以使用红墨水记账：

①按照红字冲账的记账凭证，冲销错误记录；

②在不设借贷等栏的多栏式账页中，登记减少数；

③在三栏式账户的余额栏前，如未印明余额方向的，在余额栏内登记负数余额；

④根据国家规定可以用红字登记的其他会计记录。

除上述情况外，不得使用红色墨水登记账簿。

(3)会计账簿应当按照连续编号的页码顺序登记。记账时发生错误或者隔页、缺号、跳行的，应在空页、空行处用红色墨水划对角线注销，或者注明"此页空白"或"此行空白"字样，并由记账人员和会计机构负责人（会计主管人员）在更正处签章。

(4)凡需要结出余额的账户，结出余额后，应当在"借或贷"栏目内注明"借"或"贷"字样，以示余额的方向；对于没有余额的账户，应在"借或贷"栏内写"平"字，并在"余额"栏"元"位处用"θ"表示。库存现金日记账和银行存款日记账必须逐日结出余额。

(5)每一账页登记完毕时，应当结出本页发生额合计及余额，在该账页最末一行"摘要"栏注明"转次页"或"过次页"，并将这一金额记入下一页第一行有关金额栏内，在该行"摘要"栏注明"承前页"，以保持账簿记录的连续性，便于对账和结账。

(6)账簿记录发生错误时,不得刮擦、挖补或用褪色药水更改字迹,而应采用规定的方法更正。

四、错账查找与错账更正

(一)错账查找方法

错账的检查方法主要有两种:个别检查法和全面检查法。

1. 个别检查法

所谓个别检查法,就是针对错账的数字进行检查的方法。这种方法适用于检查方向记反、数字错位和数字颠倒等造成的记账错误。个别检查法又可以分为差数法、倍数法和除 9 法三种。

差数法就是记账人员首先确定错账的差数,再根据差数去查找错误的方法。这种方法对于发现漏记账目比较有效,也很简便。

倍数法也叫除 2 法,首先算出借方和贷方的差额,再根据差额的一半来查找错误的方法,这种方法适用于会计账簿因栏次错写而造成的方向错误。

除 9 法就是先算出借方和贷方的差额,再除 9 来查找错误的方法,适用于数字错位和数字颠倒两种情况。

2. 全面检查法

全面检查法就是对一定时期的账目进行全面核对的检查方法,具体又分为顺查法和逆查法两种。

顺查法就是按照记账的顺序,从头到尾依次检查原始凭证、记账凭证、总账、明细账以及会计科目余额表等。

逆查法是按照与记账顺序相反的顺序,也就是首先检查会计科目余额表中数字的计算是否正确,其次检查各账户的计算是否正确,再次核对各账簿与记账凭证是否相符,最后检查记账凭证与原始凭证是否相等。

(二)错账更正方法

1. 划线更正法

在结账前发现账簿记录有文字或数字错误,而记账凭证没有错误,采用划线更正法。

更正时,可在错误的文字或数字上划一条红线,在红线的上方填写正确的文字或数字,并由记账及相关人员在更正处盖章。对于文字错误,可只划去错误的部分,对于数字错误,应全部划红线更正,不得只更正其中的错误数字,并使原有字迹仍可辨认,以备查考;然后将正确的文字、数字用蓝字或黑字写在被划掉的文字或数字上方,并由记账人员在更正处盖章,以明确责任。

【例 5-11】 记账人员王骏,把 5 643.60 误记为 6 543.60,采用画线更正法进行如下更

正。(原始凭证上的数字为5 643.60)

5 643.60

~~6 543.60~~ 王骏

2. 红字更正法

红字更正法,适用于以下两种情形:

①记账后发现记账凭证中的应借、应贷会计科目有错误所引起的记账错误。

具体做法:先用红字填写一张与原错误记账凭证完全相同的记账凭证,在"摘要"栏注明"注销某年某月某日的凭证",以冲销原来的错误记录。然后,再用蓝字填写一张正确的记账凭证,在"摘要"栏注明"更正某年某月某日凭证",并据以登记有关账户。

【例5-12】 龙磬公司生产车间生产产品直接耗用材料一批,价值为4 000元。会计人员编制如下错误记账凭证,并已记账。

借:制造费用　　4 000

　贷:原材料　　4 000

此错误属于会计科目有错误,由于已经登记入账,账簿记录也发生错误,所以应采用红字更正法。更正错账时,先用红字金额冲销原记录:

借:制造费用　　4 000

　贷:原材料　　4 000

然后,再编制一张正确的记账凭证,并据以登记入账。

借:生产成本　　4 000

　贷:原材料　　4 000

②记账后发现记账凭证和账簿记录中应借、应贷会计科目无误,只是所记金额大于应记金额所引起的记账错误。

具体做法:将多记的金额用红字填制一张记账凭证,在"摘要"栏注明"更正某年某月某日凭证",以冲销多记金额,并据以登记入账。

【例5-13】 龙磬公司以银行存款归还购货款50 000元,误编制了下列记账凭证,并已登记入账。

借:应付账款　　500 000

　贷:银行存款　　500 000

此错误属于所填金额大于应填金额,应采用红字更正法更正差错。更正时直接按多记金额用红字编制如下记账凭证,并据以登记入账。

借:应付账款　　450 000

　贷:银行存款　　450 000

3. 补充登记法

记账后发现记账凭证和账簿记录中应借、应贷会计科目无误，只是所记金额小于应记金额时，采用补充登记法。具体做法：按少记的金额用蓝字填制一张应借、应贷科目与原记账凭证相同的记账凭证，在“摘要”栏中注明“更正某年某月某日错账”，金额为少记的金额，并据以登记入账。

【例 5-14】　龙磐公司从银行提取现金 2 000 元，会计人员编制了如下会计分录并登记入账。

借：库存现金　　　　200

　贷：银行存款　　　　200

此错误属于所填金额小于应填金额，应采用补充登记法。更正时，应将少记的金额用蓝字或黑字填制一张记账凭证，并登记入账。

借：库存现金　　　　1 800

　贷：银行存款　　　　1 800

【课后习题】

习题一

一、目的：练习会计凭证的填制。

二、资料：东升公司于 20×9 年 3 月份发生的部分经济业务如下：

(1)3 月 7 号，开出现金支票，从银行提取现金 5 000 元，凭证编号为 14 号。

(2)3 月 16 日，收到马雅公司归还的货款 12 000 元，已存入银行，凭证编号为 22 号。

(3)3 月 25 日，销售给马雅公司一批新货物 W，一共 200 件，每件 15 元，货款 3 000 元，增值税 390 元，货款未收到，凭证编号为 12 号。

三、要求：根据资料，编制正确的会计凭证，将表 5-16、5-17、5-18 补充完整。

表 5-16　付款凭证

贷方科目　　　　　　年　　月　　日　　　　　　付字第　　号

摘要	借方科目		金额										记账
	总账科目	明细科目	千	百	十	万	仟	佰	拾	元	角	分	
合计													

附件　　张

会计主管：　　记账：　　复核：　　出纳：　　制单：

表 5-17　收款凭证

借方科目　　　　　　　　　　年　　月　　日　　　　　　　　　　收字第　　号

摘要	贷方科目		金额										记账
	总账科目	明细科目	千	百	十	万	仟	佰	拾	元	角	分	
合计													

附件　张

会计主管：　　　　记账：　　　　复核：　　　　出纳：　　　　制单：

表 5-18　转账凭证

年　　月　　日　　　　　　　　　　转字第　　号

摘要	会计科目		借方金额							贷方金额							记账
	总账科目	明细科目	万	仟	佰	拾	元	角	分	万	仟	佰	拾	元	角	分	
合计																	

附件　张

会计主管：　　　　记账：　　　　复核：　　　　制单：

习题二

一、目的：练习日记账的登记。

二、资料：东升公司于 20×9 年 6 月 31 日库存现金日记账余额 10 000 元，银行存款日记账余额 30 000 元。7 月份发生经济业务如下。

(1)2 日，员工小刘预借差旅费 2 500 元，用现金支付。

(2)7 日，投资者投入资本 15 000 元，已存入银行。

(3)18 日，采购一批原材料价值 4 000 元，增值税 520 元，用银行存款支付。

(4)22 日，小刘出差报销 2 000 元，归还 500 元现金。

(5)23 日，用银行存款支付设计费 1 200 元。

(6)28 日，收到马雅公司所欠货款 6 500 元，存入银行。

(7)31 日，用现金支付员工工资 5 000 元。

三、要求：根据资料，编制东升公司 7 月份的库存现金日记账和银行存款日记账。

习题三

一、目的：练习错账的登记方法。

二、资料：东升公司20×9年8月份发生如下错账。

(1)用银行存款归还上游公司款项7 000元，编制如下会计分录并登记入账。

借：应收账款　　　　7 000

　贷：银行存款　　　　7 000

(2)东升公司收到马雅公司货款5 000元，会计人员小马编制会计分录如下，并据此登记入账。

借：银行存款　　　　500

　贷：应收账款　　　　500

(3)会计人员在记账时将3 450记成了3 540。

(4)用银行存款6 000元购买原材料，编制如下会计分录并据此入账。

借：原材料　　　　9 000

　贷：银行存款　　　　9 000

三、要求：根据资料，说明上述错账应分别采用哪种更正方法，并予以更正。

第二篇

财务报告编制与分析

第六章
财务报告编制

【案例导入】

比亚迪：卖车容易赚钱难

2022 年 3 月 29 日，比亚迪股份有限公司（以下简称比亚迪）发布了 2021 年全年财务报告。数据显示，2021 年，比亚迪汽车累计销量为 74.01 万辆，同比上涨 73.34%。在销量大涨的带动下，比亚迪营业总收入创下历史新高 2161.42 亿元，同比上涨 38.02%。然而，归属于上市公司股东的净利润为 30.45 亿元，同比下降 28.08%。营收与净利润呈现明显两极分化。

此外，数据还显示比亚迪新能源补贴逾 58 亿元，政府补助 22.6 亿元。然而，根据现行政策，2022 年是实施新能源汽车补贴政策最后一年。一旦政府补贴结束，比亚迪来自政府补贴方面的收入将瞬间归零，其盈利能力将面临更为严峻的考验。

业内关于比亚迪的前景呈现出两种不同的态度。一方面，有观点认为比亚迪“顺风顺水”的日子即将结束。毕竟，仅靠高销量，无法解决其盈利困难的根本问题。另一方面，有观点认为，眼下的净利润不能成为衡量的唯一指标，比亚迪具备未来持续赚钱的能力才是关键。

【课程思政要点】

从整体上理解企业财务报告，培养系统观和全局观。

第一节　财务报告概述

一、财务报告的定义与种类

（一）财务报告的定义

财务报告又称财务会计报告，是企业正式对外揭示或表述财务信息的总结性书面文件。我国企业会计准则将其定义为：企业对外提供的反映企业某一特定日期的财务状况和某一会计期间的经营成果、现金流量等会计信息的文件。财务报告是企业财务会计确认与计量的最终结果体现，是企业对外传递财务会计信息的主要工具，反映企业管理层受托责任履行情况，是向投资者、债权人等财务报告使用者提供决策有用信息的媒介和渠道。财务报告使用者通常包括投资者、债权人、政府及其有关部门和社会公众等。财务报告包括财务报表和其他应当在财务报告中披露的相关信息和资料。

1. 财务报表

财务报表是财务报告的核心内容，一套完整的财务报告至少应当包括“四表一注”，即资产负债表、利润表、现金流量表、所有者权益变动表以及附注。资产负债表、利润表、现金流量表、所有者权益变动表属于基本财务报表。附注是对基本财务报表信息的补充说明和解释，帮助使用者理解和使用报表信息。

2. 其他财务报告

其他财务报告作为财务报表的辅助报告，其编制基础和方式可以不受会计准则的约束，提供的信息内容也十分广泛，既包括货币性信息和定量信息，又包括非货币性信息和定性信息；既包括历史性信息，又包括预测性信息。根据国际惯例，其他财务报告的内容包括管理层分析与讨论预测报告、物价变动影响报告、社会责任报告等。

（二）财务报告的种类

1. 财务报告按编报期间可以分为中期财务报告和年度财务报告

中期财务报告是以短于一个完整会计年度的报告期间为基础编制的财务报告，包括月报、季报和半年报等。中期财务报告至少应当包括资产负债表、利润表、现金流量表和附注。其中，中期资产负债表、利润表和现金流量表应当是完整报表，其格式和内容应当与年度财务报表相一致。与年度财务报告相比，中期财务报告中的附注披露可适当简略。

2. 财务报告按编报主体可以分为个别财务报告和合并财务报告

个别财务报告是由企业在自身会计核算基础上对账簿记录进行加工而编制的财务报告，主要用以反映企业自身的财务状况、经营成果和现金流量情况。合并财务报告是以母公司和子公司组成的企业集团为会计主体，根据母公司和所属子公司的财务报告，由母公司编制的综合反映企业集团财务状况、经营成果及现金流量的财务报告。

二、财务报告的信息质量要求

●（一）数据真实

真实性是对会计核算工作和会计信息的基本质量要求。财务报表作为综合的会计信息，它是根据登记完整、核对无误的账簿记录和其他核算资料，按一定的会计核算方法加工、整理和编制而成的。各项凭证和账簿记录必须计算准确、真实可靠，做到表从账出、账表相符，切忌匡算估计、弄虚作假。

●（二）内容完整

财务会计报表必须按照国家统一规定的格式和内容编制，严格保证内容的完整性，向报告使用者全面展示企业的财务状况、经营成果和现金流量。不论是中期报告还是年度报告，都要保证编报齐全；无论是正表项目、表头信息还是补充材料，都应填列各项报表指标；凡是要汇总编制的财务会计报表，必须全部汇总，不得漏编、漏报。

●（三）易于理解

针对财务会计报表中需要解释说明的项目，应在财务报表附注中用文字或数字加以说明，表述内容需简明清晰，易于理解，无歧义。为使报告使用者清楚理解报表内容，发挥财务会计报告的作用，企业在财务会计报表中应对其中主要指标的构成与计算方法、本报告期内发生的特殊情况，如经营范围变化、经营结构变更等会对本报告期经济效益产生较大影响的因素加以说明。

●（四）报送及时

财务报告所提供的会计信息质量应满足及时性要求，因此企业应遵照国家或上级主管部门规定的期限和程序，及时编制财务会计报表，并及时报送，以保证报表信息的有效性。要保证财务会计报表编报及时，必须加强日常的核算工作，在记账、算账、对账和财产清查等环节严格把控，同时增强会计人员的配合协作。

三、财务报告的编制要求

财务报表是财务报告的核心内容，财务报告的编制要求主要围绕财务报表的编制要求展开。

（一）以会计准则为依据

企业应当根据实际发生的交易和事项，遵循基本准则、各项具体会计准则及解释的规定进行确认和计量，并在此基础上编制财务报表。企业不应以在附注中披露代替对交易和事项的确认和计量，即企业采用的不恰当的会计政策，不得通过在附注中披露等其他形式予以更正，企业应当对交易和事项进行正确的确认和计量。但如果按照各项会计准则规定披露的信息不足以让信息使用者了解特定交易或事项对企业财务状况和经营成果的影响，则企业还应当披露其他必要信息。

（二）以持续经营为基础

持续经营是会计的基本前提，也是会计确认、计量及编制财务报表的基础。在编制财务报表的过程中，企业管理层应当利用所有可获得信息来评价企业自上一报告期末起至少12个月的持续经营能力。评价时需要考虑宏观政策风险、市场经营风险、企业目前或长期的盈利能力、偿债能力、财务弹性以及企业管理层改变经营政策的意向等因素。评价结果表明对持续经营能力产生重大怀疑的，企业应当在附注中披露导致对持续经营能力产生重大怀疑的因素以及企业拟采取的改善措施。

（三）以权责发生制为基础

除现金流量表按照收付实现制编制外，企业应当按照权责发生制编制其他财务报表。在采用权责发生制的情况下，当项目符合企业会计准则中财务报表要素的定义和确认标准时，企业应当确认相应的资产、负债、所有者权益、收入和费用。

（四）列报项目的可比性（一致性）

可比性是会计信息质量的一项重要质量要求，目的是使同一企业不同期间和同一期间不同企业的财务报表相互可比。为此，财务报表项目的列报应当在各个会计期间保持一致，不得随意变更。这一要求不仅只针对财务报表中的项目名称，还包括财务报表项目的分类、排列顺序等方面。在以下规定的特殊情况下，财务报表项目的列报是可以改变的：

(1)会计准则要求改变。

(2)企业经营业务的性质发生重大变化后，变更财务报表项目的列报能够提供更可靠、更相关的会计信息。

为了提高信息在会计期间的可比性和报表使用者的判断与决策能力，企业在列报当期财务报表时，至少应当提供所有列报项目上一个可比会计期间的比较数据，以及与理解当期财务报表相关的说明。财务报表的列报项目发生变更的，应当至少对可比期间的数据按照当期的列报要求进行调整，并在附注中披露调整的原因和性质，以及调整的各项目金额。对可比数据进行调整不切实可行的，应当在附注中披露不能调整的原因。不切实可行，是指企业在作出所有合理努力后仍然无法采用某项会计准则规定。

（五）列报项目的重要性

关于项目在财务报表中是单独列报还是合并列报，应当依据重要性原则来判断。具体而言：

（1）性质或功能不同的项目，一般应当在财务报表中单独列报，但是不具有重要性的项目可以合并列报。例如，现金和存货在性质上和功能上都有本质差别，所以必须在资产负债表中单独列报。

（2）性质或功能类似的项目，一般可以合并列报，但是具有重要性的项目应该单独列报。例如，原材料和库存商品等项目在性质上类似，因此可以合并列报，合并之后类别统称为“存货”，在资产负债表中列报。

（3）某些项目的重要性程度不足以在资产负债表、利润表、现金流量表或所有者权益变动表中单独列示，但对附注具有重要性，则应当在附注中单独披露。

重要性，是指在合理预期下，财务报表某项目的省略或错报会影响使用者据此作出经济决策的，该项目具有重要性。企业在进行重要性判断时，应当根据所处的环境，从项目的性质和金额大小两方面予以判断。对各项目重要性的判断标准一经确定，不得随意变更。

（六）列报项目之间不可相互抵销

资产项目和负债项目的金额、收入项目和费用项目的金额、直接计入当期利润的利得项目和损失项目的金额不得相互抵销，即不得以净额列报，但其他会计准则另有规定的除外。比如，企业欠客户的应付账款不得与其他客户欠本企业的应收账款相互抵销，如果相互抵销就掩盖了交易的实质，所提供的信息就不完整，信息的可比性也会大大降低。一组类似交易形成的利得和损失应当以净额列示，资产或负债项目按扣除备抵项目后的净额列示不属于抵销；非日常活动产生的利得和损失，以同一交易形成的收益扣减费用后的净额列示也不属于抵销。

（七）财务报表的表首信息要求

财务报表一般分为表首、正表两部分。其中，在表首部分，企业应当概括地说明下列基本信息：

（1）编报企业的名称。

（2）对资产负债表而言，应当列示资产负债表日；对利润表、现金流量表、所有者权益变动表而言，应列示涵盖的会计期间。

（3）货币名称和单位。

（4）财务报表是合并财务报表的，应当予以标明。

（八）报告期间要求

企业至少应当编制年度财务报表，会计年度自公历1月1日起至12月31日止。在编制年度财务报表时，可能存在年度财务报表涵盖的期间短于一年的情况。企业应当披露其涵盖期间的主要原因，并应当说明由此引起财务报表项目与比较数据不具可比性这一事实。

第二节　资产负债表

一、资产负债表的定义与作用

资产负债表是反映企业在某一特定日期（如月末、季末、年末）财务状况的报表，是企业经营活动的静态体现。它根据“资产=负债+所有者权益”这一平衡公式，依照一定的分类、标准和次序，将某一特定日期的资产、负债、所有者权益的具体项目予以适当排列编制而成。它表明企业在某一特定日期所拥有或控制的经济资源、所承担的现有义务和所有者对净资产的要求权。

资产负债表提供了企业所掌握的经济资源及其分布情况，经营者据此可以分析企业资产分布是否合理，报表使用者据此可以分析企业资本结构的合理性。通过对前后期资产负债表的对比分析，报表使用者可以了解企业资金结构的变化情况，掌握企业财务状况的变化情况和变化趋势。通过分析企业的资产负债表，能够揭示出企业短期偿债能力，企业经营稳健与否或经营风险的大小，以及企业经营管理总体水平的高低等。

二、资产负债表的格式和编制方法

（一）资产负债表的格式

资产负债表一般由表首、表体两部分组成。其中表头应列明报表名称、编制单位、编制日期、报表编号、货币名称、计量单位等；表体是资产负债表的主体，列示了用以说明企业财务状况的各个项目。资产负债表表体的格式一般有两种：报告式资产负债表和账户式资产负债表。

报告式资产负债表是上下结构，上半部列示资产，下半部列示负债和所有者权益。具体排列形式又有两种：一是按“资产=负债+所有者权益”的原理排列；二是按“资产-负债=所有者权益”的原理排列。账户式资产负债表是左右结构，采用“资产=负债+所有者权益”的原理排列，左侧列报资产方，一般按资产的流动性大小排列；右侧列报负债方和所有者权益方，一般按要求清偿时间的先后顺序排列。账户式资产负债表中的资产各项目的合计等于负债和所有者权益各项目的合计，即资产负债表左方和右方平衡。我国企业资产负债表采用账户式的格式，如表6-1所示。

表 6-1　资产负债表

会企 01 表

编制单位:　　　　　　　　　　　　　　年　　月　　日　　　　　　　　　　　　　　单位:元

资产	期末余额	年初余额	负债和所有者权益(或股东权益)	期末余额	年初余额
流动资产:			流动负债:		
货币资金			短期借款		
交易性金融资产			交易性金融负债		
衍生金融资产			衍生金融负债		
应收票据			应付票据		
应收账款			应付账款		
应收款项融资			预收款项		
预付款项			合同负债		
其他应收款			应付职工薪酬		
存货			应交税费		
合同资产			其他应付款		
持有待售资产			持有待售负债		
一年内到期的非流动资产			一年内到期的非流动负债		
其他流动资产			其他流动负债		
流动资产合计			流动负债合计		
非流动资产:			非流动负债:		
债权投资			长期借款		
其他债权投资			应付债券		
长期应收款			其中:优先股		
长期股权投资			永续债		
其他权益工具投资			租赁负债		
其他非流动金融资产			长期应付款		
投资性房地产			预计负债		
固定资产			递延收益		
在建工程			递延所得税负债		
生产性生物资产			其他非流动负债		
油气资产			非流动负债合计		
使用权资产			负债合计		
无形资产			所有者权益(或股东权益):		
开发支出			实收资本(或股本)		

续表

商誉			其他权益工具		
长期待摊费用			其中:优先股		
递延所得税资产			永续债		
其他非流动资产			资本公积		
非流动资产合计			减:库存股		
			其他综合收益		
			专项储备		
			盈余公积		
			未分配利润		
			所有者权益(或股东权益)合计		
资产总计			负债和所有者权益(或股东权益)总计		

(二)资产负债表的填列方法

资产负债表各项目均需填列"年初余额"和"期末余额"两栏。该表"年初余额"栏内各项数字,应根据上年年末资产负债表"期末余额"栏内所列数字填列。如果本年度资产负债表规定的各个项目的名称和内容同上年度不相一致,应对上年年末资产负债表各项目的名称和数字按照本年度的规定进行调整,填入该表"年初余额"栏内。企业资产负债表各项目"期末余额"栏主要有以下几种填列方法。

(1)根据总账账户余额填列。资产负债表大部分项目的填列都是根据有关总账账户的余额直接填列,如"短期借款""应付票据""资本公积"等项目,分别根据"短期借款""应付票据""资本公积"总账账户的期末余额直接填列;"货币资金"项目,根据"库存现金""银行存款""其他货币资金"账户的期末余额合计数计算填列;"其他应付款"项目,需根据"其他应付款""应付利息""应付股利"三个总账账户余额的合计数填列。

(2)根据明细账户余额计算填列。如"应付账款"项目,应根据"应付账款"和"预付账款"账户所属的相关明细账户的期末贷方余额合计数填列;"预收款项"项目,应根据"预收账款"和"应收账款"两个账户所属的相关明细账户的期末贷方余额合计数填列;"应付职工薪酬"项目,应根据"应付职工薪酬"账户的明细账户期末余额分析填列;"一年内到期的非流动资产""一年内到期的非流动负债"项目,应根据有关非流动资产或非流动负债项目的明细账户余额分析填列;"长期借款""应付债券"项目,应分别根据"长期借款""应付债券"账户的明细账户余额分析填列;"未分配利润"项目,应根据"利润分配"账户中所属的"未分配利润"明细账户期末余额填列。

(3)根据总账账户和明细账账户的余额分析计算填列。如“长期借款”项目,应根据“长期借款”总账账户余额扣除“长期借款”账户所属的明细账户中将在资产负债表日起一年内到期且企业不能自主地将清偿义务展期的长期借款后的金额计算填列;“其他非流动负债”项目,应根据有关账户的期末余额减去将于一年内(含一年)到期的收回数和偿还数后的金额计算填列;“长期待摊费用”项目,应根据“长期待摊费用”账户的期末余额减去将于一年内(含一年)摊销数额后的金额填列。

(4)根据有关账户余额减去其备抵账户余额后的净额填列。如“长期股权投资”“在建工程”和“商誉”项目,应根据相关账户的期末余额填列,已计提减值准备的,还应扣减相应的减值准备;“固定资产”“无形资产”“投资性房地产”“生产性生物资产”和“油气资产”项目,应根据相关账户的期末余额扣减相关的累计折旧(或摊销、折耗)填列,已计提减值准备的,还应扣减相应的减值准备,采用公允价值计量的上述资产,应根据相关账户的期末余额填列;“长期应收款”项目,应根据“长期应收款”账户的期末余额,减去相应的“未实现融资收益”账户和“坏账准备”账户所属相关明细账户的期末余额后的金额填列;“长期应付款”项目,应根据“长期应付款”账户的期末余额,减去相应的“未确认融资费用”账户期末余额后的金额,以及“专项应付款”账户的期末余额填列。

(5)综合运用上述填列方法分析填列。如“存货”项目,应根据“材料采购”“原材料”“发出商品”“库存商品”“周转材料”“委托加工物资”和“生产成本”等账户的期末余额合计,减去“受托代销商品”“存货跌价准备”账户期末余额后的金额填列,材料采用计划成本核算,以及库存商品采用计划成本核算或售价核算的企业,还应按加或减“材料成本差异”和“商品进销差价”后的金额填列;“固定资产”项目,应根据“固定资产”账户的期末余额,减去“累计折旧”和“固定资产减值准备”账户的期末余额后的金额,以及“固定资产清理”账户的期末余额填列;“应收账款”项目,应根据“应收账款”账户的期末余额,减去“坏账准备”账户中相关坏账准备期末余额后的金额分析填列。

资产负债表中各主要项目的具体填列方法如下:

1. 资产类项目

(1)“货币资金”项目,反映企业库存现金、银行存款、外埠存款、银行汇票存款、银行本票存款、信用卡存款、信用证保证金存款等的合计数。该项目应根据“库存现金”“银行存款”“其他货币资金”三个总账账户余额的合计数填列。

(2)“交易性金融资产”项目,反映资产负债表日企业分类为以公允价值计量且其变动计入当期损益的金融资产,以及企业持有的直接指定为以公允价值计量且其变动计入当期损益的金融资产的期末账面价值。该项目应根据“交易性金融资产”账户的相关明细账户期末余额分析填列。自资产负债表日起超过一年到期且预期持有超过一年的以公允价值计量且其变动计入当期损益的非流动金融资产的期末账面价值,在“其他非流动金融资产”项目反映。

(3)“应收票据”项目,反映资产负债表日以摊余成本计量的、企业因销售商品、提供服务等收到的商业汇票,包括银行承兑汇票和商业承兑汇票。该项目应根据“应收票据”账户的期末余额,减去“坏账准备”账户中相关坏账准备期末余额后的金额分析填列。

(4)“应收账款”项目,反映资产负债表日以摊余成本计量的、企业因销售商品、提供服务等经营活动应收取的款项。该项目应根据“应收账款”账户的期末余额,减去“坏账准备”账户中相关坏账准备期末余额后的金额分析填列。

(5)“应收款项融资”项目,反映资产负债表日以公允价值计量且其变动计入其他综合收益的应收票据和应收账款等。

(6)“预付款项”项目,反映企业按照购货合同规定预付给供应单位的款项等。该项目应根据“预付账款”和“应付账款”账户所属各明细账户的期末借方余额合计数,减去“坏账准备”账户中有关预付款项计提的坏账准备期末余额后的金额填列。如预付账款账户所属明细账户期末有贷方余额的,应在资产负债表“应付账款”项目内填列。

(7)“其他应收款”项目,反映企业除应收票据、应收账款、预付账款等经营活动以外的其他各项应收、暂付的款项。该项目应根据“应收利息”“应收股利”和“其他应收款”账户的期末余额合计数,减去“坏账准备”账户中相关坏账准备期末余额后的金额填列。其中的“应收利息”仅反映相关金融工具已到期可收取但于资产负债表日尚未收到的利息。基于实际利率法计提的金融工具的利息应包含在相应金融工具的账面余额中。

(8)“存货”项目,反映企业期末在库、在途和在加工中的各项存货的账面价值。存货包括各种材料、商品、在产品、半成品、包装物、低值易耗品、发出商品等。该项目应根据“材料采购”“原材料”“发出商品”“库存商品”“周转材料”“委托加工物资”“生产成本”“受托代销商品”等账户的期末余额减去“受托代销商品款”“存货跌价准备”账户期末余额后的净额填列。对于材料采用计划成本核算,库存商品采用计划成本核算或售价核算的企业,还应按加或减材料成本差异、商品进销差价后的金额填列。

(9)“合同资产”项目,反映企业按照《企业会计准则第 14 号——收入》(2017)相关规定,根据本企业履行履约义务与客户付款之间的关系在资产负债表中列示的合同资产。“合同资产”项目应根据“合同资产”账户的相关明细账户期末余额分析填列。同一合同下的合同资产和合同负债应当以净额列示,其中净额为借方余额的,应当根据其流动性在“合同资产”或“其他非流动资产”项目中填列,已计提减值准备的,还应以减去“合同资产减值准备”账户中相应的期末余额后的金额填列,其中净额为贷方余额的,应当根据其流动性在“合同负债”或“其他非流动负债”项目中填列。

(10)“持有待售资产”项目,反映资产负债表日划分为持有待售类别的非流动资产及划分为持有待售类别的处置组中的流动资产和非流动资产的期末账面价值。该项目应根据

“持有待售资产”账户的期末余额,减去“持有待售资产减值准备”账户的期末余额后的金额填列。

(11)“一年内到期的非流动资产”项目,通常反映预计自资产负债表日起一年内变现的非流动资产。对于按照相关会计准则采用折旧(或摊销、折耗)方法进行后续计量的固定资产、使用权资产、无形资产和长期待摊费用等非流动资产,折旧(或摊销、折耗)年限(或期限)只剩一年或不足一年的,或预计在一年内(含一年)进行折旧(或摊销、折耗)的部分,不得归类为流动资产,仍在各非流动资产项目中填列,不转入“一年内到期的非流动资产”项目。

(12)“其他流动资产”项目,反映企业除“货币资金”“交易性金融资产”“应收票据”“应收账款”“存货”等流动资产以外的其他流动资产。该项目应根据有关总账账户及有关账户的明细账户期末余额分析填列。

(13)“债权投资”项目,反映资产负债表日企业以摊余成本计量的长期债权投资的期末账面价值。该项目应根据“债权投资”账户的相关明细账户期末余额,减去“债权投资减值准备”账户中相关减值准备的期末余额后的金额分析填列。自资产负债表日起一年内到期的长期债权投资的期末账面价值,在“一年内到期的非流动资产”项目反映。企业购入的以摊余成本计量的一年内到期的债权投资的期末账面价值,在“其他流动资产”项目反映。

(14)“其他债权投资”项目,反映资产负债表日企业分类为以公允价值计量且其变动计入其他综合收益的长期债权投资的期末账面价值。该项目应根据“其他债权投资”账户的相关明细账户的期末余额分析填列。自资产负债表日起一年内到期的长期债权投资的期末账面价值,在“一年内到期的非流动资产”项目反映。企业购入的以公允价值计量且其变动计入其他综合收益的一年内到期的债权投资的期末账面价值,在“其他流动资产”项目反映。

(15)“长期应收款”项目,反映企业租赁产生的应收款项和采用递延方式分期收款、实质上具有融资性质的销售商品和提供劳务等经营活动产生的应收款项。该项目应根据“长期应收款”账户的期末余额,减去相应的“未实现融资收益”账户和“坏账准备”账户所属相关明细账户期末余额后的金额填列。

(16)“长期股权投资”项目,反映投资方对被投资单位实施控制、重大影响的权益性投资,以及对合营企业的权益性投资。该项目应根据“长期股权投资”账户的期末余额填列,已计提减值准备的,还应扣减“长期股权投资减值准备”账户的期末余额。

(17)“其他权益工具投资”项目,反映资产负债表日企业指定为以公允价值计量且其变动计入其他综合收益的非交易性权益工具投资的期末账面价值。该项目应根据“其他权益工具投资”账户的期末余额填列。

(18)“固定资产”项目,反映资产负债表日企业固定资产的期末账面价值和企业尚未清理完毕的固定资产清理净损益。该项目应根据“固定资产”账户的期末余额,减去“累计折旧”和“固定资产减值准备”账户的期末余额后的金额，以及“固定资产清理”账户的期末余额填列。

（19）“在建工程”项目，反映资产负债表日企业尚未达到预定可使用状态的在建工程的期末账面价值和企业为在建工程准备的各种物资的期末账面价值。该项目应根据“在建工程”账户的期末余额，减去“在建工程减值准备”账户的期末余额后的金额，以及“工程物资”账户的期末余额，减去“工程物资减值准备”账户的期末余额后的金额填列。

（20）“使用权资产”项目，反映资产负债表日承租人企业持有的使用权资产的期末账面价值。该项目应根据“使用权资产”账户的期末余额，减去“使用权资产累计折旧”和“使用权资产减值准备”账户的期末余额后的金额填列。

（21）“无形资产”项目，反映企业持有的无形资产，包括专利权、非专利技术、商标权、著作权、土地使用权等。该项目应根据“无形资产”账户的期末余额扣减“累计摊销”和“无形资产减值准备”账户期末余额后的金额填列。

（22）“开发支出”项目，反映企业开发无形资产过程中能够资本化形成无形资产成本的支出部分。该项目应根据“研发支出”账户中所属的“资本化支出”明细账户的期末余额填列。

（23）“长期待摊费用”项目，反映企业已经发生但应由本期和以后各期负担的分摊期限在一年以上的各项费用。该项目应根据“长期待摊费用”账户的期末余额，减去将于一年内（含一年）摊销的数额后的金额分析填列。其中，长期待摊费用摊销年限（或期限）只剩一年或不足一年的，或者预计在一年内（含一年）进行摊销的部分，仍在“长期待摊费用”项目中列示，不转至“一年内到期的非流动资产”项目。

（24）“递延所得税资产”项目，反映企业根据所得税准则确认的可抵扣暂时性差异产生的所得税资产。该项目应根据“递延所得税资产”账户期末余额分析填列。

（25）“其他非流动资产”项目，反映企业除上述非流动资产以外的其他非流动资产。该项目应根据有关账户的期末余额填列。

2. 负债类项目

（1）“短期借款”项目，反映企业向银行或其他金融机构等借入的期限在一年以下（含一年）的各种借款。该项目应根据“短期借款”账户的期末余额填列。

（2）“交易性金融负债”项目，反映资产负债表日企业承担的交易性金融负债，以及企业持有的直接指定为以公允价值计量且其变动计入当期损益的金融负债的期末账面价值。该项目应根据“交易性金融负债”账户的相关明细账户期末余额填列。

（3）“应付票据”项目，反映资产负债表日以摊余成本计量的、企业因购买材料、商品和接受服务等开出、承兑的商业汇票，包括银行承兑汇票和商业承兑汇票。该项目应根据“应付票据”账户的期末余额填列。

(4)“应付账款”项目,反映资产负债表日以摊余成本计量的、企业因购买材料、商品和接受服务等经营活动应支付的款项。该项目应根据“应付账款”和“预付账款”账户所属的相关明细账户的期末贷方余额合计数填列。

(5)“预收款项”项目,反映企业按照销货合同规定预付给供应单位的款项。该项目应根据“预收账款”和“应收账款”账户所属各明细账户的期末贷方余额合计数填列。如“预收账款”账户所属明细账户为贷方余额的,应在资产负债表“应收账款”项目内填列。

(6)“合同负债”项目,反映企业已收或应收客户对价而应向客户转让商品的义务。根据本企业履行履约义务与客户付款关系之间的关系在资产负债表中列示合同负债。该项目应根据“合同负债”期末余额分析填列。

(7)“应付职工薪酬”项目,反映企业根据有关规定应付给职工的工资、职工福利费用、社会保险费用、住房公积金、工会经费、职工教育经费、非货币性福利、辞退福利等各种薪酬。该项目应根据“应付职工薪酬”账户的明细账户期末余额分析填列。

(8)“应交税费”项目,反映企业按照税法规定计算应交纳的各种税费,包括增值税、消费税、城市维护建设税、教育费附加、企业所得税、资源税、土地增值税、房产税、城镇土地使用税、车船税、环境保护税等。企业代扣代缴的个人所得税,也通过该项目列示。企业所缴纳的税金不需要预计应交数的,如印花税、耕地占用税等,不在该项目列示。该项目应根据“应交税费”账户的期末贷方余额填列。需要说明的是,“应交税费”账户下的“应交增值税”“未交增值税”“待抵扣进项税额”“待认证进项税额”“增值税留抵税额”等明细账户期末借方余额应根据情况,在资产负债表中的“其他流动资产”或“其他非流动资产”项目列示;“应交税费——待转销项税额”等账户期末贷方余额应根据情况,在资产负债表中的“其他流动负债”或“其他非流动负债”项目列示;“应交税费”账户下的“未交增值税”“简易计税”“转让金融商品应交增值税”“代扣代缴增值税”等账户期末贷方余额应在资产负债表中的“应交税费”项目列示。

(9)“其他应付款”项目,反映企业除应付票据、应付账款、预收账款、应付职工薪酬、应交税费等经营活动以外的其他各项应付、暂收的款项。该项目应根据“应付利息”“应付股利”和“其他应付款”账户的期末余额合计数填列。其中的“应付利息”仅反映相关金融工具已到期应支付但于资产负债表日尚未支付的利息。基于实际利率法计提的金融工具的利息应包含在相应金融工具的账面余额中。

(10)“持有待售负债”项目,反映资产负债表日处置组中与划分为持有待售类别的资产直接相关的负债的期末账面价值。该项目应根据“持有待售负债”账户的期末余额填列。

(11)“一年内到期的非流动负债”项目,反映企业非流动负债中将于资产负债表日后一年内到期部分的金额,如将于一年内偿还的长期借款。该项目应根据有关账户的期末余额分析填列。

(12)“其他流动负债”项目,反映企业除上述流动负债以外的其他流动负债。该项目应根据有关总账账户及有关账户的明细账户期末余额分析填列。

(13)“长期借款”项目,反映企业向银行或其他金融机构借入的尚未归还的一年及以上(不含一年)的各项借款。该项目应根据“长期借款”总账账户余额扣除“长期借款”账户所属的明细账户中将在资产负债表日起一年内到期且企业不能自主地将清偿义务展期的长期借款后的金额计算填列。

(14)“应付债券”项目,反映企业为筹集长期资金而发行的债券本金和利息。该项目应根据“应付债券”账户的明细账户余额分析填列。对于资产负债表日企业发行的金融工具,分类为金融负债的,应在该项目填列,对于优先股和永续债,还应在该项目下的“优先股”项目和“永续债”项目分别填列。

(15)“租赁负债”项目,反映资产负债表日承租人企业尚未支付的租赁付款额的期末账面价值。该项目应根据“租赁负债”账户的期末余额填列。自资产负债表日起一年内到期应予以清偿的租赁负债的期末账面价值,在“一年内到期的非流动负债”项目反映。

(16)“长期应付款”项目,反映资产负债表日企业除长期借款和应付债券以外的其他各种长期应付款项的期末账面价值。该项目应根据“长期应付款”账户的期末余额,减去相关的“未确认融资费用”账户的期末余额后的金额,以及“专项应付款”账户的期末余额填列。

(17)“预计负债”项目,反映企业根据或有事项等相关准则确认的各项预计负债,包括对外提供担保、未决诉讼、产品质量保证、重组业务、固定资产和弃置义务等产生的预计负债。该项目应根据“预计负债”账户的期末余额填列。企业按照《企业会计准则第22号——金融工具确认和计量》(2018)的相关规定,对贷款承诺等项目计提的损失准备,应当在该项目中填列。

(18)“递延收益”项目,反映尚待确认的收入和收益。该项目核算包括企业根据政府补助准则确认的应在以后期间计入当期损益的政府补助金额、售后租回形成融资租赁的售价与资产账面价值差额等其他递延性收入。该项目应根据“递延收益”账户的期末余额填列。该项目中摊销期限只剩一年或不足一年的,或预计在一年内(含一年)进行摊销的部分,不得归类为流动负债,仍在该项目中填列,不转入“一年内到期的非流动负债”项目。

(19)“递延所得税负债”项目,反映企业根据所得税准则确认的应纳税暂时性差异产生的所得税负债。该项目应根据“递延所得税负债”账户的期末余额填列。

(20)“其他非流动负债”项目,反映企业除长期借款、应付债券等项目以外的其他非流动负债。该项目应根据有关账户的期末余额减去将于一年内(含一年)到期偿还数后的金额填列。

3. 所有者权益类项目

(1)“实收资本(或股本)”项目,反映企业各投资者实际投入的资本或股本总额。该项目应根据“实收资本(或股本)”账户的期末余额填列。

(2)“其他权益工具”项目,反映资产负债表日企业发行在外的除普通股以外分类为权益工具的金融工具的期末账面价值。对于资产负债表日企业发行的金融工具,分类为权益工具的,应在该项目填列,对于优先股和永续债,还应在该项目下的“优先股”项目和“永续债”项目分别填列。

(3)“资本公积”项目,反映企业收到投资者出资超过其在注册资本或股本中所占的份额以及直接计入所有者权益的利得和损失等。该项目应根据“资本公积”账户的期末余额填列。

(4)“其他综合收益”项目应根据“其他综合收益”账户的期末余额填列。

(5)“专项储备”项目,反映高危行业企业按国家规定提取的安全生产费的期末账面价值。该项目应根据“专项储备”账户的期末余额填列。

(6)“盈余公积”项目,反映企业盈余公积的期末余额。该项目应根据“盈余公积”账户的期末余额填列。

(7)“未分配利润”项目,反映企业尚未分配的利润。该项目应根据“利润分配”账户中所属的未分配利润明细账户期末余额填列。其中,未弥补的亏损在项目内以“-”号填列。

(三)资产负债表编制举例

龙磬公司20×9年12月31日全部总账和有关明细账余额如表6-2所示。

表6-2 龙磬公司有关总账和明细账余额

20×9年12月31日　　单位:元

总账	明细账户	借方余额	贷方余额	总账	明细账户	借方余额	贷方余额
库存现金		5 000		短期借款			300 000
银行存款		75 000		应付票据			9 000
交易性金融资产		70 000		应付账款			50 000
应收票据		9 000			F企业		35 000
应收账款		115 000			H企业	25 000	
	A企业	50 000			W企业		40 000
	B企业		10 000	预收账款			5 000
	C企业	75 000			U企业		20 000
预付账款		23 500			V企业	15 000	
	D企业	25 000		其他应付款			60 000
	E企业		1 500	应付职工薪酬			173 500
其他应收款		50 000		应交税费			300 000
原材料		135 000		应付股利			100 000

续表

生产成本		40 000		长期借款			320 000
库存商品		100 000		实收资本			1 400 000
长期股权投资		1 135 000		盈余公积			110 400
固定资产		2 000 000		利润分配	未分配利润		799 600
累计折旧			300 000				
无形资产		150 000					
长期待摊费用		20 000					

根据上述资料，编制该企业 20×9 年 12 月 31 日的资产负债表，如表 6-3 所示。

表 6-3　资产负债表

会企 01 表

编制单位：龙磬公司　　　　20×9 年 12 月 31 日　　　　单位：元

资产	期末余额	年初余额	负债和所有者权益（或股东权益）	期末余额	年初余额
流动资产：		（略）	流动负债：		（略）
货币资金	80 000		短期借款	300 000	
交易性金融资产	70 000		交易性金融负债		
衍生金融资产			衍生金融负债		
应收票据	9 000		应付票据	9 000	
应收账款	140 000		应付账款	76 500	
应收账款融资			预收款项	30 000	
预付款项	50 000		合同负债		
其他应收款	50 000		应付职工薪酬	173 500	
存货	275 000		应交税费	300 000	
合同资产			其他应付款	160 000	
持有待售资产			持有待售负债		
一年内到期的非流动资产			一年内到期的非流动负债		
其他流动资产			其他流动负债		
流动资产合计	674 000		流动负债合计	1 049 000	
非流动资产：			非流动负债：		
债权投资			长期借款	320 000	
其他债权投资			应付债券		
长期应收款			其中：优先股		

续表

长期股权投资	1 135 000		永续债		
其他权益工具投资			租赁负债		
其他非流动金融资产			长期应付款		
投资性房地产			预计负债		
固定资产	1 700 000		递延收益		
在建工程			递延所得税负债		
生产性生物资产			其他非流动负债		
油气资产			非流动负债合计	320 000	
使用权资产			负债合计	1 369 000	
无形资产	150 000		所有者权益(或股东权益):		
开发支出			实收资本(或股本)	1 400 000	
商誉			其他权益工具		
长期待摊费用	20 000		其中:优先股		
递延所得税资产			永续债		
其他非流动资产			资本公积		
非流动资产合计	3 005 000		减:库存股		
			其他综合收益		
			专项储备		
			盈余公积	110 400	
			未分配利润	799 600	
			所有者权益(或股东权益)合计	2 310 000	
资产总计	3 679 000		负债和所有者权益(或股东权益)总计	3 679 000	

第三节 利润表

一、利润表的定义与作用

利润表,又称损益表或收益表,是反映企业在一定会计期间经营成果的报表。利润表是动态报表,其编制原理是会计等式“收入-费用=利润”,即将一定期间的营业收入与相关的营业费用进行对比,反映企业一定会计期间的收入、费用和利润的构成情况,综合体现企业的经营业绩。

利润表所提供的信息,能够反映企业生产经营的收益和成本耗费情况,表明企业的生产经营成果。通过分析不同时期的比较数据(本月数、本年累计数或上年数),可以预测企业未来的经营趋势和盈利能力,帮助报表使用者预测净利润的持续性,判断资本保值、增值等情况。通过分析利润表,能够揭示出影响企业盈利能力的因素,采取相应措施,改善经营管理。

二、利润表的格式和编制方法

(一)利润表的格式

利润表一般分为表首、正表两部分。利润表的表首,应该标明报表名称、编制单位、编制时间和计量单位。利润表的表体部分有单步式和多步式两种格式。

单步式利润表是将当期所有的收入列在一起,然后将所有的费用列在一起,二者相减得出当期净损益。多步式利润表是通过对当期的收入、费用、支出项目按性质加以归类,按利润形成的主要环节列示一些中间性利润指标,分步计算当期净损益。与单步式利润表相比,多步式利润表通过将不同性质的收入和费用类别进行对比,从而可以得出一些中间性利润指标,更便于使用者理解企业经营成果的不同来源。多步式利润表的编制步骤如下:

(1)计算企业经营活动(日常活动)的成果,从营业收入中扣除营业成本、税金及附加、期间费用等,加上其他收益、投资收益、净敞口套期收益、公允价值变动损益和资产处置收益等,从而计算出营业利润。

(2)通过加减营业外收支来计算企业非日常活动带来的收益。

(3)将前两步利润加总获得利润总额,再扣减所得税费用得到净利润。

(4)计算每股收益(净利润除以流通在外的普通股加权平均股数)。

我国企业利润表采用多步式,具体格式如表6-4所示。

表 6-4　利润表

会企 02 表

编制单位:　　　　　　　　　　　　年　　月　　　　　　　　　　　　单位:元

项目	本期金额	上期金额
一、营业收入		
减:营业成本		
税金及附加		
销售费用		
管理费用		
研发费用		
财务费用		
其中:利息费用		
利息收入		
加:其他收益		
投资收益(损失以"-"号填列)		
其中:对联营企业和合营企业的投资收益		
以摊余成本计量的金融资产终止确认收益(损失以"-"号填列)		
净敞口套期收益(损失以"-"号填列)		
公允价值变动收益(损失以"-"号填列)		
信用减值损失(损失以"-"号填列)		
资产减值损失(损失以"-"号填列)		
资产处置收益(损失以"-"号填列)		
二、营业利润(亏损以"-"号填列)		
加:营业外收入		
减:营业外支出		
三、利润总额(亏损总额以"-"号填列)		
减:所得税费用		
四、净利润(净亏损以"-"号填列)		
(一)持续经营净利润(净亏损以"-"号填列)		
(二)终止经营净利润(净亏损以"-"号填列)		
五、其他综合收益的税后净额		
(一)不能重分类进损益的其他综合收益		
1. 重新计量设定受益计划变动额		
2. 权益法下不能转损益的其他综合收益		

续表

3. 其他权益工具投资公允价值变动		
4. 企业自身信用风险公允价值变动		
……		
(二)将重分类进损益的其他综合收益		
1. 权益法下可转损益的其他综合收益		
2. 其他债权投资公允价值变动		
3. 金融资产重分类计入其他综合收益的金额		
4. 其他债权投资信用减值准备		
5. 现金流量套期储备		
6. 外币财务报表折算差额		
……		
六、综合收益总额		
七、每股收益		
(一)基本每股收益		
(二)稀释每股收益		

(二)利润表的填列方法

编制月报时,利润表中“本期金额”栏反映各项目的本月实际发生数,“本期累计金额”栏反映各项目自年初起至报告期末止的累计实际发生数。编制年报时,“上期金额”栏内各项数字,应根据上年度利润表“本期金额”栏内所列数字填列。如果上年度利润表与本年度利润表的项目名称和内容不相一致,应对上年度利润表项目的名称和数字按本年度的规定进行调整,填入“上期金额”栏内。

利润表中的大多数项目根据各有关账户发生额直接填列,如“税金及附加”“销售费用”“管理费用”“财务费用”“资产减值损失”“公允价值变动损益”“投资收益”“资产处置收益”“其他收益”“营业外收入”“营业外支出”和“所得税费用”等账户。但某些项目需要根据几个相关账户的发生额之和填列,如“营业收入”项目应根据“主营业务收入”和“其他业务收入”账户的发生额之和填列,“营业成本”项目应根据“主营业务成本”和“其他业务成本”账户的发生额之和填列。一些中间性利润指标,如“营业利润”“利润总额”和“净利润”项目,需要根据相应步骤的计算结果填列。为保证报表的准确性,利润表编制完成后,需根据报表之间的勾稽关系对相关项目金额进行核对。如利润表中的净利润、利润分配表中的未分配利润应与资产负债表中的未分配利润项目相互核对。

利润表中各项目的具体填列方法如下:

(1)“营业收入”项目,反映企业经营主营业务和其他业务所确认的收入总额。该项目应根据“主营业务收入”和“其他业务收入”账户的发生额分析填列。

（2）“营业成本”项目，反映企业经营主营业务和其他业务所发生的成本总额。该项目应根据“主营业务成本”和“其他业务成本”账户的发生额分析填列。

（3）“税金及附加”项目，反映企业经营业务应承担的税金和附加，如消费税、城市建设维护税、资源税、土地增值税、教育费附加等。该项目应根据“税金及附加”账户的发生额分析填列。

（4）“销售费用”项目，反映企业在销售商品过程中发生的包装费、广告费等费用和为销售本企业商品而专设的销售机构的职工薪酬业务费等经营费用。该项目应根据“销售费用”账户的发生额分析填列。

（5）“管理费用”项目，反映企业为组织和管理生产经营活动而发生的管理费用。该项目应根据“管理费用”账户的发生额分析填列。

（6）“研发费用”项目，反映企业进行研究与开发过程中发生的费用化支出，以及计入管理费用的自行开发无形资产的摊销。该项目应根据“管理费用”账户下的“研发费用”明细账户的发生额，以及“管理费用”账户下的“无形资产摊销”明细账户的发生额分析填列。

（7）“财务费用”项目，反映企业为筹集生产经营所需资金而发生的筹资费用，该项目应根据“财务费用”账户的发生额分析填列。“财务费用”项目下的“利息费用”项目，反映企业为筹集生产经营所需资金等而发生的应予费用化的利息支出。该项目应根据“财务费用”账户的相关明细账户的发生额分析填列。该项目作为“财务费用”项目的其中项，以正数填列。“财务费用”项目下的“利息收入”项目，反映企业按照相关会计准则确认的应冲减财务费用的利息收入。该项目应根据“财务费用”账户的相关明细账户的发生额分析填列。该项目作为“财务费用”项目的其中项，以正数填列。

（8）“其他收益”项目，反映计入其他收益的政府补助，以及其他与日常活动相关且计入其他收益的项目。该项目应根据“其他收益”账户的发生额分析填列。企业作为个人所得税的扣缴义务人，根据《中华人民共和国个人所得税法》收到的扣缴税款手续费，应作为其他与日常活动相关的收益在该项目中填列。

（9）“投资收益”项目，应根据“投资收益”账户的发生额分析填列，反映企业以各种方式对外投资所取得的收益。如为投资损失，则以“-”号填列。

（10）“净敞口套期收益”项目，反映净敞口套期下被套期项目累计公允价值变动转入当期损益的金额或现金流量套期储备转入当期损益的金额。该项目应根据“净敞口套期损益”账户的发生额分析填列。如为套期损失，则以“-”号填列。

（11）“公允价值变动收益”项目，反映企业应当计入当期损益的资产或负债的公允价值变动损益。该项目应根据公允价值变动损益账户的发生额分析填列，如为净损失，则以“-”号填列。

（12）“信用减值损失”项目，反映企业按照《企业会计准则第22号——金融工具确认和计量》（2018）的要求计提的各项金融工具信用减值准备所确认的信用损失。该项目应根据“信用减值损失”账户的发生额分析填列。

（13）“资产减值损失”项目，反映企业有关资产发生的减值损失。该项目应根据“资产减值损失”账户的发生额分析填列。

（14）“资产处置收益”项目，反映企业出售划分为持有待售的非流动资产（金融工具、长期股权投资和投资性房地产除外）或处置组（子公司和业务除外）时确认的处置利得或损失，以及处置未划分为持有待售的固定资产、在建工程、生产性生物资产及无形资产而产生的处置利得或损失。债务重组中因处置非流动资产（金融工具、长期股权投资和投资性房地产除外）产生的利得或损失和非货币性资产交换中换出非流动资产（金融工具、长期股权投资和投资性房地产除外）产生的利得或损失也包括在该项目内。该项目应根据“资产处置损益”账户的发生额分析填列。如为处置损失，则以“-”号填列。

（15）“营业利润”项目，反映企业实现的营业利润。该项目应根据前项的金额计算填列，如为亏损，则以“-”号填列。

（16）“营业外收入”项目，反映企业发生的与经营业务无直接关系的各项收入。该项目应根据“营业外收入”账户的发生额分析填列。

（17）“营业外支出”项目，反映企业发生的与经营活动无直接关系的各项支出。该项目应根据“营业外支出”账户的发生额分析填列。

（18）“利润总额”项目，反映企业实现的利润。该项目应根据营业利润加营业外收入减营业外支出计算填列。如为亏损，则以“-”号填列。

（19）“所得税费用”项目，反映企业应当从当期利润总额中扣除的所得税费用。该项目应根据“所得税费用”账户的发生额分析填列。

（20）“净利润”项目，反映企业实现的净利润。该项目应根据利润总额减去所得税费用的结果填列。如为亏损，则以“-”号填列。

（21）“其他综合收益的税后净额”项目，反映企业根据会计准则规定为未在损益中确认的各项利得和损失扣除所得税影响后的净额。

（22）“综合收益总额”项目，反映企业净利润与其他综合收益（税后净额）的合计金额。

（23）“每股收益”项目，包括基本每股收益和稀释每股收益两项指标，反映普通股或潜在普通股已公开交易的企业，以及正处在公开发行普通股或潜在普通股过程中的企业的每股收益信息。

（三）利润表编制举例

龙磬公司20×9年度有关损益类账户本年累计发生净额如表6-5所示。

表 6-5　龙磬公司损益类科目 20×9 年度累计发生净额

20×9 年 12 月　　　　　　　　　　　　　　　　　　　单位:元

科目名称	借方发生额	贷方发生额
主营业务收入		3 000 000
其他业务收入		120 000
主营业务成本	1 700 000	
其他业务成本	60 000	
税金及附加	90 000	
销售费用	150 000	
管理费用	240 000	
财务费用	60 000	
投资收益		200 000
营业外收入		37 500
营业外支出	23 750	
所得税费用	351 038	

根据上述资料,编制龙磬公司 20×9 年度利润表,见表 6-6。

表 6-6　利润表

会企 02 表

编制单位:龙磬公司　　　　　　20×9 年 12 月　　　　　　单位:元

项　目	本期金额	上期金额
一、营业收入	3 120 000	(略)
减:营业成本	1 760 000	
税金及附加	90 000	
销售费用	150 000	
管理费用	240 000	
研发费用		
财务费用	60 000	
其中:利息费用		
利息收入		
加:其他收益		
投资收益(损失以“-”号填列)	200 000	
其中:对联营企业和合营企业的投资收益		
以摊余成本计量的金融资产终止确认收益(损失以“-”号填列)		
净敞口套期收益(损失以“-”号填列)		

续表

公允价值变动收益（损失以“-”号填列）		
信用减值损失（损失以“-”号填列）		
资产减值损失（损失以“-”号填列）		
资产处置收益（损失以“-”号填列）		
二、营业利润（亏损以“-”号填列）	1 020 000	
加：营业外收入	37 500	
减：营业外支出	23 750	
三、利润总额（亏损总额以“-”号填列）	1 033 750	
减：所得税费用	351 038	
四、净利润（净亏损以“-”号填列）	682 712	
（一）持续经营净利润（净亏损以“-”号填列）		
（二）终止经营净利润（净亏损以“-”号填列）		
五、其他综合收益的税后净额		
（一）不能重分类进损益的其他综合收益		
1. 重新计量设定受益计划变动额		
2. 权益法下不能转损益的其他综合收益		
3. 其他权益工具投资公允价值变动		
4. 企业自身信用风险公允价值变动		
……		
（二）将重分类进损益的其他综合收益		
1. 权益法下可转损益的其他综合收益		
2. 其他债权投资公允价值变动		
3. 金融资产重分类计入其他综合收益的金额		
4. 其他债权投资信用减值准备		
5. 现金流量套期储备		
6. 外币财务报表折算差额		
……		
六、综合收益总额	682 712	
七、每股收益：		
（一）基本每股收益		
（二）稀释每股收益		

第四节 现金流量表

一、现金流量表的定义与作用

现金流量表是反映企业在一定会计期间现金和现金等价物流入和流出的报表。编制现金流量表,主要是为企业提供一定会计期间内现金和现金等价物流入和流出的信息,以便于报表使用者了解和评价企业获得现金和现金等价物的能力和企业偿债、支付股利的能力,并据以预测企业未来现金流量,分析企业投资和理财活动对经营成果和财务状况的影响。

二、现金流量及其分类

现金流量是指一定会计期间内企业现金和现金等价物的流入和流出。企业从银行提取现金、用现金购买短期到期的国库券等现金和现金等价物之间的转换不属于现金流量。

现金是指企业库存现金以及可以随时用于支付的存款,包括库存现金、银行存款和其他货币资金(如外埠存款、银行汇票存款、银行本票存款等)等。不能随时用于支付的存款不属于现金。

现金等价物,是指企业持有的期限短、流动性强、易于转换为已知金额现金、价值变动风险很小的投资。期限短,一般是指从购买日起三个月内到期。现金等价物通常包括三个月内到期的债券投资等。权益性投资变现的金额通常不确定,因而不属于现金等价物。企业应当根据具体情况,确定现金等价物的范围,一经确定不得随意变更。

企业产生的现金流量分为三类:

(一)经营活动产生的现金流量

经营活动是企业投资活动和筹资活动以外的所有交易和事项。经营活动主要包括销售商品或提供劳务、购买商品或接受劳务、支付给职工的薪酬(不包括支付给离退休人员和在建工程人员的薪酬)和缴纳各项税费等流入和流出现金和现金等价物的交易或事项。

(二)投资活动产生的现金流量

投资活动是企业长期资产(固定资产、无形资产)的购建和不包括在现金等价物范围内的投资及其处置活动。投资活动主要包括购建固定资产、无形资产,处置固定资产、无形资产,对外投资,取得投资收益等流入和流出现金和现金等价物的交易或事项。

（三）筹资活动产生的现金流量

筹资活动是导致企业资本及债务规模和构成发生变化的活动。筹资活动主要包括取得借款、发行股票、发行债券、偿还债务、支付利息、分配股利或利润等流入和流出现金和现金等价物的交易或事项。偿付应付账款、应付票据等应付款项等属于经营活动，不属于筹资活动。

三、现金流量表的格式和编制方法

（一）现金流量表的格式

我国企业现金流量表采用报告式结构，分类反映经营活动产生的现金流量、投资活动产生的现金流量和筹资活动产生的现金流量，最后汇总反映企业某一期间现金及现金等价物的净增加额。现金流量表属于年报，由报表主表和补充资料两部分组成。补充资料是对现金流量表主表的补充说明，主要包括将净利润调整为经营活动的现金流量、不涉及现金收支的重大投资和筹资活动、现金及现金等价物净变动情况三个方面的内容。现金流量表的具体格式如表6-7所示。

表6-7　现金流量表

会企03表

编制单位：龙磬公司　　20×9年12月　　单位：元

项　目	本期金额	上期金额
一、经营活动产生的现金流量：	2 850 650	（略）
销售商品、提供劳务收到的现金		
收到的税费返还		
收到其他与经营活动有关的现金	33 625	
经营活动现金流入小计	2 884 275	
购买商品、接受劳务支付的现金	1 544 400	
支付给职工以及为职工支付的现金	312 000	
支付的各项税费	306 000	
支付其他与经营活动有关的现金	122 100	
经营活动现金流出小计	2 284 500	
经营活动产生的现金流量净额	599 775	
二、投资活动产生的现金流量：		
收回投资收到的现金		
取得投资收益收到的现金	3 750	
处置固定资产、无形资产和其他长期资产收回的现金净额	11 250	

续表

处置子公司及其他营业单位收到的现金净额		
收到其他与投资活动有关的现金		
投资活动现金流入小计	15 000	
购建固定资产、无形资产和其他长期资产支付的现金	27 500	
投资支付的现金	110 000	
取得子公司及其他营业单位支付的现金净额		
支付其他与投资活动有关的现金		
投资活动现金流出小计	137 500	
投资活动产生的现金流量净额	-122 500	
三、筹资活动产生的现金流量:		
吸收投资收到的现金	27 500	
取得借款收到的现金	27 500	
收到其他与筹资活动有关的现金		
筹资活动现金流入小计	55 000	
偿还债务支付的现金	41 250	
分配股利、利润或偿付利息支付的现金	414 950	
支付其他与筹资活动有关的现金		
筹资活动现金流出小计	456 200	
筹资活动产生的现金流量净额	-401 200	
四、汇率变动对现金及现金等价物的影响		
五、现金及现金等价物净增加额	76 075	
加:期初现金及现金等价物余额	略	
六、期末现金及现金等价物余额	略	

(二)现金流量表的填列方法

编制现金流量表时,列报经营活动现金流量的方法有两种:一种是直接法,另一种是间接法。在直接法下,企业一般是以利润表中的营业收入为起算点,调节与经营活动有关的项目的增减变动,然后计算出经营活动产生的现金流量。在间接法下,企业将净利润调节为经营活动现金流量,实际上就是将按权责发生制原则确定的净利润调整为现金净流入,并剔除投资活动和筹资活动对现金流量的影响。

采用直接法编报的现金流量表,便于分析企业经营活动产生的现金流量的来源和用途,预测企业现金流量的未来前景;采用间接法编报现金流量表,便于将净利润与经营活动产生现金流量净额进行比较,了解净利润与经营活动产生的现金流量差异的原因,从现金流量的角度分析净利润的质量。我国企业会计准则规定,企业应当采用直接法编报现金流量表,同时要求在附注中提供以净利润为基础调节到经营活动现金流量的信息。在具体编制现金流量表时，可以采用工作底稿法、T形账户法和分析填列法。

第五节 所有者权益变动表

一、所有者权益变动表的定义及作用

所有者权益变动表是反映构成所有者权益的各组成部分当期的增减变动情况的报表。通过所有者权益变动表，既可以为报表使用者提供所有者权益总量增减变动的信息，也能为其提供所有者权益增减变动的结构性信息，特别是能够让报表使用者理解所有者权益增减变动的根源。

二、所有者权益变动表的格式和编制方法

（一）所有者权益变动表的格式

在所有者权益变动表中，企业至少应当单独列示反映下列信息的项目：

(1)综合收益总额；

(2)会计政策变更和差错更正的累积影响金额；

(3)所有者投入资本和向所有者分配利润等；

(4)按照规定提取的盈余公积；

(5)实收资本或股本、其他权益工具、资本公积、其他综合收益、专项储备、盈余公积、未分配利润的期初和期末余额及其调节情况。

所有者权益变动表以矩阵的形式列示。一方面，列示导致所有者权益变动的交易或事项，即所有者权益变动的来源，对一定时期所有者权益的变动情况进行全面反映；另一方面，按照所有者权益各组成部分（即实收资本、资本公积、其他综合收益、盈余公积、未分配利润和库存股等）列示交易或事项对所有者权益各部分的影响。我国企业所有者权益变动表的格式如表6-8所示。

表 6-8　所有者权益变动表

会企 04 表

编制单位：　　　　　　　　年度　　　　　　　　单位：元

项目	本年金额											上年金额										
	实用资本（或股本）	其他权益工具			资本公积	减：库存股	其他综合收益	专项储备	盈余公积	未分配利润	所有者权益合计	实收资本（或股本）	其他权益工具			资本公积	减：库存股	其他综合收益	专项储备	盈余公积	未分配利润	所有者权益合计
		优先股	永续债	其他									优先股	永续债	其他							
一、上年年末余额																						
加：会计政策变更																						
前期差错更正																						
其他																						
二、本年年初余额																						
三、本年增减变动金额（减少以“-”号填列）																						
（一）综合收益总额																						
（二）所有者投入和减少资本																						
1. 所有者投入的普通股																						
2. 其他权益工具持有者投入资本																						
3. 股份支付计入所有者权益的金额																						
4. 其他																						
（三）利润分配																						
1. 提取盈余公积																						

续表

2. 对所有者(或股东)的分配																		
3. 其他																		
(四)所有者权益内部结转																		
1. 资本公积转增资本(或股本)																		
2. 盈余公积转增资本(或股本)																		
3. 盈余公积弥补亏损																		
4. 设定受益计划变动额结转留存收益																		
5. 其他综合收益结转留存收益																		
6. 其他																		
四、本年年末余额																		

（二）所有者权益变动表的编制方法

所有者权益变动表各项目均需填列“本年金额”和“上年金额”两栏。所有者权益变动表“上年金额”栏内各项数字，应根据上年度所有者权益变动表“本年金额”栏内所列数字填列。上年度所有者权益变动表规定的各个项目的名称和内容同本年度不一致的，应对上年度所有者权益变动表各项目的名称和数字按照本年度的规定进行调整，填入所有者权益变动表的“上年金额”栏。

所有者权益变动表“本年金额”栏内各项数字一般应根据“实收资本（或股本）”“资本公积”“其他综合收益”“专项储备”“盈余公积”“利润分配”“库存股”“以前年度损益调整”账户发生额分析填列。

第六节 财务报表附注

一、财务报表附注的定义与作用

附注是对资产负债表、利润表、现金流量表和所有者权益变动表中所列示项目的文字描述或明细资料，以及对未能在这些报表中列示项目的说明。附注旨在帮助财务报表使用者深入了解财务报表的内容，是财务报表的补充，主要是对财务报表不能包括的内容或者披露不详尽的内容作进一步的解释说明。附注应当披露财务报表的编制基础，相关信息应当与资产负债表、利润表、现金流量表和所有者权益变动表等报表中列示的项目相互参照、相辅相成，使报告使用者全面了解企业的财务状况、经营成果和现金流量。

二、财务报表附注的内容

附注是财务报表的重要组成部分。根据企业会计准则，应当按照以下顺序披露有关信息。

1. 企业的基本情况

包括以下内容：

（1）企业名称、注册地、组织形式和总部地址。

（2）企业的业务性质和主要经营活动，如企业所处的行业、所提供的主要产品或服务、客户的性质、销售策略、监管环境的性质等。

（3）母公司及集团最终母公司的名称。

（4）财务报告的批准报出者和财务报告批准报出日。

(5)营业期限有限的企业,还应当披露有关营业期间的信息。

(6)截至报告期末公司近3年的主要会计数据和财务指标。

2. 财务报表的编制基础

财务报表的编制基础,是指财务报表是在持续经营的基础上,还是在非持续经营的基础上编制的。企业一般在持续经营的基础上编制财务报表,清算、破产属于非持续经营基础。

3. 遵循企业会计准则的声明

企业应当声明编制的财务报表符合企业会计准则的要求,真实、完整地反映了企业的财务状况、经营成果和现金流量等有关信息,以此明确企业编制财务报表所依据的制度基础。如果企业编制的财务报表只是部分地遵循了企业会计准则,附注中不得作出这种表述。

4. 重要会计政策和会计估计

重要会计政策的说明,包括财务报表项目的计量基础和在运用会计政策过程中所作的重要判断等。重要会计估计的说明,包括可能导致下一个会计期间内资产、负债账面价值重大调整的会计估计的确定依据等。企业应当披露采用的重要会计政策和会计估计,并结合企业的具体实际披露其重要会计政策的确定依据和财务报表项目的计量基础,及其会计估计所采用的关键假设和不确定因素。

5. 会计政策和会计估计变更及差错更正的说明

企业应当按照企业会计准则的规定,披露会计政策和会计估计变更及差错更正的有关情况。

6. 报表重要项目的说明

企业应当以文字和数字描述相结合,尽可能以列表形式披露重要报表项目的构成或当期增减变动情况,并且报表重要项目的明细金额合计应当与报表项目金额相衔接。在披露顺序上,一般应当按照资产负债表、利润表、现金流量表、所有者权益变动表的顺序及其报表项目列示的顺序。重要项目主要包括应收款项、交易性金融资产、存货、长期股权投资、投资性房地产、固定资产、无形资产、职工薪酬、应交税费、短期和长期借款、应付债券、营业收入、营业外收入、营业外支出、所得税费用和借款费用等。

7. 其他需要说明的重要事项

主要包括或有和承诺事项、资产负债表日后非调整事项、关联方关系及其交易等。

8. 有助于财务报表使用者评价企业管理资本的目标、政策及程序的信息

如公司担保、财务资助相关内容的披露。

【课后习题】

习题一

一、目的:练习资产负债表的编制。

二、资料:旭辉公司为一般纳税企业,适用的增值税税率为13%,有关资料如下。

(1)20×8 年 12 月 31 日的试算表如下：

表 6-9　旭辉公司 20×8 年 12 月 31 日的试算表

20×8 年 12 月 31 日　　单位:元

账户名称	借方余额	贷方余额	账户名称	借方余额	贷方余额
库存现金	1 000		短期借款		30 000
银行存款	70 000		应付账款		37 500
应收票据	20 000		预收账款		5 000
应收账款	60 000		其他应付款		10 000
坏账准备		500	长期借款		90 500
预付账款	22 500		实收资本		760 000
其他应收款	40 000		资本公积		60 000
原材料	85 000		盈余公积		40 000
库存商品	60 000				
长期股权投资	300 000				
固定资产	400 000				
累计折旧		25 000			
合计	1 058 500	25 500			1 033 000

(2)20×9 年 1 月,旭辉公司发生以下经济业务：

①购入原材料 2 000 千克,增值税专用发票上注明价款 10 000 元,增值税 1 300 元,款项尚未支付。

②车间管理部门领用原材料,金额为 8 000 元。

③本期提取固定资产折旧 5 000 元(计入管理费用)。

④购入无需安装即可使用的设备 Z 一台,价款 20 000 元,增值税税额 2 600 元,已取得增值税专用发票,全部款项以银行存款支付。

⑤收回已作坏账转销的应收账款 400 元。

⑥销售一批商品,开出的增值税专用发票上注明价款 80 000 元,增值税税额 10 400 元,尚未收到货款,该批商品的成本为 50 000 元。

⑦本期归还短期借款本金 10 000 元。

⑧偿付应付账款 10 000 元。

⑨接受投资者投入固定资产,合同约定的价值为 30 000 元,取得增值税专用发票,税额为 3 900 元,约定享有公司注册资本 20 000 元。

⑩收取出租包装物的押金 1 000 元(计入其他应付款)。

三、要求(假定不考虑城建税等附加税)：

(1)根据上述经济业务,编制会计分录;

(2)编制旭辉公司20×9年1月31日的资产负债表。

习题二

一、目的:练习利润表的编制。

二、资料:旭辉公司为一般纳税企业,有关资料如下:

(1)20×9年1月1日至11月30日有关损益类科目的累计发生额如表6-10所示。

表6-10　旭辉公司损益类科目累计发生净额

20×9年11月　　　　单位:元

科目名称	借方发生额	贷方发生额
主营业务收入		2 500 000
其他业务收入		100 000
主营业务成本	1 300 000	
其他业务成本	60 000	
税金及附加	90 000	
销售费用	100 000	
管理费用	210 000	
财务费用	50 000	
投资收益		300 000
营业外收入		37 500
营业外支出	2 500	
所得税费用	280 000	

(2)旭辉公司20×9年12月发生以下经济业务:

①购进一批原材料,增值税专用发票上注明的材料价款为20 000元,增值税额为2 600元,款项尚未支付,材料已验收入库,原材料采用实际成本核算。

②生产车间领用原材料一批,实际成本为10 000元。

③本月销售产品的销售收入为400 000元,应收增值税销项税额为52 000元,款项已收到并存入银行。

④结转本月销售产品成本260 000元。

⑤采购一批办公用品,价款为1 500元,以现金支付。

⑥用银行存款支付本月发生的销售费用6 000元。

⑦计提存货跌价损失5 130元。

⑧计提并支付职工工资50 000元,其中,生产工人工资12 000元,车间管理人员工资6 000元,行政管理人员工资32 000元。

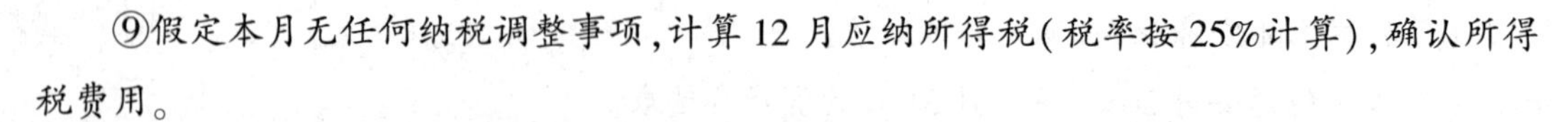

⑨假定本月无任何纳税调整事项，计算12月应纳所得税(税率按25%计算)，确认所得税费用。

⑩将本月实现的损益结转至“本年利润”账户。

三、要求(假定不考虑附加税)：

(1)编制有关经济业务的会计分录；

(2)编制旭辉公司20×9年12月的利润表。

习题三

一、目的：练习资产负债表和利润表的编制，了解报表间的勾稽关系。

二、资料：旭辉公司为增值税一般纳税人，有关资料如下：

(1)20×9年11月30日的资产负债表如表6-11所示。

表6-11　资产负债表

20×9年11月30日　　　　单位：元

资产	期末数	负债及所有者权益(或股东权益)	期末数
流动资产：		流动负债：	
货币资金	1 150 000	短期借款	230 000
应收票据	133 000	应付票据	150 000
应收账款	165 000	应付账款	210 000
预付款项	120 000	应付职工薪酬	93 000
其他应收款	60 000	应交税费	140 000
存货	1 420 000	流动负债合计	823 000
流动资产合计	3 048 000	非流动负债：	
非流动资产：		长期借款	1 300 000
固定资产	3 200 000	应付债券	1 500 000
在建工程	250 000	长期应付款	55 000
无形资产	1 000 000	其他非流动负债	120 000
其他长期资产	300 000	非流动负债合计	2 975 000
非流动资产合计	4 750 000	负债合计	3 798 000
		所有者权益(或股东权益)：	
		实收资本(或股本)	2 500 000
		资本公积	600 000
		盈余公积	400 000
		未分配利润	500 000
		所有者权益(或股东权益)合计	4 000 000
资产总计	7 798 000	负债和所有者权益(或股东权益)总计	7 798 000

(2)旭辉公司20×9年12月发生下列经济业务:

①购入原材料一批,收到的增值税专用发票上注明原材料价款为80 000元,进项税额为10 400元,款项已通过银行转账支付,材料未验收入库。

②采购办公用品一批,价款为500元,以现金支付。

③借入长期借款250 000元。

④接受甲公司投入的价值700 000元设备一台,增值税专用发票注明的税款为91 000元。

⑤销售产品一批,开出的增值税专用发票上注明的销售价款为300 000元,销项税额为39 000元,货款尚未收到,该批产品的实际成本为100 000元,产品已发出。

⑥归还短期借款本金26 000元。

⑦购入不需要安装的设备一台,取得的增值税专用发票上注明卖价为110 000元,增值税税额为14 300元,支付的包装费为1 500元,增值税税额为90元,所有款项均已通过银行存款支付。

⑧工程应付职工薪酬33 000元。

⑨一项工程完工,交付生产使用,已办理竣工手续,固定资产价值120 000元。

⑩出售闲置原材料一批,该批原材料成本30 000元,售价40 000元,增值税税额为5 200元,收到货款,存入银行。

⑪向贫困山区小学捐赠55 000元。

⑫分配并发放工资90 000元,其中,生产部门人员工资40 000元,行政管理人员工资20 000元,销售人员工资30 000元。

⑬确认本期所得税32 500元,并上缴所得税10 000元,支付教育费附加5 000元。

⑭结转本年损益和净利润(假定1~11月累计实现的净利润为0)。

⑮按净利润的10%提取法定盈余公积。

三、要求:

(1)根据上述经济业务,编制会计分录;

(2)编制旭辉公司20×9年12月的利润表;

(3)编制旭辉公司20×9年12月31日的资产负债表。

第七章 财务报告分析

【案例导入】

瑞幸咖啡：存货之谜

2020年4月2日，“瑞幸咖啡(luckin coffee)自曝家丑，自认其在2019年二季度至四季度伪造交易金额22亿元人民币。

从瑞幸咖啡公布的财务报告来看，从2018年一季度到2019年一季度，其运营利润率一直持续为负且非常糟糕，但在2019年二季度和三季度明显好转，甚至在三季度宣布单店已实现运营层面的盈利。

然而，作为零售业的瑞幸咖啡，季度收入的高速增长并未伴随存货增长，收入增长率与存货增长率严重不匹配。2019年二季度收入环比增长了90%，存货却仅仅上涨了23%，甚至在三季度收入环比增长70%的情况下存货总量反而下降了。

【课程思政要点】

解读和分析财务报告，培养透过现象看本质的思维和能力。

第一节　财务报告分析概述

一、财务报告分析的含义

财务报告,是指企业对外提供的反映企业某一特定日期的财务状况和某一会计期间的经营成果、现金流量等会计信息的文件,包括财务报表、财务报表附注以及其他应当在财务报告中披露的相关信息和资料。财务报告的基本功能是向财务报告使用者提供企业财务状况、经营成果和现金流量等相关会计信息,反映企业管理层受托责任履行情况,帮助财务报告使用者作出经济决策。

财务报告使用者包括企业管理者、投资人、证券分析师、银行、税务部门、行政监管部门、供应商、企业员工以及社会公众等,他们构成财务报告分析的主体。因此,财务报告分析主要是财务报告使用者(企业利益相关者),根据财务报告对企业的陈述与披露,评价企业目标的实现程度及其受托责任的履行情况。财务报告提供的是通用财务信息,但是由于每个分析主体关心企业的目的和侧重点不同,对信息的需求以及财务报告信息关注的重点也就不同,因此他们往往根据自己的需求,使用不同的分析方法,对相关数据和信息进行加工,以获得所需要的信息。

财务报告分析与财务报表分析、财务分析的范围有所不同。财务报表分析主要以财务报表体系为分析的对象,范围较窄;财务分析以企业全部财务活动为分析的对象,范围较宽。与财务报表分析相比,财务报告分析的对象除财务报表体系外,还包括其他财务报告中的信息;与财务分析相比,财务报告分析不够全面,着重对企业一定时期的财务状况、经营成果以及未来前景进行分析。所以,财务报告分析范围介于财务报表分析和财务分析之间。

因此,财务报告分析的含义可以概括为:财务报告分析是以财务报表和其他有关信息资料为依据和起点,利用财务分析理论及一系列专门的方法,遵循规范的分析程序,对企业一定时期的财务状况、经营成果及未来前景进行分析,为企业的投资者、债权人和管理当局等财务报告使用者了解过去、分析现状、预测未来,进而作出正确决策提供准确的会计信息的一种科学方法。

二、财务报告分析的作用

财务报告分析是通过对财务报表以及企业其他相关信息进行综合分析，揭示企业的财务状况和经营成果，研究企业未来的发展趋势，得出分析结论，进而帮助报告使用者进行评价、预测和决策。具体作用如下：

(1)有助于报告使用者了解企业的财务状况和经营成果。通过财务报告分析，可以了解企业的偿债能力、营运能力、盈利能力和资本结构等信息，帮助报告使用者合理评价企业财务状况和经营成果。

(2)有助于报告使用者预测企业未来的发展状况和趋势。通过财务报告分析，不仅可以评估企业未来的价值，还可以为企业未来的财务预测、财务决策指明方向，并为企业进行财务危机预测提供必要的信息。

(3)有助于报告使用者合理地进行投资决策。企业管理者和债权人通过对报告的分析，可以预测投资后的获利水平和风险大小，为下一步的投资决策和信贷决策提供依据。

三、财务报告分析的内容

1. 偿债能力分析

偿债能力是指企业偿还到期债务的能力。通过偿债能力分析，债权人可以判断贷出资金的安全程度，投资者可以据此评价其投入资本所承担风险的程度。而对企业内部管理者而言，可以通过偿债能力分析了解自身的财务状况和财务风险，进而作出科学合理的筹资和投资，优化企业资本结构，保证企业可持续发展。

2. 营运能力分析

营运能力反映的是企业对资产的管理能力。企业生产经营的过程就是利用资产获得收益的过程。营运能力越强，表明资产的流动性越高，变现速度越快，占用的资金就越少，资产的管理水平和收益性也越高。通过营运能力分析，可以评价企业管理层对资产的利用效率和管理水平，挖掘企业提升投入产出水平的潜力。

3. 盈利能力分析

盈利是企业生存与发展的基础。盈利能力是指企业在一定时期内获取利润的能力。企业的盈利能力越强，给投资者带来的回报越高，企业价值就越大；同时，企业盈利能力越强，带来的现金流量越多，企业的偿债能力就会越强。因此，无论是企业的债权人、投资者，还是管理者都非常关心企业的盈利能力。通过对盈利能力深入分析，可以发现经营管理中存在的问题，尤其要关注正常经营活动的盈利能力，非正常的、特殊的经营活动不具有可持续性。

4. 发展能力分析

发展能力也称成长能力，指企业通过自身的生产经营活动，不断扩大积累而形成的增长能力。企业发展能力是营运能力、盈利能力和偿债能力的综合体现。对于投资者而言，企业能否持续稳定地发展，关系到企业是否真正具有投资价值。对债权人而言，企业稳定发展是清偿债务的重要保证。对管理者来说，企业持续稳定发展是其经营管理水平的重要体现。因此，通过发展能力分析，可以判断企业的发展潜力，预测企业的经营前景，从而为投资者的投资决策、债权人的信贷决策以及内部管理者的经营决策提供依据。

四、财务报告分析的程序

财务报告分析一般由以下几个步骤组成。

（一）明确分析目的

财务报告使用者都希望从财务报告中获取相关有用的信息，为决策提供依据，但是不同的财务报告使用者对会计信息的关注点和侧重点是不同的。因此，在进行财务报告分析之前，首先要了解报告使用者的具体要求，据此明确分析目的，进而制定分析工作计划，为后续资料收集和分析方法的选择奠定基础。

（二）收集分析资料

充分的信息资料是保证分析工作顺利进行和分析质量的基础。确定分析目标之后，应按照分析的目的和计划进行，收集整理相关的会计信息资料，以供分析使用。这些信息资料通常包括财务报表、财务报表附注、财务情况说明书，以及其他专业性机构（如投资咨询服务机构、行业主管部门、证券交易所等）提供的有关资料等。在取得相关资料的基础上，还应对所收集的资料进行检查，如剔除和调整不正确的资料以及没有可比性的资料，核实资料的准确性，对资料进行归类分组等。

（三）选择分析方法

财务报告使用者应当根据不同的分析目的，选择不同的分析方法。常用的分析方法有比较分析法、比率分析法、趋势分析法和因素分析法等。这些分析方法各有特点，应根据具体的情况分别选择合适的分析方法。如对偿债能力、营运能力等的分析，通常采用比率分析法；对计划执行情况的分析，通常采用因素分析法等；对财务报告进行综合分析时，通常综合运用各种方法。采用一定的分析方法，对分析资料进行深入比较，并且作出合理的解释。例如，在分析计划执行情况时，要找出指标之间的差距并分析差距形成的原因；在预测未来发展趋势时，要在指标计算的基础上，剔除隐含的非正常因素，从而对未来趋势作出正确判断。

（四）撰写分析报告

分析结束后，应将分析的问题、结论以及解决问题的措施或建议形成书面报告，提交给财务报告使用者，以满足其决策的需求。财务分析报告是反映企业财务状况和经营成果的报告性书面文件，要明确分析目的，评价要客观、全面、准确，对分析的主要内容、选用的分析方法、采用的分析步骤作出简要叙述，以备审阅分析报告的人了解整个分析过程。此外，如果分析报告能对企业今后的发展提出预测性意见，则具有更大的作用。

五、财务报告分析的基本方法

一般来说，财务报告分析方法包括比较分析法、因素分析法、趋势分析法和比率分析法等。

（一）比较分析法

比较分析法是通过经济指标在数量上的比较，来揭示经济指标的数量关系和数量差异的一种方法，是财务报告分析中最常用的一种方法。通过比较分析，可以发现差异，找出差异产生的原因，进一步判断企业的财务状况和经营成果；通过比较分析，可以揭示企业经营活动中的优势和劣势，进而为相关决策提供依据。

比较分析法的形式有绝对数比较和相对数比较两种。绝对数比较是将各报表项目的绝对数额与比较对象的绝对数额进行比较，以揭示其数量差异，一般是通过编制比较财务报表来实现。相对数比较是将财务报表中有相关关系的数据的相对数进行比较，如将绝对数换算成百分比、比率等进行比较，以揭示相对数之间的差异。例如，某企业上一年的成本费用利润率为25%，今年的成本费用利润率为20%，则今年与上一年相比，成本费用利润率下降了5%，这就是利用百分比进行比较分析。一般来说，绝对数比较只通过差异数说明差异金额，没有表明变动程度，而相对数比较则可以进一步说明变动程度。在实际工作中，绝对数比较和相对数比较可以同时使用，以便作出更充分的判断和更准确的评价。

比较的标准有经验标准、行业标准、历史标准和目标标准。在运用比较分析法时，需要注意无论进行何种指标的对比，其指标的计算口径、计价基础和时间单位都应保持一致，这样才具有可比性，才能保证比较结果的准确性。

（二）因素分析法

因素分析法是根据经济指标与其影响因素之间的关系，测定各个因素对经济指标影响程度的一种方法。运用这一方法的关键点在于，当有若干因素对分析指标有影响时，假定其他各个因素都不变，依顺序确定每一个因素单独变化所产生的影响。因素分析法主要包括连环替代法和差额分析法。

1. 连环替代法

连环替代法是将经济指标分解成多个可以计量的因素，并根据各个因素之间的依存关系，按顺序用各因素的比较值（通常为比较期数值）替代基准值（通常为基期数值），计算每一个因素变动对经济指标的影响程度。连环替代法计算程序如下：

（1）确定某项经济指标由哪几个因素组成。

（2）确定各个影响因素与经济指标的关系，通常用指标分解法，即将经济指标在计算公式的基础上进行分解或扩展，从而得出各影响因素与分析指标之间的关系式，例如总资产报酬率，可以分解为：

$$总资产报酬率=\frac{息税前利润}{资产平均总额}=\frac{总产值}{资产平均总额}\times\frac{销售收入}{总产值}\times\frac{息税前利润}{销售收入}\times100\%$$

$$=总资产产值率\times产品销售率\times销售利润率\times100\%$$

$$N=A\times B\times C$$

（3）根据分析指标的比较期数值与基期数值的指标体系，确定分析对象。例如，对于总资产报酬率，两个指标体系分别为：

基期指标体系：$A_0\times B_0\times C_0$

比较期指标体系：$A_1\times B_1\times C_1$

分析对象：$A_1\times B_1\times C_1-A_0\times B_0\times C_0$

（4）连环顺序替代，计算替代结果。以基期指标体系为计算基础，用比较期指标体系中的每一个因素的实际数顺序地替代其相应的基期数，每次替代一个因素，替代后的因素被保留下来，并计算出每次替代的结果，有几个因素就替代几次。

第一次替代：$A_1\times B_0\times C_0$

第二次替代：$A_1\times B_1\times C_0$

第三次替代：$A_1\times B_1\times C_1$

（5）比较各因素的替代结果，确定各因素对分析指标的影响程度。将每一次替代所计算的结果与这一因素被替代前的结果进行对比，二者差额就是该因素对分析指标的影响程度。

A 因素的影响程度：$A_1\times B_0\times C_0-A_0\times B_0\times C_0$

B 因素的影响程度：$A_1\times B_1\times C_0-A_1\times B_0\times C_0$

C 因素的影响程度：$A_1\times B_1\times C_1-A_1\times B_1\times C_0$

（6）检验分析结果。将各因素对分析指标的影响额相加，其代数和应等于分析对象。如果二者相等，说明分析结果可能是正确的；如果二者不相等，则说明分析结果一定是错误的。

下面举例说明连环替代法的应用。

【例 7-1】　某公司 20×8 年和 20×9 年的总资产报酬率、总资产产值率、产品销售率和销售利润率的资料如表 7-1 所示。

表 7-1　企业相关财务指标　　单位：%

指标	20×9 年	20×8 年
总资产产值率	80	82
产品销售率	98	94
销售利润率	30	22
总资产报酬率	23. 52	16. 96

要求：分析各因素变动对总资产报酬率的影响程度。

(1)根据连环替代法的程序和总资产报酬率的因素分解式，可得：

比较期指标体系：80%×98%×30%=23.52%

基期指标体系：82%×94%×22%=16.96%

分析对象：23.52%-16.96%=6.56%

(2)在此基础上进行连环顺序替代：

基期指标体系：82%×94%×22%=16.96%

第一次替代：80%×94%×22%=16.54%

第二次替代：80%×98%×22%=17.25%

第三次替代：80%×98%×30%=23.52%

(3)确定各因素对总资产报酬率的影响程度：

总资产产值率的影响：16.54%-16.96%=-0.42%

产品销售率的影响：17.25%-16.54%=0.71%

销售利润率的影响：23.52%-17.25%=6.27%

最后检验分析结果：-0.42%+0.71%+6.27%=6.56%

采用连环替代法时，应注意以下几点：

(1)因素分解的相关性。分析指标与其影响因素之间必须具有经济意义上的相关性，各因素的变动确实能说明分析指标差异产生的原因。

(2)分析前提的假定性。在分析某一因素对经济指标差异的影响时，必须假定其他因素不变，否则不能分清单一因素对分析对象的影响程度。

(3)因素替代的顺序性。在进行因素替代时，必须按照各因素的排列顺序依次替代，不可随意颠倒，否则会得出不同的计算结果。一般来说，替代顺序在前的因素对经济指标的影响不受其他因素影响或影响较小，排列在后的因素对经济指标的影响含其他因素共同作用的成分。在实践中通常将对分析指标影响较大的并能明确责任的因素放在前面。

(4)顺序替代的连环性。在确定各因素变动对分析对象的影响时，都是将某些因素替代后的结果与该因素替代前的结果对比，一环套一环。这样既能保证各因素对分析对象影响结果的可分性，又便于检验分析结果的准确性。只有连环替代并确定各因素的影响程度，才能保证各因素对经济指标的影响之和与分析对象相等。

2. 差额分析法

差额分析法是连环替代法的一种简化形式，是利用各个因素的比较期数值与基期数值之间的差额，并在此基础上乘以排列在该因素前面各因素的比较期数值和排列在该因素后面各因素的基期数值，来计算各因素对分析指标的影响程度。沿用上述表示方法，运用差额分析法可得：

A 因素变动的影响 $=(A_1-A_0)\times B_0\times C_0$

B 因素变动的影响 $=A_1\times(B_1-B_0)\times C_0$

C 因素变动的影响 $=A_1\times B_1\times(C_1-C_0)$

【例 7-2】 承【例 7-1】,采用差额分析法分析各因素对总资产报酬率的影响程度。

分析对象:23.52%-16.96%=6.56%

总资产产值率的影响:(80%-82%)×94%×22%=-0.41%

产品销售率的影响:80%×(98%-94%)×22%=0.70%

销售利润率的影响:80%×98%×(30%-22%)=6.27%

最后检验分析结果:-0.41%+0.70%+6.27%=6.56%

(三)趋势分析法

趋势分析法是根据一家企业连续数期的财务报表,将报表中相同的指标进行对比分析,确定其增减变动的方向、数额和幅度,以反映企业财务状况和经营成果的变动趋势的一种分析方法。趋势分析法一般采用图示方法,即绘制统计图表,但财务人员通常采用的方法是编制比较财务报表,具体有横向比较法和结构分析法两种。

1. 横向比较法

横向比较法是在比较财务报表中用绝对额或百分比的形式将财务报表上的同一项目作横向比较,以分析其变化的趋势。

2. 结构分析法

结构分析法是对报表上有关项目间的关系所进行的对比分析,将财务报表中某一项目与总项目进行比较,以观察项目在结构上的占比情况。

运用趋势分析法应注意以下问题:

(1)进行对比的各个时期的指标,在计算口径上必须一致。

(2)剔除偶发性项目的影响,使作为分析的数据能反映正常的经营状况。

(3)当基期的某个项目为零或负数时,不能计算趋势百分比。

(四)比率分析法

比率分析法是将财务报表中相关项目金额进行对比,计算出相应的财务比率,并将该比率与上期、计划以及同行业平均水平相比较,以反映企业的财务状况和经营成果,以及与同行业差距的一种分析方法。使用这种方法计算出的比率指标可以揭示企业的财务状况和经营成果,为企业改善经营管理、提高竞争力指明方向。财务比率的种类较多,主要有反映偿债能力的比率、反映营运能力的比率、反映盈利能力的比率和反映发展能力的比率。这些比率指标的具体计算方法和应用见本章后续小节。

在使用比率分析法时应注意以下几点:

(1)所分析的项目要具有可比性、相关性。

(2)对比口径要保持一致,即比率的分子项与分母项必须在时间、范围等方面保持口径一致。

(3)比较标准的选择要科学,注意行业因素、生产经营情况的差异性、通货膨胀等因素的影响。

(4)要注意将各种比率联系起来进行全面分析,不能仅仅根据某个比率作出判断,同时要结合其他分析方法,以便对企业的过去、现状和未来有更加充分的分析和了解。

假定龙岩公司20×9年资产负债表和利润表简要数据如表7-2和表7-3所示,表中数据为本章后续财务比率指标的计算依据。

表7-2 资产负债表

会企01表

编制单位:龙岩公司　　　　20×9年12月31日　　　　单位:元

资产	期末余额	期初余额	负债和所有者权益	期末余额	期初余额
流动资产:			流动负债:		
货币资金	16 364 981.88	9 972 893.35	短期借款	9 157 098.00	5 814 665.88
交易性金融资产	2 175 000.00	1 740 000.00	应付票据	2 175 000.00	1 399 073.10
应收票据	4 527 531.82	4 332 600.00	应付账款	3 799 436.16	1 611 615.84
应收账款	6 133 515.66	6 907 773.90	预收款项	4 882 746.24	3 828 495.90
预付款项	2 871 000.00	2 923 200.00	应付职工薪酬	744 586.32	513 842.88
其他应收款	29 658.30	42 369.00	应交税费	554 195.39	427 103.31
存货	19 533 128.63	10 657 498.59	其他应付款	562 483.72	652 742.73
流动资产合计	51 634 816.29	36 576 334.84	一年内到期的非流动负债	783 609.00	1 044 000.00
非流动资产:			流动负债合计	22 659 154.83	15 291 539.64
长期股权投资	2 262 000.00	2 175 000.00	非流动负债:		
固定资产	28 889 808.12	26 984 877.00	长期借款	9 635 250.00	10 418 859.00
无形资产	21 700 380.42	22 570 380.42	非流动负债合计	9 635 250.00	10 418 859.00
非流动资产合计	52 852 188.54	51 730 257.42	负债合计	32 294 404.83	25 710 398.64
			所有者权益:		
			实收资本(或股本)	43 500 000.00	43 500 000.00
			资本公积	13 450 200.00	7 945 275.00
			盈余公积	13 878 843.35	10 650 018.17
			未分配利润	1 363 556.65	500 900.45
			所有者权益合计	72 192 600.00	62 596 193.62
资产总计	104 487 004.83	88 306 592.26	负债和所有者权益总计	104 487 004.83	88 306 592.26

表 7-3　利润表

会企 02 表

编制单位:龙岩公司　　　　20×9 年 12 月 31 日　　　　单位:元

项目	本期金额	上期金额
一、主营业务收入	113 917 800.00	87 435 000.00
减:主营业务成本	99 730 833.54	76 382 040.63
税金及附加	4 337 030.91	4 154 294.96
二、主营业务利润(亏损以"-"号填列)	9 849 935.55	6 898 664.41
加:其他业务利润(亏损以"-"号填列)	9 617 769.09	7 901 340.00
减:销售费用	313 030.35	270 552.60
管理费用	306 052.08	302 555.55
财务费用	9 585 350.28	9 606 160.68
三、营业利润(亏损以"-"号填列)	9 263 271.93	4 620 735.58
加:投资收益(亏损以"-"号填列)	183 199.38	147 900.00
营业外收入	4 350 000.00	4 071 600.00
减:营业外支出	2 433 499.27	2 610 130.50
四、利润总额(亏损总额以"-"号填列)	11 362 972.04	6 230 105.08
减:所得税费用	2 840 743.01	2 055 934.68
五、净利润(净亏损以"-"号填列)	8 522 229.03	4 174 170.40

第二节　偿债能力分析

一、偿债能力分析的意义

偿债能力是指企业清偿到期债务的能力。企业在生产经营过程中,为了弥补自身资金不足或寻求更大的发展常常需要对外举债。举债经营的前提是必须按时还本付息,否则会使企业陷入困境。企业有无偿还债务的能力关系到企业的持续经营和稳定发展。因此,通过偿债能力分析,债权人、投资者和其他利益相关者可以认识到企业所承担的财务风险程度,进而作出是否对企业借贷或进行投资的决策。对企业内部管理者而言,可以通过偿债能力分析了解自身的财务状况和偿债能力，进而为日后的投资和筹资行为作出科学合理的安排。

偿债能力分析的意义主要体现为以下几个方面：

第一，有利于债权人作出正确的借贷决策。债权人进行资金借贷的目的是收回本金和利息，偿债能力分析可以帮助债权人判断其到期收回本金和利息的可靠程度，以便作出正确的借贷决策。

第二，有利于投资者作出正确的投资决策。投资者在进行投资时，重点关注的是投资的安全性和企业能否盈利，而偿债能力分析可以帮助投资者判断其投资的安全性。通常企业的偿债能力越强，投资的安全性就越高，企业未来的投资机会也就越多。

第三，有利于管理者作出正确的经营决策。企业的偿债能力直接关系到企业的经营活动、筹资活动和投资活动能否正常进行。通过偿债能力分析，管理者可以了解企业的财务状况，分析企业面临的财务风险并采取相应措施优化企业的资本结构，保证企业的持续健康发展。

二、偿债能力分析的主要内容

企业的偿债能力按债务到期时间的长短分为短期偿债能力和长期偿债能力。

（一）短期偿债能力分析

短期偿债能力是指企业以流动资产偿还流动负债的能力，反映企业偿付到期短期债务的能力。企业的流动资产与流动负债的关系以及资产的变现速度是影响短期偿债能力的主要因素。短期偿债能力分析的主要指标有流动比率、速动比率和现金比率。

1. 流动比率

流动比率是企业流动资产与流动负债的比率，表示企业每 1 元流动负债有多少流动资产来保证偿还，反映了企业的流动资产偿还流动负债的能力。计算公式如下：

$$\text{流动比率}=\frac{\text{流动资产}}{\text{流动负债}}$$

流动比率是衡量短期偿债能力最常用的指标。一般而言，流动比率越高，说明企业的短期偿债能力越强。但是，对于过高的流动比率要具体分析：流动比率过高，可能是企业流动资产占用的资金过多，未能有效加以利用，会影响企业资产的获利能力；可能是变现能力较差的存货资金过多，或是应收账款过多；也可能是企业不善于利用短期负债融资，而过多地利用长期负债融资，从而增大了企业的融资成本，这些都反映出企业资产的利用效率低。因此，在分析流动比率时，还应当注意流动资产的结构、流动资金的周转情况、流动负债的数量与结构以及现金流量等情况。

通常来说，流动比率为 2 左右比较合适。但是，由于行业性质不同，流动比率的实际标准也不同。在分析流动比率时，应当考虑不同的行业特点和企业流动资产结构等因素，将其与同行业平均流动比率以及本企业历史的流动比率进行比较，以便得出更合理的结论。

2. 速动比率

速动比率是企业速动资产与流动负债的比率，反映企业短期内可变现资产偿还短期内到期债务的能力。计算公式如下：

$$速动比率=\frac{速动资产}{流动负债}=\frac{(流动资产-存货)}{流动负债}$$

速动资产是指企业几乎可以立即变现的资产。由于存货的变现速度较慢，有些存货可能滞销，无法变现，因此速动资产一般等于流动资产扣除存货后的余额。流动比率没有考虑到流动资产的构成和质量，如果流动比率较高，但是流动资产的流动性较差的话，则企业的短期偿债能力就比较弱。而速动比率将流动性较差的流动资产剔除，可以更准确地反映企业的短期偿债能力。所以，速动比率在衡量拥有流动性较差的存货或存货数量较大的企业短期偿债能力时尤为适用。

一般认为，速动比率保持在 1 左右时，企业具备良好的财务状况和短期偿债能力。但是由于行业不同，速动比率也会有很大差别，没有统一标准。对速动比率的分析，还应该结合应收账款的质量进行。例如商品零售行业由于采用大量现金销售，几乎没有应收账款，速动比率低于 1 也是合理的。相反，一些应收账款较多的企业，其速动比率可能要大于 1，这并不代表企业的偿债能力强。

3. 现金比率

现金比率是企业现金类资产与流动负债的比率，计算公式如下：

$$现金比率=\frac{现金类资产}{流动负债}$$

现金类资产包括企业拥有的货币资金和交易性金融资产，是速动资产扣除应收账款后的余额。由于应收账款存在着发生坏账损失及延期收回的可能性，所以剔除应收账款项目得到的现金比率最能反映企业直接偿付流动负债的能力。

一般认为，现金比率越高，企业的短期偿债能力越强。但是现金比率并不是越高越好，如果企业持有过多的现金类资产，则意味着企业的现金类资产闲置过多，会使企业失去某些投资机会，影响企业的盈利能力。现金比率的作用主要是分析和评价应收账款和存货存在问题的企业的短期偿债能力。通常认为现金比率保持在 20%左右为宜。实际工作中，现金比率的合理水平，要根据企业的流动资金需求以及即将到期的债务情况而定。

短期偿债能力受诸如行业特点、经营环境、生产周期、资产结构、流动资产运用效率等多种因素的影响，仅凭某一期的单项指标很难对企业短期偿债能力作出客观评价。因此在分析短期偿债能力时，一方面应结合指标的变动趋势，动态地进行评价；另一方面要结合同行业平均水平，进行横向比较分析。

（二）长期偿债能力分析

长期偿债能力是指企业偿还长期负债的能力，反映企业资产与负债的比例关系。与流动负债相比，长期负债具有数额较大、偿还期限较长、财务风险较大等特点。长期负债包括长期借款、应付债券、长期应付款等。影响长期偿债能力的因素主要有企业的盈利能力、资本结构、长期资产的规模和结构和债务结构等。

企业长期偿债能力的衡量指标主要包括资产负债率、产权比率、权益乘数和利息保障倍数等。

1. 资产负债率

资产负债率又称负债比率，是企业负债总额与资产总额的比率，计算公式如下：

$$资产负债率=\frac{负债总额}{资产总额}\times 100\%$$

资产负债率反映企业的总资产中债权人提供资金所占的比重，以及企业资产对债权人权益的保障程度。资产负债率越低，说明借入资金在全部资产中所占的比重越小，企业的债务负担越轻，长期偿债能力越强，债权人的资金越安全。但是，如果资产负债率过低，则表明企业没有充分利用财务杠杆的作用，不利于实现企业价值最大化。大多数财务结构合理的企业一般将资产负债率维持在50%以下，资产负债率的适宜水平可以放宽至40%~60%，当资产负债率大于100%，表明企业已经资不抵债，已达到破产警戒线，对债权人来说风险非常大。

2. 产权比率

产权比率又称负债与所有者权益比率，是指负债总额与所有者权益总额的比例关系，是判断企业财务结构是否合理、稳定的重要标志。计算公式如下：

$$产权比率=\frac{负债总额}{所有者权益总额}$$

产权比率反映了所有者权益对债权人权益的保障程度，即在企业清算时对债权人权益的保障程度。该比率越低，说明企业的长期偿债能力越强，债权人权益的保障程度越高，承担的风险越小。一般认为，当产权比率在1以下时，企业是有偿债能力的，但还是应该结合企业的具体情况加以分析。

虽然产权比率和资产负债率都是用来分析企业长期偿债能力的，但二者反映的侧重点不同。产权比率侧重于揭示债务资本与权益资本的相互关系，说明企业财务结构的稳健程度，以及自有资金对偿债风险的承受能力；资产负债率侧重于揭示总资本中有多少是靠负债取得的，说明企业资产对债权人权益的保障程度。

3. 权益乘数

权益乘数是企业总资产与所有者权益总额的比值，计算公式如下：

$$权益乘数=\frac{资产总额}{所有者权益总额}=\frac{1}{1-资产负债率}$$

权益乘数侧重于反映企业资产总额与股东权益的倍数关系,表示企业股东权益所支撑的总资产规模。权益乘数越小,表明在企业的全部资产中,债权人投入的资金所占比例越低,企业资产对负债的依赖程度越低,长期偿债能力越强,企业的财务风险越小。反之,该指标越大,表明企业全部资产中债权人投入资金所占比例越高,财务风险就越大。

权益乘数的倒数为股东权益比率。股东权益比率又称所有者权益比率,是企业的所有者权益总额与资产总额的比值,反映企业资产中由所有者提供的份额。股东权益比率越高,表明企业资产中由所有者投入所形成的资产越多,债权人的资金越有保障,企业偿债能力越强,财务风险越小。从"股东权益比率=1-资产负债率"来看,该指标越大,资产负债率越小。

4. 利息保障倍数

资产固然可以作为偿债的保证,但企业取得资产的目的并不是偿债,而是通过利用资产经营获取收益。因此,企业盈利能力才是偿债能力更为有力且持久的保障。从盈利能力的角度来评价企业长期偿债能力最常用的指标为利息保障倍数。

利息保障倍数,又称已获利息倍数,是企业息税前利润与利息费用的比率,是衡量企业偿付负债利息能力的指标。计算公式如下:

$$利息保障倍数=\frac{息税前利润}{利息费用}$$

其中,利息费用是指本期发生的全部应付利息,包括财务费用中的利息支出和资本化利息。

利息保障倍数反映了企业盈利能力对债务偿还的保障程度,反映企业所实现的经营成果支付利息费用的能力。该指标越高,说明企业支付利息的能力越强,企业的长期偿债能力也越强。一般认为该指标至少应该大于1,否则说明偿债能力很差。

【例7-3】 根据表7-2和表7-3提供的资料,分析龙岩公司的偿债能力。

表7-4　偿债能力指标计算表

指标	20×9年	20×8年
流动比率	2.28	2.39
速动比率	1.42	1.70
现金比率	0.82	0.77
资产负债率	30.91%	29.11%
产权比率	44.73%	41.07%
权益乘数	1.45	1.41
利息保障倍数	2.19	1.65

龙岩公司 20×9 年偿债能力指标计算如下：

流动比率=51 634 816.29÷22 659 154.83=2.28

速动比率=(51 634 816.29-19 533 128.63)÷22 659 154.83=1.42

现金比率=(364 981.88+2 175 000)÷22 659 154.83=0.82

资产负债率=32 294 404.83÷104 487 004.83×100%=30.91%

产权比率=32 294 404.83÷72 192 600×100%=44.73%

权益乘数=1÷(1-30.91%)=1.45

利息保障倍数=(362 972.04+9 585 350.28)÷9 585 350.28=2.19

龙岩公司 20×8 年偿债能力指标计算如下：

流动比率=36 576 334.84÷15 291 539.64=2.39

速动比率=(36 576 334.84-10 657 498.59)÷15 291 539.64=1.70

现金比率=(9 972 893.35+1 740 000)÷15 291 539.64=0.77

资产负债率=25 710 398.64÷88 306 592.26×100%=29.11%

产权比率=25 710 398.64÷62 596 193.62×100%=41.07%

权益乘数=1÷(1-29.11%)=1.41

利息保障倍数=(6 230 105.08+9 606 160.68)÷9 606 160.68=1.65

从上表计算出的指标可以看出，龙岩公司 20×8 年流动比率为 2.39，表明每 1 元的流动负债有 2.39 元的流动资产作为偿还的保证。与 20×8 年相比，20×9 年的流动比率略有下降，表明企业短期偿债能力有所减弱，主要是流动资产上升的幅度略小于流动负债上升的幅度所致。龙岩公司 20×8 年速动比率为 1.65，表明流动资产扣除存货后仍然能够偿还流动负债，从数据上看，其短期偿债能力较好。20×9 年的速动比率与 20×8 年相比有所下降，说明企业短期偿债能力有所下降，这是流动资产增加、流动负债增加、存货增加三者共同作用的结果。龙岩公司 20×8 年现金比率为 0.77，表明每 1 元的流动负债有 0.77 元的现金资产作为偿还的保障。20×9 年现金比率提高到 0.82，主要是货币资金大幅增加的结果，反映出龙岩公司短期偿债能力有所增强。总的来看，龙岩公司的短期偿债能力较好。

与 20×8 年相比，龙岩公司 20×9 年资产负债率略有上升，但依然较低，没有达到理想的资本结构，未能有效发挥财务杠杆的作用，因此龙岩公司可以适当增加负债融资。与 20×8 年相比，龙岩公司 20×9 年产权比率和权益乘数均有所上升。但是，从利息保障倍数指标来看，龙岩公司 20×9 年的利息保障倍数与 20×8 年相比有所上升，说明企业有能力偿付借款利息，长期偿债能力有所增强。

综上所述，龙岩公司总体的偿债能力较强。

第三节 营运能力分析

一、营运能力分析的意义

营运能力反映了企业的资金周转状况。资金周转状况好,说明企业的经营管理水平高,资金利用效率高。企业资金周转与供产销的各个环节都密切相关。产品实现销售,收回最初投入的资金,顺利完成一次资金周转。因此,可以通过产品销售情况与企业资金占用量来分析企业的资金周转状况,评价企业的营运能力。

营运能力分析的意义主要体现为以下几个方面:

第一,评价企业资产的流动性。收益性和流动性是资产的两大基本特征。企业营运能力越强,资产的流动性越高,企业获得预期收益的可能性就越大。流动性是企业营运能力的具体体现。通过企业营运能力分析,可以评价企业资产的流动性。

第二,评价企业资产的利用效益。提高企业营运能力就是以尽可能少的资产占用,尽可能短的时间周转,产出尽可能多的产品,创造尽可能多的价值。通过企业营运能力分析,可以评价企业资产占用与产出的关系,进而评价企业资产利用的效益,挖掘企业资产利用的潜力。

二、营运能力分析的主要内容

常用的营运能力分析指标主要有应收账款周转率、存货周转率、流动资产周转率、固定资产周转率、总资产周转率等。

1. 应收账款周转率

应收账款周转率是指企业在一定时期内赊销收入净额与应收账款平均余额的比率,是反映应收账款流动性和周转速度的指标,也称应收账款周转次数。计算公式如下:

$$应收账款周转率(次数)=\frac{赊销收入净额}{应收账款平均余额}$$

$$应收账款平均余额=\frac{期初应收账款余额+期末应收账款余额}{2}$$

$$应收账款周转天数=\frac{计算期天数(360)}{应收账款周转率}$$

其中,赊销收入净额是指销售收入净额扣除现销收入之后的余额;销售收入净额是指销售收入扣除销售退回、销售折扣及折让后的余额。对制造业企业来说，销售收入就是营业收入。

应收账款周转率是反映企业资产流动性的一项指标。应收账款周转率越高，表明企业收账速度越快，收账能力越强，应收账款占用资金的运用效率越高。但如果是因为企业采用过严的信用政策而造成的过高的应收账款周转率，则会制约企业的销售规模，减少盈利机会。反之，如果放宽企业赊销条件，则有利于扩大商品销售规模，增加销售收入，但应收账款周转速度会减慢，会导致应收账款占用资金数量过多，影响企业资金利用率和资金正常周转，甚至可能增加坏账损失。

2. 存货周转率

存货周转率，是企业一定时期内销售成本与存货平均余额的比率，反映企业存货的周转速度。计算公式如下：

$$存货周转率(次数)=\frac{销售成本}{存货平均余额}$$

$$存货平均余额=\frac{期初存货余额+期末存货余额}{2}$$

$$存货周转天数=\frac{计算期天数(360)}{存货周转率}$$

存货周转率不仅反映了存货周转速度、存货占用水平，而且在一定程度上反映了企业销售实现的快慢以及企业经营管理水平的高低。一般来说，存货周转率越高，周转天数越少，存货管理越有效率，表明企业由于销售顺畅而具有较强的流动性，存货转换为现金或应收账款的速度快。但有时较高的存货周转率可能是较低的存货量导致的，而较低的存货量要求企业频繁地进货，使企业的采购成本上升。反之，较低的存货周转率是企业存货周转缓慢或库存商品积压的表现，说明企业的存货流动性不强。

存货周转率的高低与企业所处的行业特点、经营策略密切相关。因此，合理的存货周转率要视行业特征、市场行情及企业自身特点而定。

3. 流动资产周转率

流动资产周转率是企业一定时期内销售收入和流动资产平均余额的比率，其计算公式如下：

$$流动资产周转率(次数)=\frac{销售收入}{流动资产平均余额}$$

$$流动资产平均余额=\frac{期初流动资产余额+期末流动资产余额}{2}$$

$$流动资产周转天数=\frac{计算期天数(360)}{流动资产周转率}$$

一般来说，流动资产周转率越高，周转天数越少，表明企业流动资产周转速度越快，利用效果越好,流动资产营运能力就越强。反之,则表明周转速度越慢,流动资产营运能力越弱。企业提高流动资产的周转速度可以提高资金利用效率,相当于投入了更多的流动资产到企业的运营当中,有助于提高企业的盈利能力。

4. 固定资产周转率

固定资产周转率是企业一定时期内销售收入与固定资产平均净值的比率,是反映企业固定资产周转情况、衡量固定资产利用效率的一项重要指标。其计算公式如下:

$$固定资产周转率(次数)=\frac{销售收入}{固定资产平均净值}$$

$$固定资产平均净值=\frac{期初固定资产净值+期末固定资产净值}{2}$$

$$固定资产周转天数=\frac{计算期天数(360)}{固定资产周转率}$$

一般来说,固定资产周转率越高,周转天数越少,不仅表明固定资产利用效率越高,利用效果越好,而且表明企业固定资产投资得当,固定资产结构合理,能够充分发挥固定资产效益。反之,则表明固定资产利用效率不高,企业营运能力不佳。

若要提高固定资产周转率,可以通过保持合适的固定资产规模和优化固定资产结构来实现。首先,使固定资产规模得当,固定资产规模太大,容易造成设备闲置,资产资源浪费;固定资产规模过小,生产能力不足,不易形成规模效益。其次,使固定资产结构合理,有效安排生产性和非生产性固定资产结构。

5. 总资产周转率

总资产周转率是企业一定时期内销售收入与资产平均总额的比率,反映企业总资产在一定时期内周转的次数,是综合评价企业全部资产经营质量和利用效率的重要指标。其计算公式如下:

$$总资产周转率(次数)=\frac{销售收入}{资产平均总额}$$

$$资产平均总额=\frac{期初资产总额+期末资产总额}{2}$$

$$总资产周转天数=\frac{计算期天数(360)}{总资产周转率}$$

总资产周转率表示企业单位资产创造的销售收入,体现企业在一定期间全部资产从投入到产出的流转速度,反映了企业全部资产的使用效率。一般来说,总资产周转率越高,周转天数就越短,表明企业总资产周转速度越快,企业总资产的经营效率越高,企业利用资产进行经营的效益越好。反之,则说明企业总资产的经营效率低,会影响企业的盈利能力。

【例 7-4】 根据表 7-2 和表 7-3 提供的资料,分析龙岩公司的营运能力。

表 7-5 营运能力指标计算表

指标	20×9 年	20×8 年
应收账款周转率	17.47	16.18
存货周转率	6.61	6.79
流动资产周转率	2.58	2.71
固定资产周转率	4.08	3.50
总资产周转率	1.18	1.05

分析:龙岩公司营运能力分析结果如下:

(1)20×9 年的应收账款周转率

$$应收账款周转率=\frac{赊销收入净额}{应收账款平均余额}$$

$$=113\ 917\ 800.00\div[(6\ 907\ 773.90+6\ 133\ 515.66)\div2]=17.47$$

(2)20×9 年的存货周转率

$$存货周转率=\frac{销售成本}{存货平均余额}$$

$$=99\ 730\ 833.54\div[(10\ 657\ 498.59+19\ 533\ 128.63)\div2]=6.61$$

(3)20×9 年的流动资产周转率

$$流动资产周转率=\frac{销售收入}{流动资产平均余额}$$

$$=113\ 917\ 800.00\div[(36\ 576\ 334.84+51\ 634\ 816.29)\div2]=2.58$$

(4)20×9 年的固定资产周转率

$$固定资产周转率=\frac{销售收入}{固定资产平均净值}$$

$$=113\ 917\ 800.00\div[(26\ 984\ 877.00+28\ 889\ 808.12)\div2]=4.08$$

(5)20×9 年的总资产周转率

$$总资产周转率=\frac{销售收入}{资产平均总额}$$

$$=113\ 917\ 800.00\div[(88\ 306\ 592.26+104\ 487\ 004.83)\div2]=1.18$$

从上表可以看出,与 20×8 年相比,龙岩公司 20×9 年的存货周转率有所下降,说明其存货管理效率降低,应查明原因及时作出相应的调整,因为存货管理水平的高低直接影响企业的盈利能力及偿债能力。龙岩公司的流动资产周转率呈下降趋势,企业应考虑流动资产结构是否合理,应该通过加强管理来充分提高流动资产的使用效率。应收账款周转率有所上升,说明其应收账款的管理效率提高,占用在应收账款上的资金运用效率较高。固定资产周转率有所上升,说明其固定资产的利用效率有所提升,固定资产投资得当,固定资产结构合理，能够充分发挥固定资产的使用效率。总资产周转率也有所上升，说明其总资产的利用效率提高，总资产使用得当，总资产结构合理，能够充分发挥总资产的使用效率。

总的来看，龙岩公司的营运能力较好。

第四节　盈利能力分析

一、盈利能力分析的意义

盈利是企业最重要的经营目标之一，是企业生存与发展的基础。盈利能力是指企业在一定时期内获取利润的能力，是企业组织生产活动、销售活动以及管理活动水平高低的综合反映。在对企业盈利能力进行分析时，一般只分析企业正常经营活动的盈利能力，不涉及非正常的经营活动。非正常的、特殊的经营活动不具有可持续性，不能将其作为企业持续性盈利能力的评价依据。企业的盈利能力越强，给投资者带来的回报越高，企业价值就越大；同时，企业盈利能力越强，带来的现金流量越多，企业的偿债能力就会越强。因此，无论是企业的债权人、投资者，还是管理者都非常关心企业的盈利能力。

盈利能力分析的作用主要有以下几个方面：

第一，盈利能力分析可以帮助债权人判断企业偿债能力的强弱。对于债权人来讲，利润是企业偿债的重要来源，特别是对长期债务而言，盈利能力直接影响企业的偿债能力。企业举债时，债权人势必审查企业的偿债能力，而偿债能力取决于企业的盈利能力。因此，分析企业的盈利能力对债权人非常重要。

第二，盈利能力分析可以帮助投资者作出投资决策。在市场经济下，股东往往会认为企业的盈利能力比财务状况、营运能力更重要。对于信用相同或相近的企业，人们总是将资金投向盈利能力强的企业。股东关心企业赚取利润的多少并重视对利润率的分析，是因为股东投资回报与企业的盈利能力是紧密相关的。此外，企业盈利能力增强还会使股票价格上升，从而使股东们获得资本市场收益。

第三，盈利能力分析有助于管理者进行经营管理。盈利能力是企业各环节经营活动的具体表现，企业经营的好坏，都会通过盈利能力表现出来。通过对盈利能力的深入分析，可以发现经营管理中的问题，进而采取措施解决问题，提高企业收益水平。

二、盈利能力分析的主要内容

企业盈利能力分析主要是对利润率的分析，原因在于利润率可以消除企业规模和总投入量的影响，使不同规模企业之间可以进行盈利能力的比较。利润率指标从不同角度或不同分析目的来看可有多种形式，这里对企业盈利能力的分析主要从以下四方面进行：一是与商品销售有关的盈利能力分析，二是与资产有关的盈利能力分析，三是与股东资本有关的盈利能力分析，四是上市公司盈利能力分析。

（一）商品盈利能力分析

商品盈利能力是指企业通过销售商品等经营活动赚取利润的能力，商品盈利能力不考虑企业的筹资或投资问题，只研究利润与收入或成本之间的比率关系。反映商品盈利能力的指标包括销售毛利率、销售利润率、销售净利率、成本费用利润率等。

1. 销售毛利率

销售毛利率也称毛利率，是指企业一定时期的销售毛利和销售收入之间的比率，表明每1元销售收入可以创造的毛利，反映企业销售的初始盈利能力，也是企业最终实现利润的基础。其计算公式为：

$$销售毛利率=\frac{销售毛利}{销售收入}\times100\%$$

$$=\frac{销售收入-销售成本}{销售收入}\times100\%$$

销售毛利率能够直接反映公司竞争能力的强弱。销售毛利率越大，企业通过销售获取利润的能力越强。销售毛利率具有比较明显的行业特征。例如，新兴行业和高科技行业销售毛利率普遍较高。销售毛利率还与经济环境有关，例如，资源类行业的销售毛利率变化就具有比较明显的周期性特点，同时也受到一定的产业政策环境的影响。

2. 销售利润率

销售利润率是指营业利润与销售收入之间的比率，反映企业每1元销售收入带来的营业利润是多少。其计算公式为：

$$销售利润率=\frac{营业利润}{销售收入}\times100\%$$

营业利润中既包括企业运用经营类资产所取得的收益，也包括投资收益、公允价值变动收益等投资类资产取得的收益，但不含营业外收支净额，因此销售利润率是对企业日常盈利能力的全面衡量。营业利润高，说明企业盈利能力强，但是不同行业的销售利润率有很大的差异，这与行业特性有关，新兴行业和垄断行业的销售利润率往往高于其他行业。

销售利润率往往和毛利率同时进行分析，如果企业的毛利率较高，销售利润率相对较低，则说明企业的期间费用较高，企业应该加强对期间费用的管理。

3. 销售净利率

销售净利率是指净利润与销售收入之间的比率，表明企业每1元销售收入带来的净利润是多少。其计算公式为：

$$销售净利率=\frac{净利润}{销售收入}\times100\%$$

销售净利率反映的是企业的销售收入最终获取税后利润的能力。净利润中包含了营业外收支和所得税的影响因素，它反映的是企业整个商业活动的盈利能力，因此该指标常常受到投资者的关注。

销售净利率是最终的盈利能力指标，销售净利率高，企业的盈利能力强。企业要想保持营业净利率不变或有所提高，必须要在增加投入、扩大销售的同时提高经营管理水平，控制期间费用支出等，从而提升投入产出比。

4. 成本费用利润率

成本费用利润率是指营业利润与成本费用总额的比率，反映了每 1 元成本费用支出带来的利润是多少。其计算公式如下：

$$成本费用利润率=\frac{营业利润}{成本费用总额}\times100\%$$

成本费用是企业为了获取利润而付出的代价，主要包括营业成本、税金及附加、销售费用、管理费用、财务费用和所得税费用等。

成本费用利润率指标越大，说明企业耗费的成本费用产生的利润越高，或为获取报酬而付出的代价越小，企业盈利能力越强。成本费用属于耗费项目，而利润属于产出项目，所以该指标是衡量投入和产出平衡的最好指标。成本费用利润率的高低，既可以衡量企业盈利状态和盈利能力，也反映了企业经营管理水平的高低。如果企业在增加收入的同时努力控制成本费用，那么企业的成本费用利润率就会很高。

（二）资产盈利能力分析

资产盈利能力是指企业运营资产获取利润的能力。资产经营的内涵是合理配置和使用资产，以一定的资产投入取得尽可能多的收益，资产盈利能力分析是从资产运用效率和资本投入报酬角度进一步分析企业的盈利能力。反映资产盈利能力的指标主要有总资产报酬率。

总资产报酬率（Return on Assets，ROA）也称总资产收益率，是息税前利润与资产平均总额之间的比率，反映每 1 元的资产能够创造的息税前利润额。其计算公式为：

$$总资产报酬率=\frac{息税前利润}{资产平均总额}\times100\%$$

$$资产平均总额=\frac{期初资产总额+期末资产总额}{2}$$

总资产报酬率主要用来反映在不考虑利息费用和纳税因素时，管理层的资产管理能力及价值创造能力。这一比率越高，说明企业总资产的盈利能力越强。反之，则说明企业总资产的盈利能力越弱。

总资产报酬率的高低除了与净利润等有直接关系，还与企业的资产结构有间接关系，所以在运用该指标时，一般同时使用资产结构分析来说明企业的经营管理状态和盈利能力。如果企业的总资产报酬率过低，企业应该分析是因为经营管理、资产投入量还是因为资产投入产出比所导致的，从而有针对性地提出解决方案。

此外，股东更为关注的是资产获取净利的能力，即总资产净利率，是企业一定时期净利润与资产平均总额的比率，反映每1元资产所创造的净利润。其计算公式为：

$$总资产净利率=\frac{净利润}{资产平均总额}\times 100\%$$

总资产净利率越高，表明资产的盈利能力越强。该指标也是杜邦分析体系的核心分解指标。

（三）资本盈利能力分析

资本盈利能力是指企业运营股东投入资本获取利润的能力。资本经营的内涵是企业以股东投入资本为基础，通过优化配置来提高资本经营效益的活动，从而使企业以一定的资本投入取得尽可能多的资本收益。反映资本经营盈利能力的基本指标是净资产报酬率。

净资产报酬率（Return on Equity，ROE）又称净资产收益率或股东权益报酬率，是指企业净利润与所有者权益平均总额（净资产平均总额）的比率，反映每1元股东资本赚取的收益。其计算公式为：

$$净资产报酬率=\frac{净利润}{所有者权益平均总额}\times 100\%$$

$$所有者权益平均总额=\frac{期初所有者权益总额+期末所有者权益总额}{2}$$

净资产报酬率反映企业所有者权益获得报酬的水平，是全体股东最关心的指标。净资产报酬率越高，企业的股东权益实现程度就越高。

净资产报酬率经常与总资产报酬率同时使用以分析企业的盈利能力，在相同的总资产报酬率下，由于资产结构不同，净资产报酬率会不相同。在分析净资产报酬率时，一般要对连续几年的净资产报酬率的变动趋势进行分析，如果趋势是持续增长，那么企业资产的盈利能力就较强。

（四）上市公司盈利能力分析

上市公司盈利能力分析除了上述一般企业盈利能力的指标分析，还应进行一些与企业股票价格或市场价值相关的指标分析，如每股收益、每股净资产、市盈率和股利支付率等。

1. 每股收益

每股收益（Earnings Per Share，EPS）是净利润扣除优先股股利后的余额与发行在外的普通股数量之比，它反映了上市公司发行在外的普通股每股所取得的利润。每股收益是衡量上市公司盈利能力和普通股股东获利水平的一项重要指标。每股收益的计算公式是：

$$每股收益=\frac{净利润-优先股股利}{发行在外的普通股数量}$$

如果年度内股票总数发生增减变动，公式中的分母应该采用“加权平均发行在外的普通股数量”，其计算公式是：

$$加权平均发行在外的普通股数量=\sum(发行在外的普通股数量\times\frac{发行在外月数}{12})$$

在进行每股收益的分析时需要注意，每股收益越高，说明企业的盈利能力越强，但并不代表企业会多分红，企业分红还需要看企业的现金流量和股利分配政策。

2. 每股净资产

每股净资产是期末净资产与期末发行在外的普通股数量的比值。其计算公式为：

$$每股净资产=\frac{期末净资产总额}{发行在外的普通股数量}$$

一般来说，每股净资产比值越高，说明企业发行在外的普通股每股拥有的净资产越多，企业的发展潜力越大。严格来说，每股净资产并不是衡量公司盈利能力的指标，但它受公司盈利能力影响。投资者可以通过比较分析公司每股净资产的变动趋势来了解公司发展趋势和盈利状况。

3. 市盈率

市盈率（Price-Earning Ratio，P/E）是指普通股每股股价和每股收益的比值。其计算公式如下：

$$市盈率=\frac{每股股价}{每股收益}$$

计算市盈率时，“每股股价”一般是按全年的平均价格计算的，但为了计算简便，在很多时候会采用报告前一日的股价来计算。市盈率反映投资者对上市公司每股收益愿意支付的价格。市盈率越高，表明投资者对企业发展前景看好，但是市盈率过高也意味着该股票具有较高的投资风险。市盈率不适用于不同行业的企业间的比较，因为市盈率与企业增长率相关，而不同行业成长性不同，因此不具有可比性。

4. 股利支付率

股利支付率是普通股每股股利和每股收益的比值，反映普通股每股收益中有多少用于现金股利的发放。其计算公式为：

$$股利支付率=\frac{每股股利}{每股收益}\times100\%$$

其中，每股股利是普通股股利总额与发行在外普通股的数量之比，其计算公式为：

$$每股股利=\frac{普通股股利总额}{发行在外的普通股数量}$$

股利支付率和企业的发展阶段、投资机会以及企业的股东结构有很大的关系。该指标值越大，说明公司对股东发放的股利越多。反之，则表明股东得到的股利越少。一般可以通过该指标分析企业的股利政策。

【例7-5】 龙岩公司是一家制造业企业,根据表7-2和表7-3提供的资料,分析龙岩公司的盈利能力。

龙岩公司盈利能力分析结果如下:

(1)20×9年的销售毛利率

$$销售毛利率=\frac{销售毛利}{销售收入}\times100\%$$

$$=(113\ 917\ 800.00-99\ 730\ 833.54)\div113\ 917\ 800.00\times100\%=12.45\%$$

(2)20×9年的销售利润率

$$销售利润率=\frac{营业利润}{销售收入}\times100\%$$

$$=9\ 263\ 271.93\div113\ 917\ 800.00\times100\%=8.13\%$$

(3)20×9年的销售净利率

$$销售净利率=\frac{净利润}{销售收入}\times100\%$$

$$=8\ 522\ 229.03\div113\ 917\ 800.00\times100\%=7.48\%$$

(4)20×9年的总资产报酬率

$$总资产报酬率=\frac{息税前利润}{资产平均总额}\times100\%$$

$$=(11\ 362\ 972.04+9\ 585\ 350.28)\div[(88\ 306\ 592.26+104\ 487\ 004.83)\div2]\times100\%$$

$$=21.73\%$$

(5)20×9年的净资产报酬率

$$净资产报酬率=\frac{净利润}{所有者权益平均总额}\times100\%$$

$$=8\ 522\ 229.03\div[(72\ 192\ 600.00+62\ 596\ 193.62)\div2]\times100\%=12.65\%$$

(6)20×9年的成本费用利润率

$$成本费用利润率=\frac{营业利润}{成本费用总额}\times100\%$$

$$=\frac{营业利润}{营业成本+销售费用+管理费用+财务费用}\times100\%$$

$$=\frac{营业利润}{营业成本+税金及附加+销售费用+管理费用+财务费用+所得税费用}\times100\%$$

$$=9\ 263\ 271.93\div(99\ 730\ 833.54+4\ 337\ 030.91+313\ 030.35+306\ 052.08$$
$$+9\ 585\ 350.28+2\ 840\ 743.01)\times100\%$$

$$=7.91\%$$

从上述计算可知，销售净利率为7.48%、销售利润率为8.13%、销售毛利率为12.45%，说明企业的盈利情况较好，但销售毛利率偏低。因此，今后要加强对毛利率的管理：可以调整产品售价或调整销售产品的结构，使销售价格较高的产品在整个销售产品中的比重增高；由于龙岩公司是制造业企业，所以可以采用控制原材料价格及制造费用等方法降低产品成本，提高毛利率。由于企业的成本较高，所以企业的成本费用利润率（7.91%）较低，但期间费用控制得较好，所以在毛利率较低的情况下，依然能够获得较高的销售净利率。

第五节　发展能力分析

一、发展能力分析的意义

企业的发展能力也称成长能力，指企业通过自身的生产经营活动，不断扩大积累而形成的增长能力。发展能力分析又称企业的成长性评价。企业的盈利能力、营运能力和偿债能力的分析，都是从静态的角度分析企业的财务和经营状况，并不能完全表征企业的持续发展能力，而发展能力分析从动态的角度分析和预测企业的增长潜力，是对静态分析的有效补充。本质上，无论是增强企业的盈利能力、偿债能力，还是提高资产的营运能力，都是为了提高企业的发展能力。也就是说，企业的发展能力是盈利能力、营运能力和偿债能力的综合体现。

企业能否持续发展对投资者、债权人、管理者及其他相关利益至关重要。对于投资者而言，企业能否持续稳定地发展，不仅关系到其所获得的报酬，而且关系到企业是否真正具有投资价值；对管理者来说，只有关注企业未来的、长期的和持续的发展能力，才能抑制企业经营中的短期行为，保证企业的长远发展；对债权人而言，企业的发展能力同样至关重要，因为企业清偿债务的资金来自企业未来的现金流。发展能力分析的作用主要体现在以下两个方面：

第一，分析企业的发展能力，可以抑制企业的短期行为，有利于完善现代企业制度。企业的短期行为集中地表现为追求眼前利润，忽视企业资产的保值与增值。发展能力分析，通过实际增长能力指标与计划的或同行业的其他同类指标进行比较，可以评价企业增长能力的强弱，在一定程度上抑制企业的短期行为，真正地增强企业的经济实力。

第二，分析企业的发展能力，有利于实现企业价值最大化的目标。为了实现这个目标，企业一方面要追求利润，扩大经营成果，另一方面则要不断地改善财务状况，增强经营成果的稳定性。企业可以通过发展能力分析发现影响企业发展的关键因素，调整企业战略。实现企业的价值最大化目标。

二、发展能力分析的主要内容

企业要获得可持续增长，如规模的扩大、盈利的增长以及市场竞争力的增强等，就必须依赖于资产、收入、利润以及股东权益等方面的不断增长。反映企业发展能力的主要财务指标有总资产增长率、销售增长率、利润增长率、股东权益增长率等。

（一）总资产增长率

总资产增长率是企业本年总资产增长额与年初资产总额的比值，其计算公式为：

$$\text{总资产增长率}=\frac{\text{本年总资产增长额}}{\text{年初资产总额}}\times 100\%$$

其中，本年总资产增长额为年末资产总额与年初资产总额之差。该指标反映了企业当年的资产规模扩张情况。企业资产总量对企业发展具有重要影响。总资产增长率越高，表明企业在一个经营周期内的资产规模扩张速度越快，企业竞争力会增强。

在具体分析企业总资产增长率时，通常从以下几个方面展开：①要结合企业销售增长和利润增长等情况同时分析。只有在销售增长和利润增长超过资产规模增长时，资产规模的增长才属于效益型增长，否则容易陷入盲目扩张状态。②要关注企业资产增长的来源。如果一家企业资产的增长完全依赖于负债的增长，而所有者权益项目没有发生实质性变动，则说明企业不具有良好的发展潜力。从企业自身的角度来看，资产增加应该主要取决于盈利增加。③要将企业不同时期的总资产增长率加以比较分析。一家健康成长的企业资产规模应该是不断增长的，如果时增时减，则反映出企业的经营业务并不稳定，同时也说明企业并不具备良好的发展能力。

（二）销售增长率

销售增长率是企业本年销售收入增长额与上年销售收入总额的比值，其计算公式为：

$$\text{销售增长率}=\frac{\text{本年销售收入增长额}}{\text{上年销售收入总额}}\times 100\%$$

其中，本年销售收入增长额为本年销售收入总额与上年销售收入总额之差。如果销售增长率小于零，说明企业本期销售收入较上期减少，导致企业销售市场份额萎缩；如果销售增长率大于零，说明本期销售收入较上期有所提高。该指标是评价企业成长性和市场竞争力的重要指标，只有不断增加销售收入，才能保证企业持续稳定发展。

在对企业销售增长率进行分析时，通常应该关注以下几个方面：①要与企业总资产增长率相结合进行分析。如果销售增长率低于总资产增长率，说明这种销售增长不具有效益性和成长性，也表明企业在销售方面可持续发展能力不强。②要分析企业销售增长的来源。

如果企业销售增长主要源于其他业务而非主营业务,这种销售增长并不具有可持续性。③要将企业不同时期的销售增长率加以比较分析。某单一时期的销售增长可能会受到偶然或非正常因素的影响,并不能反映企业在销售方面的发展能力。

(三)利润增长率

企业的价值主要取决于其盈利能力及发展能力,因而企业的利润增长是反映企业发展能力的重要方面。利润在会计上表现为营业利润、利润总额、净利润等多种指标,因此相应的利润增长率也有多种形式。

$$利润增长率=\frac{本年利润增长额}{上年利润总额}\times 100\%$$

$$营业利润增长率=\frac{本年营业利润增长额}{上年营业利润总额}\times 100\%$$

$$净利润增长率=\frac{本年净利润增长额}{上年净利润总额}\times 100\%$$

在进行利润增长率分析时,需要从以下几个方面展开:①要结合企业销售增长进行分析。如果企业营业利润增长率高于销售增长率,则说明企业处于成长期,业务不断拓展,企业盈利能力不断增强。反之,如果企业营业利润增长率低于销售增长率,则说明企业营业成本、税金及附加、期间费用等成本费用项目的增长超过了销售增长,表明企业在营业利润方面的发展潜力不佳。②要关注利润增长的来源。只有企业正常经营活动带来的利润增长才能代表企业的发展潜力,而投资活动以及非经常性项目产生的收益并不能代表企业真实的盈利能力,由此带来的利润增长不具有可持续性。③要将连续多期的利润增长率进行比较分析,排除个别时期偶然性或特殊因素的影响。

(四)股东权益增长率

股东权益增长率,也称资本积累率,是指企业本年股东权益增长额与年初股东权益总额的比率。其计算公式为:

$$股东权益增长率=\frac{本年股东权益增长额}{年初股东权益总额}\times 100\%$$

其中,本年股东权益增长额是指本年股东权益年末余额与年初余额的差额。股东权益增长率反映了企业当年股东权益的变化水平,体现企业资本积累的能力,是评价企业发展潜力的重要指标。该指标越大,表明企业资本积累能力越强,企业发展能力也越强。

值得注意的是,企业在短期内可以通过筹集和投入尽可能多的资本来获得股东权益的增加,这种行为在扩大企业规模的同时也有利于经营者,但一家持续稳定增长的企业股东权益的增长应该主要依赖于企业运用股东投入资本所创造的利润。如果企业不依靠外部筹资,仅通过自身盈利积累实现增长情况下的股东权益增长率称为可持续增长率。可持续增长率反映了企业的内生性成长能力,计算公式如下:

$$可持续增长率=\frac{净利润\times留存比率}{年初股东权益总额}\times100\%$$

$$=净资产收益率\times留存比率$$

$$=净资产收益率\times(1-股利支付率)$$

【例 7-6】 根据表 7-2 和表 7-3 提供的资料,分析龙岩公司的成长能力。

龙岩公司成长能力分析结果如下:

(1)20×9 年的总资产增长率

$$总资产增长率=\frac{本年总资产增长额}{年初资产总额}\times100\%$$

$$=(104\ 487\ 004.83-88\ 306\ 592.26)\div88\ 306\ 592.26\times100\%=18.32\%$$

(2)20×9 年的销售增长率

$$销售增长率=\frac{本年销售收入增长额}{上年销售收入总额}\times100\%$$

$$=(113\ 917\ 800.00-87\ 435\ 000.00)\div87\ 435\ 000.00\times100\%=30.29\%$$

(3)20×9 年的利润增长率

$$营业利润增长率=\frac{本年营业利润增长额}{上年营业利润总额}\times100\%$$

$$=(9\ 263\ 271.93-4\ 620\ 735.58)\div4\ 620\ 735.58\times100\%=100.47\%$$

$$净利润增长率=\frac{本年净利润增长额}{上年净利润总额}\times100\%$$

$$=(8\ 522\ 229.03-4\ 174\ 170.40)\div4\ 174\ 170.40\times100\%=104.17\%$$

(4)20×9 年的股东权益增长率

$$股东权益增长率=\frac{本年股东权益增长额}{年初股东权益总额}\times100\%$$

$$=(72\ 192\ 600-62\ 596\ 193.62)\div62\ 596\ 193.62\times100\%=15.33\%$$

从上述计算可以得知,反映企业成长能力的主要指标资产增长率为 18.32%,销售增长率为 30.29%,营业利润增长率为 100.47%,净利润增长率为 104.17%,说明企业的持续盈利能力较好;销售收入增长率高于资产增长率,说明企业在销售收入方面具有较好的发展性;净利润增长率高于营业利润增长率和销售增长率,说明产品的盈利能力在不断提高,企业正处于高速成长阶段。龙岩公司股本权益增长率(15.33%)较高,表明该公司资本保值增值性较强,企业应对风险、持续发展的能力较强。

第六节 杜邦分析体系

杜邦分析体系，也称为杜邦分析法，是由美国杜邦公司最先提出并采用的一种财务比率分析体系。杜邦分析体系是利用几种主要的财务比率之间的关系来综合地分析企业的财务状况，从净资产收益率出发，逐级分解为多项财务比率的乘积。在经营目标发生异常变动时，经营者能够通过杜邦分析，及时查明原因并加以修正，同时为投资者、债权人及政府对企业的评价提供依据。

杜邦分析法最显著的特点是将多个用以评价企业经营效率、盈利状况和财务状况的比率按其内在联系有机地结合起来，形成一个完整的指标体系，并最终通过净资产收益率来综合反映。采用这一方法，可使财务比率分析的层次更清晰、条理更突出，为报表分析者全面仔细地了解企业的财务状况提供方便。

一、杜邦分析体系的构成

在利用杜邦分析体系进行综合分析时，我们可以将各项财务指标之间的关系绘制成杜邦分析体系图，简称为“杜邦图”，如图 7-1 所示。

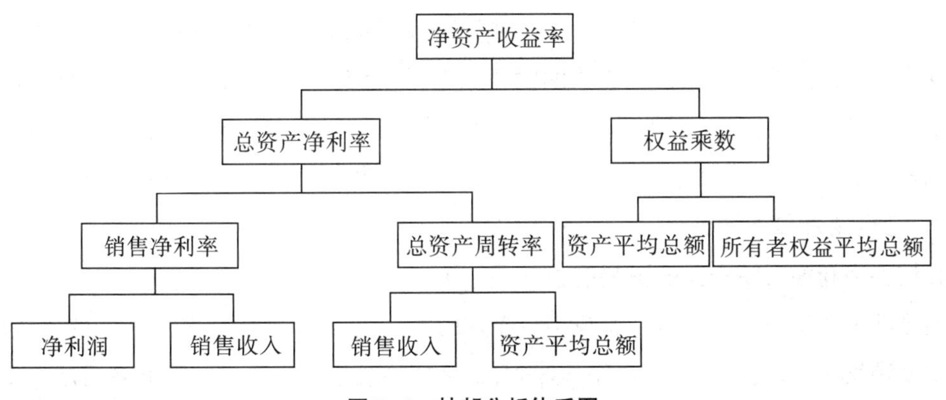

图 7-1　杜邦分析体系图

杜邦分析体系以净资产收益率指标为核心，进行层层分解：

1. 净资产收益率分解

$$净资产收益率=\frac{净利润}{所有者权益平均总额}\times 100\%$$

$$=\frac{净利润}{资产平均总额}\times\frac{资产平均总额}{所有者权益平均总额}\times 100\%$$

$$=总资产净利率\times权益乘数$$

2. 总资产净利率分解

$$总资产净利率=\frac{净利润}{资产平均总额}\times100\%$$

$$=\frac{净利润}{销售收入}\times\frac{销售收入}{资产平均总额}\times100\%$$

$$=销售净利率\times总资产周转率$$

3. 权益乘数分解

$$权益乘数=\frac{资产平均总额}{所有者权益平均总额}$$

4. 销售净利率分解

$$销售净利率=\frac{净利润}{销售收入}\times100\%$$

5. 总资产周转率分解

$$总资产周转率=\frac{销售收入}{资产平均总额}\times100\%$$

二、杜邦分析体系的应用

从杜邦分析体系图及上述公式可以得知:

$$净资产收益率=销售净利率\times总资产周转率\times权益乘数$$

净资产收益率是一个综合性最强的财务比率,是杜邦分析体系的核心。它反映所有者投入资本的获利能力,同时反映企业筹资、投资、资产运营等活动的效率。决定净资产收益率的因素有三个:销售净利率、总资产周转率和权益乘数,这三个因素分别代表了企业的盈利能力、营运能力和偿债能力。

1. 销售净利率反映企业的盈利能力

销售净利率反映了企业净利润与销售收入的关系,它是提高企业盈利能力的关键所在。要想提高销售净利率,一是要提高销售收入,二是要降低总成本费用。降低各项成本费用开支是企业财务管理的一项重要内容,对各项成本费用开支进行列示,有利于企业进行成本费用的结构分析,加强成本控制,以寻求降低成本费用的最佳途径。

2. 总资产周转率反映企业资产营运能力

总资产周转率既关系到企业的盈利能力,又关系到企业的偿债能力。资产总额可以分为流动资产与非流动资产。一般而言,流动资产直接体现企业的偿债能力和变现能力,非流动资产体现企业的经营规模和发展潜力,二者之间应有一个合理的结构比率。此外,要注意分析各项资产的资金占用和周转速度。对流动资产,应重点分析存货是否有积压现象、货币资金是否闲置、应收账款中客户的付款能力和有无坏账的可能;对非流动资产,应重点分析企业固定资产是否得到充分利用。

3. 权益乘数与资本结构相关,反映企业偿债能力

权益乘数主要受资产负债率影响,资产负债率越大,权益乘数越大,说明企业有较高的负债程度,这会给企业带来较多的杠杆利益,但同时也给企业带来了较高的风险。在资产总额不变的条件下,适度负债经营,相对减少所有者权益的占用额,可以提高净资产收益率。

三、杜邦分析体系的局限性

1. 忽视对现金流量的分析

杜邦分析体系所用的财务指标主要来自资产负债表和利润表,没有考虑现金流量表。现金流量表相关指标不易受公司操纵,因此其对企业资产经营效率和创造现金利润能力的评价效果远强于利润指标。在市场经济条件下,企业现金流量在很大程度上决定着企业的偿债能力和盈利能力。如果企业的现金流量不足,将会影响企业的生存和发展。

2. 指标单一,不利于计划、控制和决策

杜邦分析体系忽视了资产机会成本的存在,单纯用净资产收益率这一指标来反映企业经营者的运营能力,往往会导致经营者为追求企业的高利润、社会的高评价而作出错误的投资决策,使得企业在净资产收益率增长的情况下而实际利益却受到损害。并且,杜邦分析体系基本局限于事后财务分析,事前预测和事中控制的作用较弱,不利于计划、控制和决策。

3. 缺乏衡量股东价值的指标

在现有杜邦分析体系中,以净资产收益率为核心的指标不能完全符合上市公司股东财富最大化的要求,股东权益、每股净资产等在该体系中都未涉及。股东财富最大化是对企业未来价值的认可,考虑了时间价值和风险因素,而净资产收益率是权责发生制下的财务报表的反映,不能完全衡量股东价值。

由于杜邦分析体系存在上述局限性,已不能完全满足对企业财务状况进行全面分析的要求。因此,可以在利用杜邦分析法时结合运用其他财务分析方法,使得分析结果更加完整科学。比如以杜邦分析为基础结合比较分析法和趋势分析法,将不同时期的杜邦分析结果进行对比趋势化,从而形成动态分析,找出财务变化的规律,为预测、决策提供依据;或者与一些企业财务风险分析方法结合,进行必要的风险分析。

【例7-7】 根据表7-2和表7-3提供的资料,说明龙岩公司杜邦分析体系的运用。

分析:(1)将计算出来的指标填入杜邦分析图中。龙岩公司的杜邦分析图如下:

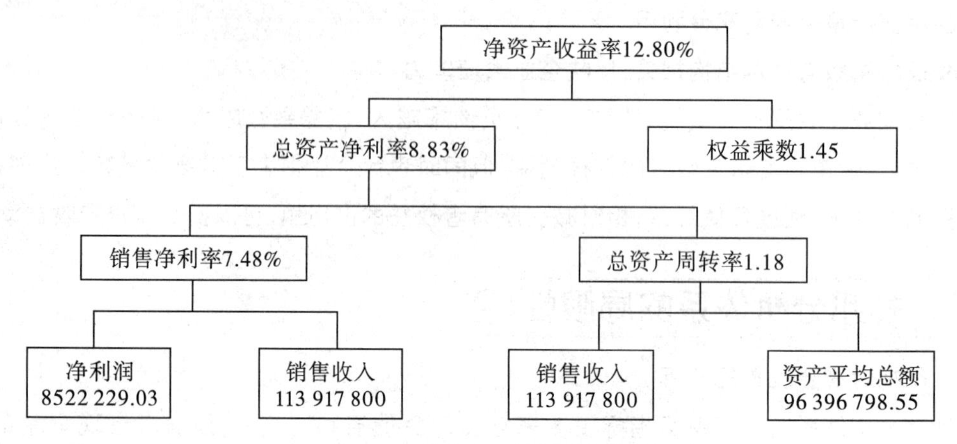

图7-2 龙岩公司杜邦分析图

(2)对龙岩公司各项财务比率进行逐项分析。

①对净资产收益率进行分析。龙岩公司的净资产收益率从20×8年的7.06%提升到20×9年的12.80%,出现了较大的好转。投资者在很大程度上要依据这个指标来判断是否继续投资,企业的所有者用这个指标来考察管理者的业绩并决定股利分配政策。当然,这个指标对企业的管理者也是非常重要的,管理者可以依据这个指标对一些重要决策作出决定。

净资产收益率=销售净利率×总资产周转率×权益乘数

20×8年净资产收益率:4.77%×1.05×1.41=7.06%

20×9年净资产收益率:7.48%×1.18×1.45=12.80%

通过分解可以很明显地看到,龙岩公司净资产收益率的变动是资本结构(权益乘数)与总资产周转率和销售净利率三方面共同作用的结果,资本结构(权益乘数)的变动不大。因此,龙岩公司20×9年净资产收益率的提高主要依赖于总资产周转率和销售净利率的提高。

②对总资产净利率进行分析

总资产净利率=销售净利率×总资产周转率

20×8年总资产收益率:4.77%×1.05=5.15%

20×9年总资产收益率:7.48%×1.18=8.83%

通过对总资产收益率的分解可以看到,龙岩公司在20×8年到20×9年,销售净利率显著提高,总资产周转率略有上升,说明资产的利用得到了比较好的控制,同时在销售上得到了显著的改善。销售净利率的提高与总资产周转率的提高共同促进了总资产净利率的增加。

③对销售净利率进行分析

$$销售净利率=\frac{净利润}{销售收入}$$

20×8 年销售净利率:4 174 170.40÷87 435 000×100%=4.77%

20×9 年销售净利率:8 522 229.03÷113 917 800×100%=7.48%

龙岩公司 20×9 年的销售收入比 20×8 年提高了 30.29%,净利润提高了 104.17%,这个幅度是相当大的。成本增长的幅度要远小于收入增长的幅度,因此促成了销售净利率的大幅度提高。

④对权益乘数进行分析

$$权益乘数=\frac{1}{1-资产负债率}$$

20×8 年权益乘数:1÷(1-29.11%)= 1.41

20×9 年权益乘数:1÷(1-30.91%)= 1.45

从对权益乘数的分析可以看出,20×8 年至 20×9 年龙岩公司的资本结构发生了变化,20×9 年的权益乘数较 20×8 年略有提高。权益乘数越大,说明企业的负债越多,偿债能力越差,财务风险程度越高。该指标同时反映了财务杠杆对利润水平的影响。龙岩公司的权益乘数在近两年一直处于 1.5 左右,即负债率为 28%~30%,属于经营保守型企业。在这种情况下,企业的管理者应该准确把握企业所处的环境,正确利用负债给企业带来的利润,但是也应该注意负债给企业带来的经营风险。

【课后习题】

习题一

一、目的:了解盈利能力分析的内容,掌握相关指标的含义及计算方法。

二、资料:甲公司 20×9 年年初负债总额为 200 万元,所有者权益总额为 400 万元;年末资产负债率为 30%,所有者权益总额为 700 万元;期初、期末长期负债占负债总额的 60%;期初、期末流动资产占资产总额的 40%,期初、期末固定资产占资产总额的 50%;20×9 年度企业的税前利润为 400 万元,所得税率为 25%,利息费用为 60 万元;经营活动产生的现金流量为 600 万元。

三、要求:根据本章内容及上述资料,回答下列问题。

(1)如何评价和分析企业的总资产报酬率?

(2)简述净资产报酬率的含义与计算公式。

(3)根据资料计算该企业 20×9 年度的总资产报酬率、净资产报酬率。

习题二

一、目的:了解财务报告分析的内容,掌握连环替代法及相关指标的计算方法。

二、资料:甲公司近年来受宏观经济形势的影响,努力加强资产负债管理,不断降低杠杆水平，争取在20×9年末将资产负债率控制在55%以内。为考查降杠杆对公司财务绩效的影响，现基于杜邦分析体系，将净资产收益率指标依次分解为销售净利率、总资产周转率和权益乘数三个因素，采用连环替代法予以分析。近几年有关财务指标如下表所示。

表7-6　甲公司20×7年至20×9年相关财务数据　　单位：万元

项目	20×7年末	20×8年末	20×9年末	20×8年度	20×9年度
资产总额	7 270	7 450	7 840		
负债总额	4 070	3 750	3 940		
所有者权益总额	3 200	3 700	3 900		
销售收入				9 650	16 595
净利润				1 250	1 853

三、要求：根据上述材料，回答下列问题。

(1)计算该甲公司20×9年末的资产负债率，并据以判断其是否实现了降杠杆目标；

(2)计算该甲公司20×8年和20×9年的净资产收益率(涉及的资产、负债、所有者权益均采用平均值计算)；

(3)计算该甲公司20×8年和20×9年的权益乘数(涉及的资产、负债、所有者权益均采用平均值计算)；

(4)计算该甲公司20×9年与20×8年净资产收益率之间的差额，采用连环替代法计算权益乘数变化对净资产收益率变化的影响(涉及的资产、负债、所有者权益均采用平均值计算)。

习题三

一、目的：掌握财务报告分析相关指标的计算方法，并据此指导企业的经营决策。

二、资料：A公司20×8年年初负债总额为8 000万元，年初所有者权益为12 000万元，该年的所有者权益增长率为150%，年末资产负债率为25%，平均负债的年均利息率为10%。全年固定经营成本总额为13 850万元，净利润为20 100万元，适用的企业所得税税率为25%。假设该公司没有优先股，20×8年年初发行在外的股数为20 000万股。20×8年3月1日，经股东大会决议，以截至20×7年年末公司总股本为基础，向全体股东发放10%的股票股利，工商注册登记变更完成后的总股数为22 000万股。20×8年9月30日新发股票10 000万股，20×8年年末的股票市价为5元，20×8年的负债总额包括20×8年7月1日平价发行的面值为1 000万元、票面利率为1%、每年年末付息的3年期可转换债券，转换价格为5元/股，债券利息不符合资本化条件，直接计入当期损益。假设企业没有其他的稀释性潜在普通股。

三、要求：根据上述资料，计算公司的下列指标。

(1)20×8 年年末的所有者权益总额和负债总额;

(2)20×8 年的每股收益;

(3)20×8 年年末的每股净资产和市盈率。

习题四

一、目的:掌握财务指标的计算方法。

二、资料一:乙公司 20×9 年资产负债表如下。

表 7-6　乙公司 20×9 年部分资产负债表　　单位:万元

资产	年初	年末	负债及所有者权益	年初	年末
货币资金	120	120	流动负债合计	230	228
应收账款	145	160	长期负债合计	280	362
存货	160	170	负债合计	510	590
流动资产合计	425	450	所有者权益合计	815	820
长期投资	200	200			
固定资产原值	1 200	1 300			
减:累计折旧	500	540			
固定资产净值	700	760			
非流动资产合计	900	960			
总计	1 325	1 410	总计	1 325	1 410

资料二:乙公司 20×9 年销售收入 1 500 万元,销售净利率 25%。假定该企业流动资产仅包括速动资产与存货。

三、要求:根据以上资料,计算下列指标。

(1)计算该企业 20×9 年年末的流动比率、速动比率、现金比率。

(2)计算该企业 20×9 年年末的资产负债率、产权比率、权益乘数。

(3)计算该企业 20×9 年应收账款周转率、流动资产周转率、总资产周转率。

(4)计算该企业 20×9 年净资产收益率、股东权益增长率、总资产增长率。

第三篇

管理决策与控制

第八章
变动成本法

【案例导入】

疫情之下，路在何方

东方公司专门生产某种机械设备，销售业绩一直较为稳定。但2020年以来，由于受到新冠疫情影响，公司已经连续两年亏损，董事会专门召开会议研究如何扭亏为盈。会上，公司财务部经理刘先生提出愿意出任总经理带领公司走出困境。

董事会经过研究决定，聘用刘先生为公司总经理，并签订聘用合同。刘总上任后，并未给销售部门下达考核指标，要求销售人员千方百计地开展促销活动去库存，产品单价和销量无明显变化。更令人费解的是，具有财务专业背景和多年财务职业经历的刘总，竟然没有在公司范围内开展降本增效活动，产品各项成本费用也与其上任前无实质性差异。

然而，刘总很忙，生产部门也比以前更忙了……

疫情之下，刘总管理的东方公司能走出困境吗？

【课程思政要点】

培养运用财务信息进行成本管理进而实现价值创造的决策思维。

第一节 成本性态分析

成本性态,是指成本总额与业务量之间的依存关系,通常又称为成本习性。这里的成本是指企业在生产经营过程中为达到一定目的而耗费的各种资源,包括人、财、物、时间、信息、机会等。这里的业务量是指企业在一定的生产经营期内投入或完成的经营工作量的统称。根据具体业务性质的不同,业务量可以表现为实物量、价值量和时间量,如产品生产量或销售量、人工工时、机器工时、维修小时、行驶里程等。

研究成本与业务量之间的依存关系,考察不同类型的成本与业务量之间的特定数量关系,掌握业务量变动对各类成本的影响,对于管理者正确进行经营预测与决策,加强成本控制,考核经济责任有着重要的意义。

一、成本按性态的分类

成本按其性态可分为固定成本、变动成本和混合成本三大类。

(一)固定成本

固定成本是指在一定时期和一定业务量范围内不随业务量变动而变动的那部分成本。例如,制造费用中不随产量变动的办公费、差旅费、按直线法计提的折旧费、房屋设备的租赁费等;销售费用中不受销售量影响的销售人员工资、广告费等;管理费用中不受产量或销量影响的企业管理人员工资、保险费等;财务费用中不受产量或销量影响的利息支出等。

固定成本总额相对固定不变,因而就单位产品而言,随着业务量的增加,单位产品分摊的份额将相应减少;随着业务量的减少,单位产品分摊的份额将相应增加,即单位固定成本与业务量成反比关系。因此,固定成本具有以下两个特点:

(1)固定成本的总额不因业务量的变动而变动,表现为固定金额。在平面直角坐标图中,固定成本线是一条平行于横轴的直线,数学模型可表示为 $y=a$(如图 8-1 所示)。

(2)单位业务量负担的固定成本(即单位固定成本)随业务量的增减变动成反比例变动。在平面直角坐标图中,单位固定成本线是一条反比例曲线,数学模型可表示为 $y=\frac{a}{x}$(如图 8-2 所示)。

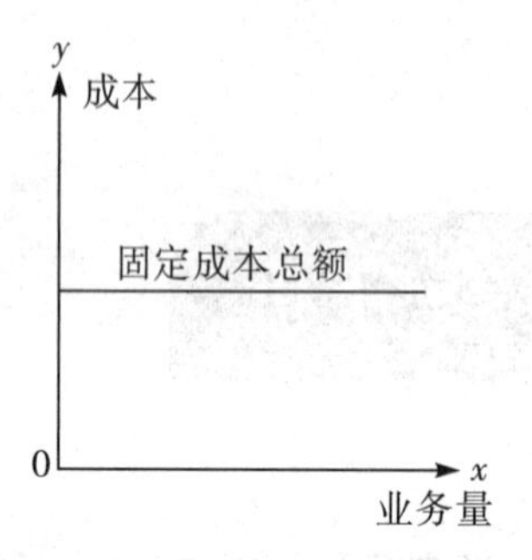

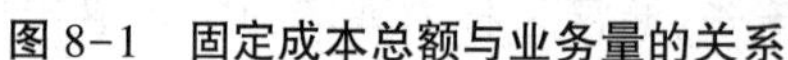
图 8-1　固定成本总额与业务量的关系

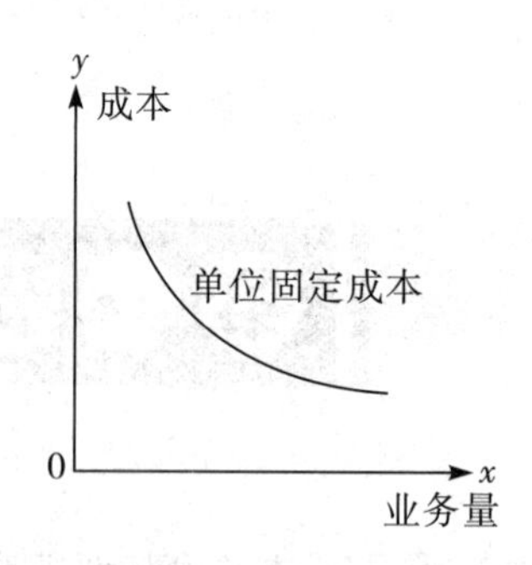

图 8-2　单位固定成本与业务量的关系

【例 8-1】 A 公司是一家生产家用橱柜的企业，其橱柜生产车间的场地是向外单位租用的，月租金为 60 000 元，最多可容纳每月 400 套橱柜的生产。若加工量超过 400 套，则需另租场地。该车间橱柜产量若保持在 0~400 套范围内，则月租金是一项固定成本，但每套橱柜所负担的租金则随产量的变动成反比例变动。它们之间的关系如表 8-1 所示。

表 8-1　产品分摊的固定成本(租金)表

产量(套)	固定成本总额(元)	单位固定成本(元/套)
100	60 000	600
200	60 000	300
300	60 000	200
400	60 000	150

(二)变动成本

变动成本是指在一定时期和一定业务量范围内，成本总额随着业务量的变动而成正比例变动的成本。例如，直接材料、直接人工和制造费用中随产量成正比例变动的物料用品费、燃料费、动力费，以及按销量支付的销售佣金、装运费、包装费等。

这里的变动成本是就成本总额而言的，变动成本虽然在相关范围内，其成本总额随着业务量的增减成正比例增减，但从产品的单位成本看，它却不受业务量变动的影响。因此，变动成本具有以下两个特点：

(1)成本总额随业务量的增减变动成正比例变动。反映在平面直角坐标图上，变动成本是一条以单位变动成本 b 为斜率的直线，数学模型可表示为 $y=bx$。单位变动成本越大，即斜率越大，图上体现的直线坡度越陡(如图 8-3 所示)。

(2)单位业务量的变动成本(即单位变动成本)不受业务量增减变动的影响，保持不变。此特点反映在平面直角坐标图上，单位变动成本是一条平行于横轴的直线，数学模型可表示为 $y=b$(如图 8-4 所示)。

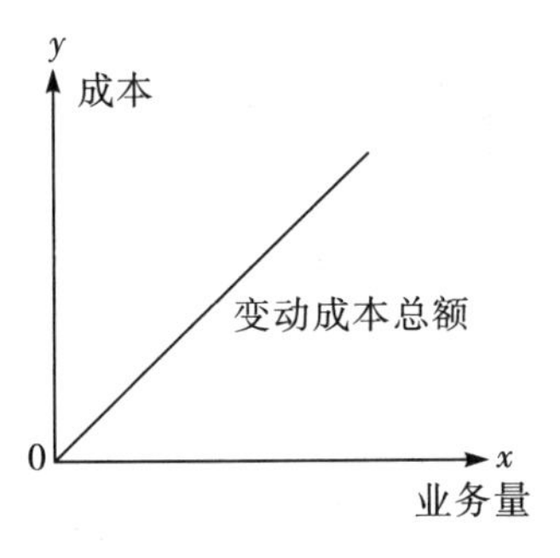

图 8-3　变动成本总额与业务量的关系

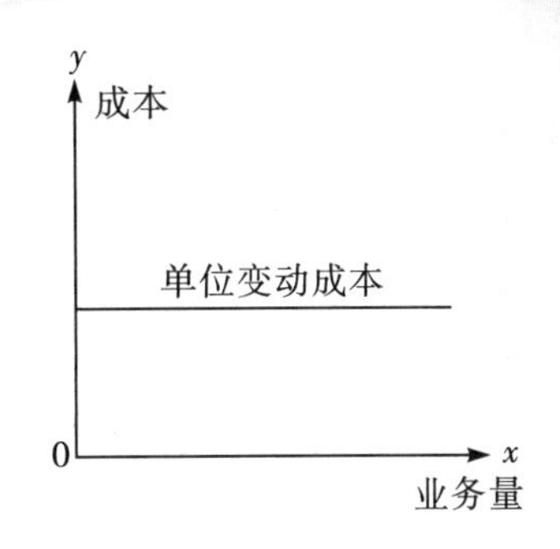

图 8-4　单位变动成本与业务量的关系

【例 8-2】　承【例 8-1】,假定 A 公司生产一套橱柜消耗木材成本为 500 元,则每月耗用木材的总成本就随橱柜的产量不同成正比例增减,但从单位成本来看,每套橱柜的木材成本不受产量变动的影响,仍保持 500 元。它们之间的关系如表 8-2 所示。

表 8-2　产品变动成本表

产量(套)	变动成本总额(元)	单位变动成本(元/套)
100	50 000	500
200	100 000	500
300	150 000	500
400	200 000	500

(三)混合成本

在实际工作中,有许多成本往往介于固定成本和变动成本之间,它们既非完全固定不变,也不随业务量成正比例变动,如维修费用、检验费用等,称为混合成本。这些成本的基本特征:其发生额的高低虽然直接受业务量大小的影响,但不存在严格的比例关系,人们只有将混合成本按一定的方法分解为固定成本和变动成本,才能为决策所用。

混合成本与业务量之间的依存关系比较复杂,按照混合成本变动趋势的不同,又可分为半变动成本、半固定成本、延期变动成本和曲线变动成本。

1. 半变动成本

半变动成本又称为标准式混合成本,是由明显的固定成本和变动成本两部分组成。这种成本通常有一个基数,不受业务量的影响,相当于固定成本;在此基数之上,随着业务量的增长,成本也成正比例增加,这部分成本相当于变动成本(如图 8-5 所示)。例如,企业的电话费用由固定月租费和按通话时间及计价标准计算的通话费两部分组成,那么这时的电话费就属于半变动成本。其总额虽然随着业务量变动而有变化,但不保持严格的正比例关系。

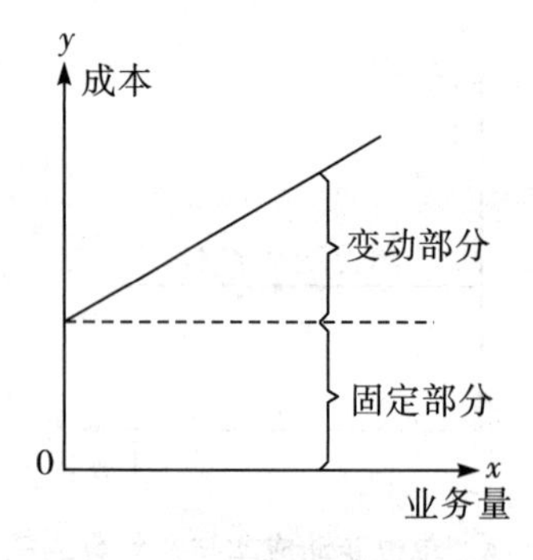

图 8-5　半变动成本性态模型

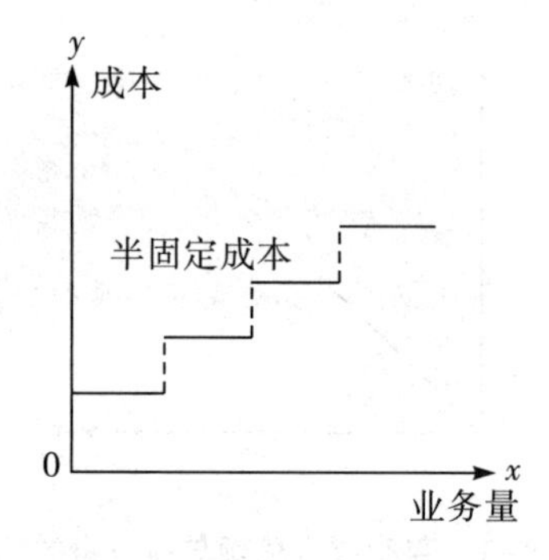

图 8-6　半固定成本性态模型

2. 半固定成本

半固定成本又称为阶梯式混合成本，其发生额在一定的业务量范围内是固定的，当业务量超过这一范围，其发生额就会跳跃上升到一个新的水平，并在新的业务量范围内固定不变，直到出现另一个新的跳跃为止，如此重复下去，其成本随业务量的增长呈现出阶梯状增长趋势（如图 8-6 所示）。例如，企业中的运货员、检验员、化验员、保养工、质检员等都只能完成一定量的工作，当超过一定的工作量界限时，就要增加人员，上述人员的工资就表现为阶梯式混合成本。

3. 延期变动成本

延期变动成本是指在一定业务量范围内，其总额保持固定不变，但若突破该业务量范围，其超额部分则随着业务量的增加按正比例增长，超额的成本相当于变动成本（如图 8-7 所示）。例如，在定额计件的工资制度下，职工在完成正常工作定额之前只能取得基础工资；若超过定额，则除领取基础工资之外，还可取得按超产数额计算的超额计件工资，那么这时的工资就属于延期变动成本。

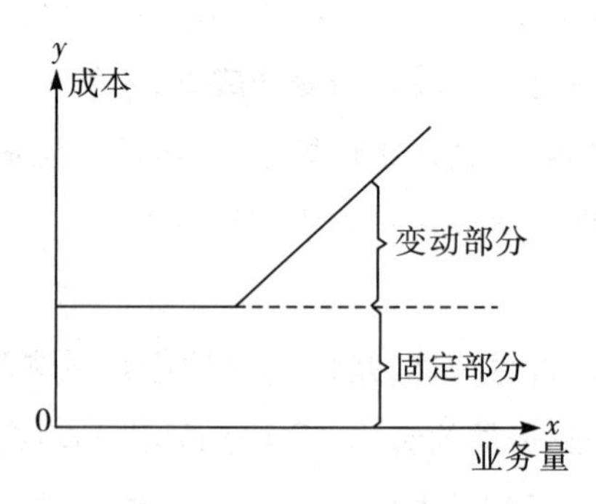

图 8-7　延期变动成本性态模型

4. 曲线变动成本

曲线式混合成本通常有一个初始量，一般保持不变，相当于固定成本；在这个初始量的基础上，成本随业务量变动但并不存在线性关系，在平面直角坐标图上表现为一条抛物线。按照曲线斜率的不同变动趋势，这类混合成本可进一步分为以下两种情形：

(1)递减型混合成本。该类成本的特点:成本的增长幅度小于业务量的增长幅度,成本的斜率随业务量递减,反映在平面直角坐标图上是一凸型曲线(如图 8-8 所示)。例如,有价格折扣或优惠条件下的水、电消费成本和费用封顶的通信服务费等,其曲线达到高峰后就会下降或持平。

(2)递增型混合成本。该类成本的特点:成本的增长幅度随业务量的增长而呈更大幅度变化,成本的斜率呈递增趋势,在平面直角坐标图上表现为一凹形曲线(如图 8-9 所示)。例如,累进计件工资、违约金、罚金等,随着业务量的增加,成本逐步增加,并且增加幅度是递增的。

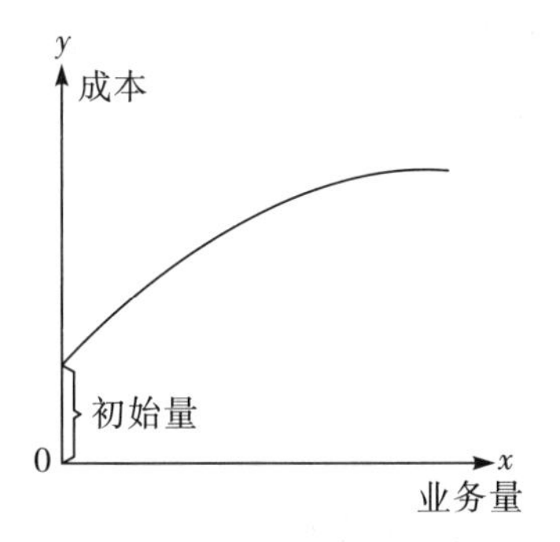

图 8-8　递减型混合成本性态模型

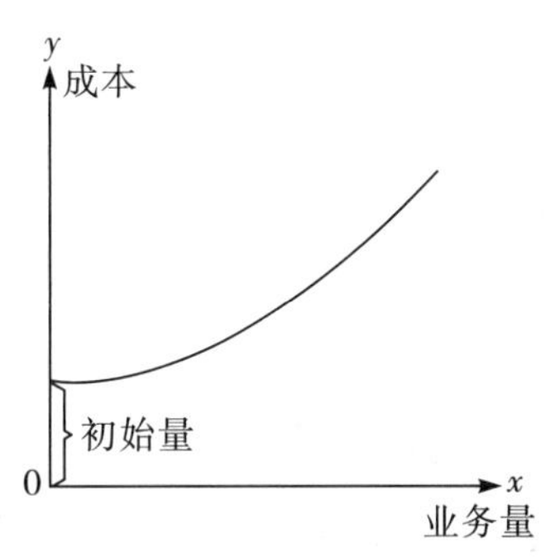

图 8-9　递增型混合成本性态模型

二、总成本函数模型

为了便于进行预测和决策分析,在明确各种成本性态的基础上,最终要将企业的全部成本区分为固定成本和变动成本两大类,并建立相应的成本函数模型。由于成本与业务量之间存在一定的数量依存关系,所以总成本可以表示为业务量的函数,即假定总成本可以近似地用一元线性方程来描述。在相关范围内,总成本函数可用公式 $y=a+bx$ 来表示(如图 8-10 所示)。

其中,y 代表总成本,x 代表业务量,a 代表固定成本总额(包括真正意义上的固定成本与混合成本中的固定部分),b 代表单位变动成本,bx 代表变动成本总额(包括真正意义上的变动成本与混合成本中的变动部分之和)。

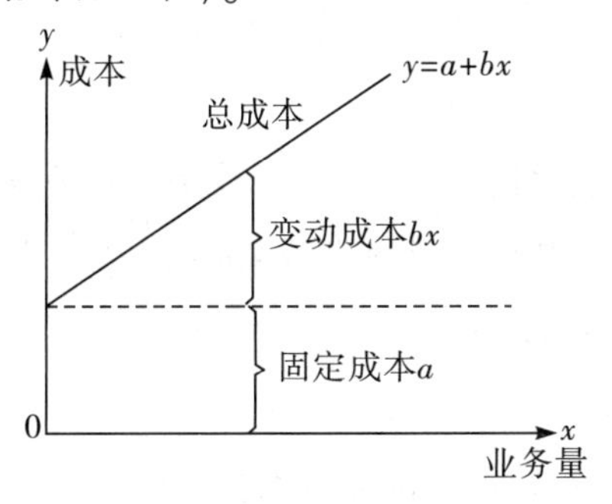

图 8-10　总成本性态模型

第二节 混合成本的分解

根据成本性态将企业的全部成本区分为固定成本和变动成本两大类，是管理会计规划与控制企业经济活动的基本前提。但在实际工作中，许多成本项目同时兼有固定和变动性质，并不能直接区分为固定成本或变动成本，而是表现为混合成本模式。因此，需要采用不同的专门方法将其中的固定和变动因素分解出来，分别纳入固定成本和变动成本两大类中，这就是混合成本的分解。

在实际工作中，混合成本最常用的分解方法有高低点法、散点图法和回归直线法三种。

一、高低点法

高低点法是以历史资料中某一期间内的最高业务量（高点）与最低业务量（低点）的成本之差，除以最高业务量与最低业务量之差，计算出单位变动成本，再将其代入高点或低点的混合成本公式，并分别计算出混合成本中的固定成本和变动成本。

高低点法的基本原理：任何一项混合成本都是由固定成本和变动成本两种因素构成的，因而混合成本的函数也可用 $y=a+bx$ 来表示。其中，y 代表混合成本总额，a 代表混合成本中的固定成本总额，b 代表混合成本中的单位变动成本，x 代表业务量。

高低点法的具体分析步骤如下：

（1）选择高低点坐标，即找出业务量的最高点（用 x_1 表示）及相应的成本（用 y_1 表示），找出业务量的最低点（用 x_2 表示）及对应的成本（用 y_2 表示），从而确定高点坐标（x_1，y_1）和低点坐标（x_2，y_2）。

（2）计算 b 值。其计算公式为：

$$b=\frac{\text{高低点成本之差}}{\text{高低点业务量之差}}=\frac{y_1-y_2}{x_1-x_2}$$

（3）计算 a 值。其计算公式为：

$$a=\text{业务量最高时总成本}-b\times\text{最高点业务量}=y_1-bx_1$$

或

$$a=\text{业务量最低时总成本}-b\times\text{最低点业务量}=y_2-bx_2$$

（4）将 a、b 值代入成本性态模型：

$$y=a+bx$$

【例 8-3】 A 公司 20×9 年 1-6 月份某项混合成本与有关产量的资料见表 8-3。

表 8-3　A 公司 20×9 年 1-6 月份某项混合成本与有关产量的资料

月份	1	2	3	4	5	6
产量(件)	30	20	52	35	40	25
成本(元)	340	240	560	380	430	280

要求:利用高低点法分解混合成本,并建立相应的成本性态模型。

解:

(1)选择高低点坐标:最高点(52,560),最低点(20,240)

(2)计算 b 值:$b=(560-240)\div(52-20)=320\div32=10$(元/件)

(3)计算 a 值:$a=560-10\times52=40$(元)

(4)将 a、b 值代入成本性态模型,即 $y=40+10x$

通过计算得出,该项混合成本的固定成本为 40 元,单位变动成本为 10 元/件。

需要说明的是,高低点坐标的选择必须以一定时期内业务量的高低而不是成本的高低来确定。

高低点法应用比较简单,易于理解。但由于所运用的数据来自历史资料中的高低两点,所建立的成本性态模型可能不具有代表性,容易导致较大的计算误差。因此,这种方法只适用于成本变动趋势比较平稳的企业。

二、散点图法

散点图法,是指将收集到的一系列业务量和混合成本的历史数据,在平面直角坐标图上逐一标出,以纵轴表示成本,以横轴表示业务量,然后通过目测,画出一条反映成本变动趋势的直线,该直线应较合理地接近大多数点。将这条直线延长并与纵轴相交,则该直线在纵轴上的截距就是固定成本,该直线的斜率就是单位变动成本。

散点图法考虑了所获得的全部历史数据,因而比高低点法更为准确、可靠,并且该方法形象直观、易于理解。但由于直线位置主要靠目测确定,往往因人而异,且固定成本和变动成本的计量仍是主观的,从而影响了计算的客观性。

三、回归直线法

回归直线法是根据过去一定期间业务量 x 和混合成本 y 的历史资料,运用最小平方法确定混合成本中固定成本与变动成本的方法。回归直线法的基本原理是将各历史混合成本数据在平面直角坐标系中逐一描点,形成散点图。在图中,拟合一条最合理的近似直线 $y=a+bx$,将 y 上各点的数据与实际的混合成本资料 y_i 形成的误差,先平方后加总,使之达到最小值,这条直线在数理统计中称为回归直线。因此,这种方法又称为"最小二乘法"或"最小平方法”。回归直线 $y=a+bx$，其中 a、b 称为回归参数，它是根据已知资料 (x_i, y_i) 按误差平方和为最小值的条件计算出来的参数。

采用回归直线法的具体步骤如下所述：

（1）找到足够的数据资料，n 不要小于 5。

（2）用列表法对资料进行加工、延伸，计算出公式中的求和值。

（3）将求和值代入公式，求出固定成本总额 a 和单位变动成本 b 的值。

$$b=\frac{n\sum xy-\sum x\cdot\sum y}{n\sum x^2-(\sum x)^2} \qquad a=\frac{\sum y-b\sum x}{n}$$

（4）将计算出的 a、b 的值代入函数 $y=a+bx$，建立混合成本性态模型。

用回归分析法分解混合成本，计算结果较为准确，但计算过程比较复杂，若能借助于电子计算机等工具，则可扬长避短。成本性态分析在管理会计中有着广泛的应用，如变动成本计算和本量利分析等。

第三节 变动成本法与完全成本法

各种类型的企业组织都需要建立一套成本会计制度，以便为各方面的信息使用者提供成本信息。在会计实务中，成本计算主要有两方面的目的：一是为编制财务报表提供成本信息，二是为管理决策提供成本信息，由此出现了两种不同类型的产品成本计算方法，即完全成本法和变动成本法。换言之，财务会计主要采用完全成本法核算成本，管理会计主要采用变动成本法核算成本。

一、变动成本法与完全成本法概述

（一）变动成本法

1. 变动成本法的基本概念

变动成本法是指在产品成本计算过程中，以成本性态分析为前提，产品成本只包括直接材料、直接人工和变动制造费用，而不包括固定制造费用。固定制造费用被视为期间成本从当期收入中扣除。这是管理会计专用的一种成本计算方法，也称为“直接成本法”。

2. 变动成本法的理论依据

（1）固定制造费用是为企业提供一定的生产经营条件，以保持生产能力，并使它处于准备状态而发生的成本。

(2)固定制造费用同产品的实际产量没有直接联系,既不会由于产量的提高而增加,也不会因产量的下降而减少。

(3)固定制造费用实质上是与会计期间相联系所发生的费用,所以其效益不应递延到下一个会计期间,而应在发生的当期全额扣除。

(二)完全成本法

1. 完全成本法的基本概念

完全成本法是指在计算产品成本时,将一定时期发生的直接材料、直接人工和全部制造费用(包括变动制造费用和固定制造费用)都包括在内的方法。由于完全成本法是将所有的制造成本,无论是固定的还是变动的,都吸收到了单位产品上去,因而也被称为“吸收成本法”。

2. 完全成本法的理论依据

完全成本法认为,固定制造费用也是存货成本的一个组成部分,只有当存货售出时,这部分固定制造费用才构成销货成本反映在利润表内,并与当期的销售收入相配比。在采用完全成本法时,任何会计期间只要生产量大于销售量,就会有一部分固定制造费用滞留在存货成本内。

二、变动成本法与完全成本法的区别

(一)成本的构成内容不同

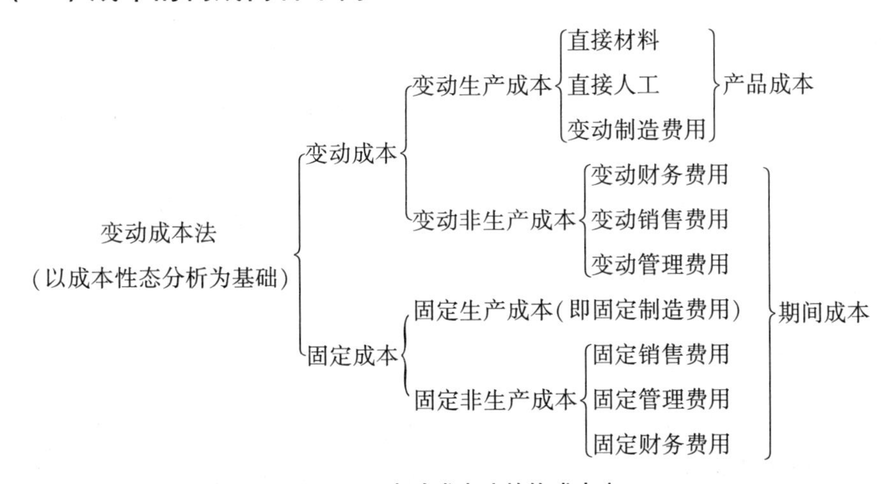

图 8-11　变动成本法的构成内容

变动成本法根据成本性态把全部成本划分为变动成本和固定成本两大类,其产品成本的内容只包括变动生产成本中的直接材料、直接人工和变动制造费用三个项目,固定制造费用则作为期间成本处理。非生产领域的销售费用、管理费用和财务费用也要区分为变动和固定两部分,并在利润表内分开列示。

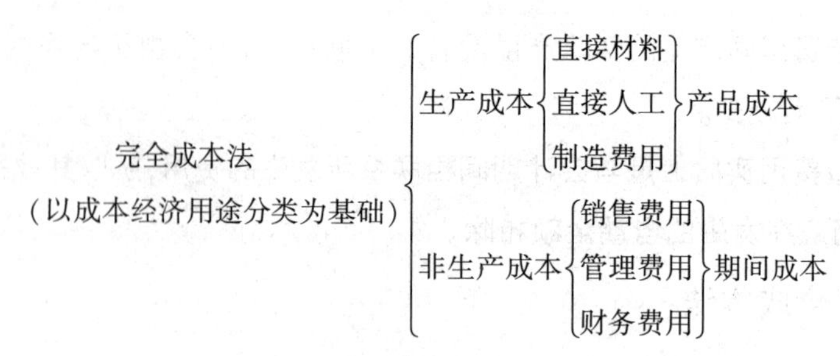

图 8-12　完全成本法的构成内容

完全成本法按照成本的经济用途将企业的全部成本分为产品成本和期间成本两大类，产品成本包括全部的生产成本，由直接材料、直接人工与全部制造费用三部分构成，非生产成本作为期间成本处理。

（二）存货成本构成不同

由于两种成本计算法对产品成本有着不同的认识，因此在确定产成品、在产品等存货成本的构成内容方面也存在着区别。

在变动成本法下，由于产品成本仅按变动生产成本计算，而将固定制造费用全部作为期间成本处理。因而，无论是期末在产品、产成品还是当期已销售产品中都只包含变动生产成本。

在完全成本法下，由于产品成本包含固定制造费用，需要将固定制造费用在完工产品和在产品之间进行分配，这样，期末在产品、产成品和当期已销售产品中都分配计入了一定份额的固定制造费用。所以，完全成本法下期末产品存货成本必然大于变动成本法下期末产品存货成本。

【例 8-4】 假设 B 公司为一家单一服装生产公司，20×9 年的生产量为 4 000 件，固定制造费用全年合计为 280 000 元，每件服装的成本为直接材料 100 元，直接人工 60 元，变动制造费用 40 元。

要求：计算完全成本法和变动成本法下的单位产品成本，如表 8-4 所示。

表 8-4　完全成本法和变动成本法下单位服装成本的计算　　单位：元

成本项目	完全成本法	变动成本法
直接材料	100	100
直接人工	60	60
变动制造费用	40	40
固定制造费用	70	-
单位产品成本	270	200

由表 8-4 可见，在变动成本法下，单位服装变动成本为 200 元，无论是服装存货还是已销售服装成本均为 200 元。而在完全成本法下，由于每件服装吸收了固定制造费用 70 元，

因而单位服装完全成本为 270 元。无论是服装存货还是已销售服装成本均为 270 元。

（三）税前利润的计算不同

如前所述，变动成本法下产品成本只包括变动成本（变动生产成本），而将固定成本（固定制造费用）当作期间成本。也就是说，对固定成本的补偿由当期销售的产品承担。而完全成本法下产品成本既包括变动成本，又包括固定成本。换句话说，完全成本法对固定成本的补偿是由当期生产的产品承担的，期末未销售的产品与当期已销售的产品共同承担。固定成本处理上的不同对两种方法下的税前利润计算会产生影响，影响的程度取决于产量和销量的均衡程度，即产销越均衡，两种成本法下计算的税前利润相差越小，反之则越大。只有当实现所谓的“零存货”即产销绝对均衡时，税前利润计算上的差异才会消失。而事实上，产销绝对均衡只是个别的、相对的和理想化的，不均衡才是普遍的、绝对的和现实化的，这也是研究本问题的意义所在。

【例 8-5】 B 公司从事单一产品生产，连续 3 年的产量均为 600 件，而 3 年的销售量分别为 600 件、500 件和 700 件，单位产品售价为 150 元。管理费用与销售费用年度总额均为 20 000 元，且全部为固定成本。与产品成本计算有关的数据如下：单位产品变动成本（包括直接材料、直接人工和变动制造费用）为 80 元，固定制造费用为 12 000 元（完全成本法下每件产品分摊 20 元，即 12 000÷600）。根据上述资料，分别采用变动成本法和完全成本法计算的税前利润如表 8-5 所示。

表 8-5 变动成本法与完全成本法的比较 单位：元

项目	第 1 年	第 2 年	第 3 年	合计
变动成本法：				
销售收入	90 000	75 000	105 000	270 000
销售成本	48 000	40 000	56 000	144 000
贡献边际	42 000	35 000	49 000	126 000
固定成本：				
固定制造费用	12 000	12 000	12 000	36 000
管理费用和销售费用	20 000	20 000	20 000	60 000
小计	32 000	32 000	32 000	96 000
税前利润	10 000	3 000	17 000	30 000
完全成本法：				
销售收入	90 000	75 000	105 000	270 000
销售成本：				
期初存货成本	0	0	10 000	
当期产品成本	60 000	60 000	60 000	180 000

续表

可供销售产品成本	60 000	60 000	70 000	
期末存货成本	0	10 000	0	
小计	60 000	50 000	70 000	180 000
毛利	30 000	25 000	35 000	90 000
管理费用和销售费用	20 000	20 000	20 000	60 000
税前利润	10 000	5 000	15 000	30 000

从表 8-5 中可以看出由产量与销量的相互关系引起的两种成本法下税前利润的变化规律如下：

第 1 年，由于产量等于销量（均为 600 件），因此两种成本计算法下的税前利润均为 10 000 元。这是因为固定制造费用不论是作为期间成本（变动成本法下），还是作为产品成本（完全成本法下），都计入了当期损益。

第 2 年，由于产量（600 件）大于销量（500 件），因此按变动成本法计算的税前利润比按完全成本法计算的税前利润少了 2 000 元。这是因为在变动成本法下，全部固定制造费用（12 000 元）计入了当期损益；而在完全成本法下，将已销售的产品负担的固定制造费用 10 000 元（12 000÷600×500）计入了当期损益，余下的 2 000 元固定制造费用则留存在期末存货成本中。

第 3 年，情况与第 2 年正好相反，由于产量（600 件）小于销量（700 件），因此按变动成本法计算的税前利润比按完全成本法计算的税前利润多 2 000 元。这是因为变动成本法下计入第 3 年税前利润的固定制造费用仍为 12 000 元，而在完全成本法下第 2 年年末存货成本中的 2 000 元固定制造费用随着存货的销售计入了第 3 年的销售成本中，从而导致税前利润少了 2 000 元。

从表 8-5 中"合计"一栏可以看出，两种成本法下税前利润的 3 年合计数是相同的。也就是说，从较长时期来看，由各期产量与销量之间的关系决定的两种成本法下税前利润的差异可以相互抵销。这也说明，变动成本法主要适用于短期决策。

按照两种成本法计算出来的税前利润的差别关键在于期初与期末存货中所包含的固定制造费用的金额变动及其对比关系。由此归纳出的规律如下：

（1）若期末存货中所包含的固定制造费用等于期初存货中的固定制造费用，则两种方法扣除的固定制造费用总额相等。因此，它们的税前利润也必然相等。

（2）若期末存货中所包含的固定制造费用大于期初存货中的固定制造费用，则完全成本法所扣除的固定制造费用总额要小于变动成本法所扣除的固定制造费用总额。因此，按完全成本法计算的税前利润要大于按变动成本法计算的税前利润。

（3）若期末存货中所包含的固定制造费用小于期初存货中的固定制造费用，则完全成本法所扣除的固定制造费用总额要大于变动成本法所扣除的固定制造费用总额。因此,按完全成本法计算的税前利润要小于按变动成本法计算的税前利润。

在两种成本计算法下,对相同经营情况进行计算得到的税前利润有可能不同的根本原因在于,两种成本计算法计入当期损益的固定制造费用水平出现了差异,这种差异又具体表现为完全成本法下期末存货吸收的固定制造费用与期初存货释放的固定制造费用之间的差异。在变动成本法下,计入当期损益的只是当期的固定制造费用;而在完全成本法下,计入当期损益的固定制造费用,不仅要受到当期发生的固定制造费用水平的影响,还要受到期初、期末存货水平的影响。

第四节　对变动成本法的评价

一、变动成本法的优点

变动成本法的诞生,突破了传统、狭隘的成本观念,为强化企业内部的经营管理、提高经济效益开创了新思路。这种方法的优点可以归纳为以下几点:

1. 有利于企业加强经营管理,为企业预测和决策提供有用的管理信息

企业管理人员为搞好经营预测,制定经营决策,科学规划和严格控制企业未来的生产经营活动,必须掌握各种信息。采用变动成本法,首先将成本按性态分类,划分为变动成本和固定成本。这对企业的成本预测、本量利分析、规划目标利润、目标成本、编制弹性预算等都是不可或缺的,对企业进行正确的经营决策,如新产品决策、亏损产品决策、接受追加订货决策等也具有十分重要的意义。

2. 更符合"配比原则"

变动成本法的基本原理是将当期所确认的费用,按照成本性态分为两大部分:一部分是与产品产量直接相关的成本,即变动成本(包括直接材料、直接人工和变动制造费用)。这部分成本中由已销售产品负担的相应部分(即当期销售成本)需要与当期收益相配比,未销售产品负担的相应部分(即期末存货成本)则需要与未来收益相配比。另一部分则与产量无直接关系的成本,即固定制造费用。这部分成本是企业为维持正常生产能力所必须负担的成本,它们与生产能力的利用程度无关,既不会因为产量的提高而增加,也不会因为产量的下降而减少,应当全部列为期间成本而与当期的收益相配比。

3. 便于分清各部门责任,有利于进行成本控制与业绩评价

变动生产成本的高低最能反映生产部门的工作业绩。例如,在直接材料、直接人工和变动制造费用方面如有节约或超支,会立即通过产品的变动生产成本指标反映出来,这样可以通过事前制定标准成本和建立弹性预算进行日常控制。而固定制造费用的高低,责任一般不在生产部门,通常应由管理部门负责,可以通过事前制定费用预算进行控制。这不仅有利于我们进行科学的事后成本分析以及采用正确的方法进行成本控制,还能对各责任部门的工作业绩作出实事求是的、恰当的评价与考核。

4. 促使企业管理层重视市场销售,做到以销定产,防止盲目生产

在变动成本法下,产品产量的高低与存货的增减对税前利润均没有影响,而产品销售量的变动将使税前利润同方向变动。这就促使企业管理层将注意力放在销售环节上,加强促销工作,力求做到适销对路、以销定产、防止盲目生产。

5. 简化成本计算,便于加强日常管理

采用变动成本法,把固定制造费用全部列作期间成本,从而省掉了间接费用的分摊过程。这不仅大大简化了产品成本的计算过程,避免间接费用分摊中的一些主观随意性(特别是生产多品种的企业),而且可以使会计人员从繁重的计算工作中解脱出来。

二、变动成本法的局限性

尽管变动成本法具有许多优点,但在实际工作中,仍具有一定的局限性。

1. 不符合传统成本概念的要求

按照传统成本观念的理解,成本是为达到一个特定目的而已发生或可能发生的、以货币计量的支出。所以,产品成本应该是“全部”的,而不应该是“部分”的。也就是说,产品成本应该包括变动成本和固定成本。传统的成本概念在全世界得到了一致的认可,已成为人们的共同要求,而变动成本法计算的产品成本却不能满足这一要求。因此,变动成本法确定的产品成本不符合对外报告的要求,不能作为对外报告的依据。

2. 不适应长期决策的需要

变动成本法建立在成本性态分析基础之上,以相关范围假定作为存在前提。但成本的性态受到多个因素影响,固定成本和变动成本的水平不可能长期不变,而长期决策的时间较长,又要解决提高或降低生产能力和扩大或缩小经营规模的问题,必然突破相关范围。从较长时期考察,单位产品变动成本不可能维持在同一水平,固定成本也不可能始终不受业务量的影响。因此,变动成本法所提供的单位变动成本等信息只在一定的相关范围内有效,可以用于经营规模不变、生产能力不变的短期决策,对于长期决策难以胜任。因此,变动成本法所提供的资料,不适应长期决策的需要。

【课后习题】

习题一

一、目的：了解成本的组成，练习总成本的计算。

二、资料：B 公司是一家单一品种服装生产公司，该公司每个月的固定成本包括场地、机器的租赁等，变动成本则主要由服装生产的原材料构成，与原材料的生产数量相关联。已知该公司本月的单位产量变动成本为 10 元，产量水平为 3 000 件，每月的固定成本为700 000 元。为了提高生产效率，B 公司对机器进行了改造，在固定成本不变的前提下，其产品水平在以后的三个月里逐月增加 500 件。

三、要求：

(1) 利用总成本函数模型计算本月的总成本。

(2) 利用总成本函数模型计算以后三个月不同产量水平下的总成本。

习题二

一、目的：利用高低点法对混合成本进行分解。

二、资料：D 公司 20×9 年上半年的混合成本资料见表 8-6。

表 8-6　B 公司 20×9 年上半年混合成本

月份	1	2	3	4	5	6
业务量(吨)	210	180	350	560	420	270
混合成本(元)	3 200	2 600	4 200	6 400	4 500	3 800

三、要求：

(1) 简述高低点法的基本原理。

(2) 简述高低点法分解混合成本的优缺点。

(3) 利用高低点法将混合成本分解为变动成本和固定成本。

习题三

一、目的：利用散点图法对混合成本进行分解。

二、资料：E 公司 20×9 年上半年的混合成本资料见表 8-7。

表 8-7　B 公司 20×9 年上半年混合成本

月份	1	2	3	4	5	6
业务量(吨)	300	200	540	350	420	280
混合成本(元)	3 500	2 500	5 900	3 800	4 500	3 000

三、要求:

(1)简述散点图法分解混合成本的优缺点。

(2)利用散点图法将混合成本分解为变动成本和固定成本。

习题四

一、目的:利用回归直线法对混合成本进行分解。

二、资料:H公司20×9年上半年的销售额与成本资料见表8-8。

表8-8　B公司20×9年上半年销售额与成本资料　　单位:万元

期间	销售额(x)	成本(y)	x^2	xy
1	60	50	3 600	3 000
2	80	60	6 400	4 800
3	110	90	12 100	9 900
4	130	100	16 900	13 000
5	150	120	22 500	18 000
6	170	130	28 900	22 100

三、要求:

(1)简述回归直线法分解混合成本的优缺点。

(2)利用回归直线法将混合成本分解为变动成本和固定成本。

(3)当B公司的月销售额达到200万元时,变动成本和固定成本分别为多少?

习题五

一、目的:练习变动成本法和完全成本法两种方法下税前利润的计算。

二、假设某企业只生产一种产品,连续3年的产量均为8 000件,销量分别为8 000件,6 000件,9 000件,产品单价12元,生产成本(单位变动成本5元,固定制造费用24 000元),销管费全部为固定成本,每年发生额为25 000元。存货按加权平均法计价。

三、要求:根据上述资料,分别采用完全成本法和变动成本法确定各年的税前利润,并具体说明各年两种方法下税前利润产生差异的原因。

第九章
本量利分析

【案例导入】

四川航空：大巴免费乘，盈利却上亿

在成都双流机场有个很特别的景象，机场外停了很多辆黄色休旅车，后面写着“免费接送”。如果你想前往市区，搭乘出租车平均要花 150 元人民币。你也可以选择搭乘免费黄色休旅车，车满即走，司机会带你去市区的任何一个地点。

四川航空公司（以下简称“四川航空”）一次性订购了 150 台休旅车，作为旅客航空服务班车。四川航空此举主要是为了延伸服务空间，提高在陆地上航空服务的水平。原价一台 14.8 万元人民币的休旅车，四川航空以每台 9 万元集中一次性购买 150 台，提供给汽车公司的条件是，休旅车司机于载客途中向乘客详细介绍这台车子，乘客通过乘坐体验车子的优点和车商的服务。此外，四川航空还提供机票五折优惠。上述举措为四川航空带来了上亿元利润。

免费接送加五折机票优惠如何给四川航空创造上亿元的利润？这样的盈利模式是否具有可持续性？

【课程思政要点】

培养运用财务信息为企业盈利决策服务进而实现价值创造的整体认知。

第一节 本量利分析概述

管理会计服务于决策的重要方法之一是对成本、业务量和利润之间的内在规律进行系统性分析,这一分析方法被称为本量利分析(也称为CVP分析,cost-volume-profit analysis)。它基于动态环境进行分析,需要在理论上作出一系列的基本假设,以概括和简化现实。

一、本量利分析的基本假定

(一)相关范围假设

1. 期间假设

无论是固定成本还是变动成本,其成本性态均体现在特定的期间内。随着时间的推移,固定成本的总额及其内容会发生变化,单位变动成本的数额及其内容也会发生变化。所以,成本性态和以此为基础的本量利分析也是基于一定期间展开分析的。

2. 业务量假设

同样,对成本按性态进行划分得到的固定成本和变动成本,是在一定业务量范围内分析和计量的结果。当业务量发生较大变化时,成本性态是有可能变化的。所以,成本性态和以此为基础的本量利分析也是基于一定业务量范围展开分析的。

(二)模型线性假设

1. 固定成本不变假设

本量利分析中的模型线性假设首先是固定成本不变。也就是说,在企业经营能力的相关范围内,固定成本保持不变,即在一定期间和业务量范围内固定成本为一条水平线。

2. 单位变动成本不变假设

假定在相关范围内单位变动成本不变,或者说假设变动成本总额呈完全线性。基于完全线性假设,变动成本表现为一条从原点出发的直线,该直线的斜率就是单位变动成本。

3. 销售单价不变假设

在本量利分析中,通常假设销售价格为一个常数。这样,销售收入与销售量之间就呈现一种完全线性关系,在平面直角坐标图中销售收入线是一条过原点的直线,其斜率就是销售单价。

(三)产销平衡假设

本量利分析的核心是分析业务量作为驱动因素如何引起成本和利润的变化。而在分析业务量的变化时,对应着产量和销量两种指标,而且产销不平衡以及由此出现的存货问题会将分析引向一系列复杂的情形。为简化问题,基本的本量利分析假定产销平衡,即产量与销量相等。对现实中存在的产销不平衡情形和存货问题,都可以基于本量利分析的原理予以扩展。

(四)品种结构不变假设

品种结构不变假设是指在一家多品种生产和销售的企业中,各种产品的销售收入在总收入中所占的比重不变。由于多品种条件下各种产品的盈利能力一般会有所不同,有时差异还比较大,如果企业产销的产品品种结构发生较大变动,势必导致预计利润与实际利润之间出现较大差异。

上述假设中,相关范围假设是最基本的假设,是本量利分析的出发点;模型线性假设则是相关范围假设的延伸;产销平衡假设与品种结构不变假设是对模型线性假设的进一步补充;同时,品种结构不变假设又是多品种条件下产销平衡假设的前提条件。

上述诸假设的背后都有一个共同的假设:成本性态可分,即企业的全部成本可以合理地或者说比较准确地分解为固定成本与变动成本。

二、本量利分析的基本公式

本量利分析所考虑的相关因素主要包括固定成本 a、单位变动成本 b、销售量 x、单价 p、销售收入 px 和利润 P 等。这些变量之间的关系可用下列公式进行反映:

利润 =销售收入-总成本

=销售收入-变动成本-固定成本

=单价×销售量-单位变动成本×销售量-固定成本

=(单价-单位变动成本)×销售量-固定成本

即 $P=(p-b)x-a$

由于本量利分析的数学模型是在上述公式的基础上建立起来的,故可将该式称为本量利关系基本公式。

三、贡献边际及其相关指标的计算公式

在本量利分析中,贡献边际是一个十分重要的概念。所谓贡献边际是指产品的销售收入与相应变动成本之间的差额,又称贡献毛益或边际贡献。其相关指标除了主要以总额(记作 Tcm)表示,还有单位贡献边际(记作 cm)和贡献边际率(记作 cmR)两种形式。

所谓单位贡献边际是指产品的销售单价减去单位变动成本后的差额,亦可用贡献边际总额除以销售量求得。

所谓贡献边际率是指贡献边际总额占销售收入总额的百分比,又等于单位贡献边际占销售单价的百分比。

贡献边际的这三种形式可以互相换算,公式如下:

贡献边际(Tcm)= 销售收入−变动成本 $=px-bx$

= 单位贡献边际×销售量 $=cm\cdot x$

= 销售收入×贡献边际率 $=px\cdot cmR$

单位贡献边际(cm)= 单价−单位变动成本 $=p-b$

$$=\frac{\text{贡献边际}}{\text{销售量}}=\frac{Tcm}{x}$$

= 销售单价×贡献边际率 $=p\cdot cmR$

$$\text{贡献边际率}(cmR)=\frac{\text{贡献边际}}{\text{销售收入}}\times100\%=\frac{Tcm}{px}\times100\%$$

$$=\frac{\text{单位贡献边际}}{\text{单价}}\times100\%=\frac{cm}{p}\times100\%$$

根据本量利基本公式,贡献边际、固定成本及利润三者之间的关系可用下式表示:

利润(P)= 贡献边际−固定成本 $=Tcm-a$

从这一计算公式可看出,企业各种产品提供的贡献边际,虽然不是企业的利润,但它与企业利润的形成有着密切的关系。因为贡献边际首先用于补偿企业的固定成本,只有当贡献边际大于固定成本时才能为企业提供利润,否则企业将会出现亏损。

在前式的基础上,还可以推导出以下变形公式:

贡献边际(Tcm)= 固定成本+利润 $=a+P$

固定成本(a)= 贡献边际−利润 $=Tcm-P$

与贡献边际率密切关联的指标是变动成本率。所谓变动成本率(用 bR 表示)是指变动成本占销售收入的百分比或指单位变动成本占销售单价的百分比。

$$\text{变动成本率}(bR)=\frac{\text{变动成本}}{\text{销售收入}}\times100\%$$

$$=\frac{\text{单位变动成本}}{\text{单价}}\times100\%=\frac{b}{p}\times100\%$$

将贡献边际率与变动成本率联系起来考虑,可以得出以下关系式:

贡献边际率(cmR)= 1−变动成本率 $=1-bR$

变动成本率(bR)= 1−贡献边际率 $=1-cmR$

可见,贡献边际率与变动成本率属于互补性质,变动成本率高的企业则贡献边际率低,创利能力弱。反之,变动成本率低的企业,则贡献边际率高,创利能力强。

【例 9-1】 已知某公司只生产 A 产品,单价 p 为 15 元/台,单位变动成本 b 为 7 元/台,固定成本 a 为 50 000 元。20×9 年生产经营能力为 12 000 台。

要求:(1)计算全部贡献边际指标;(2)计算利润;(3)计算变动成本率;(4)验证贡献边际率与变动成本率的关系。

解：单位贡献边际(cm)$=p-b=15-7=8$(元/台)

贡献边际(Tcm)$=cm\times x=8\times 12\ 000=96\ 000$(元)

贡献边际率(cmR)$=\dfrac{Tcm}{px}\times 100\%=96\ 000\div 180\ 000\times 100\%=53.33\%$

利润(P)$=Tcm-a=96\ 000-50\ 000=46\ 000$(元)

变动成本率(bR)$=\dfrac{b}{p}\times 100\%=7\div 15\times 100\%=46.67\%$

贡献边际率+变动成本率$=cmR+bR=53.33\%+46.67\%=1$

贡献边际既不等同于传统会计中的销售毛利，也不等同于利润。那么计算贡献边际有何意义呢？

计算贡献边际的意义从下式可见：

因为　　利润=销售收入-变动成本-固定成本

=贡献边际-固定成本

所以，当贡献边际大于固定成本时，企业为盈利；当贡献边际小于固定成本时，企业为亏损；当贡献边际等于固定成本时，企业不盈也不亏。当企业的固定成本为已知数时，只要计算出企业的贡献边际额，即可知道企业的盈亏情况，如果知道一种产品的贡献边际也就可以知道这种产品的盈利能力。通过贡献边际指标可以了解每种产品的盈利能力及它们在企业生产经营过程中所做的贡献大小。所以，贡献边际可以提供关于一家企业或一种产品的盈利能力的情况，它是企业经营决策和利润计算的重要依据。

四、经营杠杆

根据成本性态分析的原理，在一定业务量的相关范围内，业务量的增加会降低单位固定成本，从而提高单位产品的利润，使利润增长率大于业务量增长率。反之，业务量的减少会提高单位固定成本，从而降低单位产品的利润，使利润下降率大于业务量下降率。管理会计中，将这种由于企业存在固定成本而出现的销量有较小幅度变动会引起利润较大幅度变动的现象称为经营杠杆(operating leverage)。经营杠杆能够反映企业经营的风险。

经营杠杆系数或经营杠杆率(the degree of operating leverage，DOL)用于衡量经营杠杆效应的大小，计算公式如下：

$$经营杠杆系数(DOL)=\frac{利润变动率}{销售量变动率}=\frac{基期贡献边际}{基期利润}$$

【例 9-2】　C 公司正在考虑下个月出售 A 产品，每套产品的变动成本是 120 元，销售价格是 200 元。现在有三种销售场地租金的选择：

方案 1：固定费用 2 000 元

方案 2：固定费用 800 元加所得收入的 15%

方案3：所得收入的25%，无固定费用

下表显示了销售量为40套时三种租金选择的经营杠杆系数。

表9-1 销售量为40套时不同选择下的经营杠杆系数

	方案1	方案2	方案3
单位贡献边际	80	50	30
贡献边际	3 200	2 000	1 200
利润	1 200	1 200	1 200
经营杠杆系数	3 200÷1 200=2.67	2 000÷1 200=1.67	1 200÷1 200=1.00

上述计算结果表明，当销售量为40套时，销售量和贡献边际变动1个百分点，对方案1而言利润将变动2.67个百分点，而对方案3而言利润只变动同样的百分比(1.00)。如果考虑销售量增加50%，即从40套增加到60套，每种方案贡献边际都将增加50%，然而方案1中利润将增加133%(2.67×50%)，从1 200元增加到2 800元；但方案3中利润只增加50%(1.00×50%)，从1 200元增加到1 800元(见表9-2)。给定销售水平下的经营杠杆系数能帮助管理人员计算销售波动对利润的影响。

注意，在有固定成本的情况下，不同销售水平的经营杠杆系数是不同的。例如，销售量是60套时，三种方案下的经营杠杆系数如下：

表9-2 销售量为60套时不同方案的经营杠杆系数

	方案1	方案2	方案3
单位贡献边际	80	50	30
贡献边际	4 800	3 000	1 800
利润	2 800	2 200	1 800
经营杠杆系数	4 800÷2 800=1.71	3 000÷2 200=1.36	1 800÷1 800=1.00

方案1中经营杠杆系数从2.67(销售量为40套时)降到1.71(销售量为60套时)，方案2中经营杠杆系数从1.67降到1.36。通常，只要存在固定成本，且贡献边际大于固定成本，当销售水平增加时经营杠杆系数下降。如果固定成本为0元，如方案3的情形，贡献边际等于利润，经营杠杆系数在任何销售水平上都等于1.00。

应用经营杠杆，有助于管理者作出正确的决策。如企业引进新设备、采用先进的工艺技术等，虽然能提高产品的产量和质量，降低单位变动成本，但也会使得固定成本增加，经营杠杆系数提高，企业经营风险加大。因此，只有在该产品处于成长或成熟的发展阶段，销售量能够持续稳定增长的情况下，才适合引进新设备、采用先进技术，并随着产销量的增加，充分发挥经营杠杆效应，使利润迅速增长。反之，如果市场销售量出现下降，则因为引进新设备、采用新技术导致的经营杠杆系数提高，企业将面临利润大幅度下降的风险。

再如,企业通过降价提高销售量来增加利润,这一营销策略在不同类型的企业效果并不相同。对于技术密集型企业,固定成本总额高,单位变动成本低,经营杠杆的作用大,由降价带来的销售量的增长,会使得利润大幅度提高。可是,对于劳动密集型企业,固定成本总额较低,单位变动成本高,经营杠杆的作用小,采用降价销售往往不能大幅度提高企业利润。

第二节 盈亏平衡分析

一、盈亏平衡点的确定

盈亏平衡点(break-even point,BEP),也叫保本点或盈亏临界点,是指企业达到不盈不亏(即利润为零)时的业务量。盈亏平衡点有两种表现形式,一种是盈亏平衡点的销售量,一种是盈亏平衡点的销售额。盈亏平衡分析是本量利分析的基础,企业在规划目标利润、控制利润完成情况、估计经营风险时都要用到。盈亏平衡分析就是根据成本、收入、利润等因素之间的函数关系,预测企业在什么情况下达到盈亏平衡的状态。这一分析所提供的信息对于企业合理计划和有效控制经营过程有重要意义,如预测成本、收入、利润和预计售价、销量、成本水平的变动对利润的影响等。

(一)基本等式法

盈亏平衡分析以成本性态分析和变动成本法为基础,在变动成本法下,利润的计算可用如下公式表示:

$$利润=销售收入-变动成本-固定成本$$

盈亏平衡点就是使利润等于零的销售量或销售额,即

$$销售收入=变动成本+固定成本$$

或

$$销量\times单价=销量\times单位变动成本+固定成本$$

这就是盈亏平衡点的基本计算模型。上式还可以演变为:

$$盈亏平衡点销量=\frac{固定成本}{单价-单位变动成本}$$

$$盈亏平衡点销售额=\frac{固定成本}{(单价-单位变动成本)/单价}$$

$$=\frac{固定成本}{贡献边际率}$$

（二）贡献边际法

根据本量利分析的基本公式，可知贡献边际、固定成本和利润之间的关系。

$$
\begin{aligned}
\text{利润} &= \text{销售收入} - \text{变动成本} - \text{固定成本} \\
&= \text{贡献边际} - \text{固定成本} \\
&= \text{销量} \times \text{单位贡献边际} - \text{固定成本} \\
&= \text{销售额} \times \text{贡献边际率} - \text{固定成本}
\end{aligned}
$$

$$\text{则盈亏平衡点销量} = \frac{\text{固定成本}}{\text{单位贡献边际}}$$

$$\text{盈亏平衡点销售额} = \frac{\text{固定成本}}{\text{贡献边际率}}$$

（三）本量利分析图

1. 传统式本量利分析图

传统式是本量利分析图中最基本的形式，其特点是能够直接表明固定成本不随业务量变动的特征，直接显示“亏损区”和“盈利区”的大小。在绘制传统式本量利分析图时，通常以纵轴表示销售收入、成本及利润，以横轴表示销售量、销售额等业务量，如图 9-1 所示。

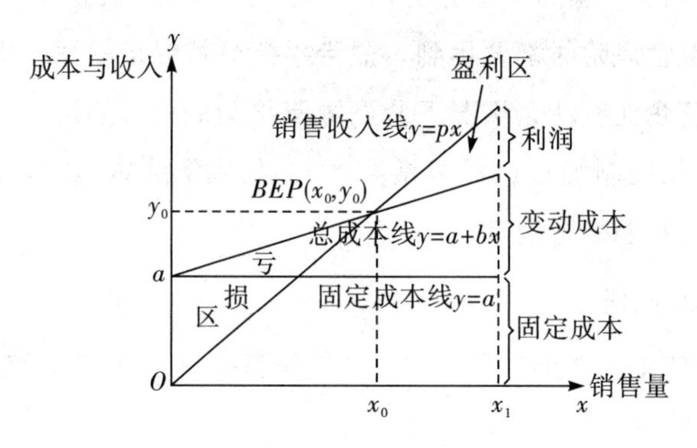

图 9-1　传统式本量利分析图

传统式本量利分析图的绘制步骤如下：

（1）在平面直角坐标系上作总收入线 $y=px$，即过原点作一条以单价 p 为斜率的直线。

（2）作固定成本线 $y=a$，即在纵轴上找到固定成本总额 a 那一点，通过该点作一条平行于横轴的直线。

（3）作总成本线 $y=a+bx$，即过 y 轴上的截距 a 点，作一条斜率为单位变动成本 b 的直线。

（4）销售收入线与总成本线相交之点 BEP（x_0，y_0）就是盈亏平衡点，该点的横坐标值 x_0 即为盈亏平衡点销售量，该点的纵坐标值 y_0 即为盈亏平衡点销售额。

（5）在横轴上过实际或预计销售量 x_1 点作一条平行于 y 轴的虚线，该虚线分别与固定成本线、总成本线、销售收入线相交，依次被截为三个线段。第一个线段的数值等于固定成本，第二个线段的数值等于当销售量为 x_1 时的变动成本，第三个线段的数值等于当销售量为 x_1 时的利润。

（6）由第三段虚线和盈亏平衡点右方的销售收入线、总成本线所围成的三角区，称为盈利区；由盈亏平衡点左方的销售收入线、总成本线和从原点 O 到截距 a 一段纵轴所围成的三角区，称为亏损区。

从图 9-1 可以看出，利润的高低取决于销售收入与总成本之间的对比。销售收入的大小取决于销售数量和销售单价两个因素，总成本的大小则取决于变动成本和固定成本这两个因素。在进行传统式本量利分析图分析时，我们得到的一个启示就是：只要销售单价高于单位变动成本，固定成本就可以得到补偿。传统式本量利分析图直观、形象地描述了这种关系，具体表现在：

（1）在盈亏平衡点不变的情况下，如果产品销售量超过盈亏平衡点一个单位的业务量，即可获得一个单位贡献边际的盈利，销售量越大，能实现的利润就越多。反之，若产品销售量低于盈亏平衡点一个单位的业务量，即亏损一个单位贡献边际的盈利，销售量越少，亏损额越大。

（2）在销售量不变的情况下，盈亏平衡点越低，盈利区的三角形区域面积就会扩大，亏损区就会缩小，它反映了产品的盈利性有所提高，即能实现更多的盈利或减少亏损。反之，盈亏平衡点越高，则反映了产品的盈利性有所降低，即能实现的盈利更少或亏损更大。

（3）在销售收入既定的条件下，盈亏平衡点的高低取决于固定成本和单位变动成本的多少。固定成本越多，或单位变动成本越多，盈亏平衡点越高。反之，盈亏平衡点越低。

（4）在固定成本总额和单位变动成本既定的情况下，盈亏平衡点的高低取决于单价的高低。单价提高，盈亏平衡点降低；反之，盈亏平衡点升高。

2. 贡献式本量利分析图

贡献式本量利分析图因其能直观地反映出贡献边际的大小而得名。该图的特点是将固定成本线置于变动成本线之上，总成本线是一条平行于变动成本线的直线，它反映了贡献边际与其他各因素的关系，如图 9-2 所示。

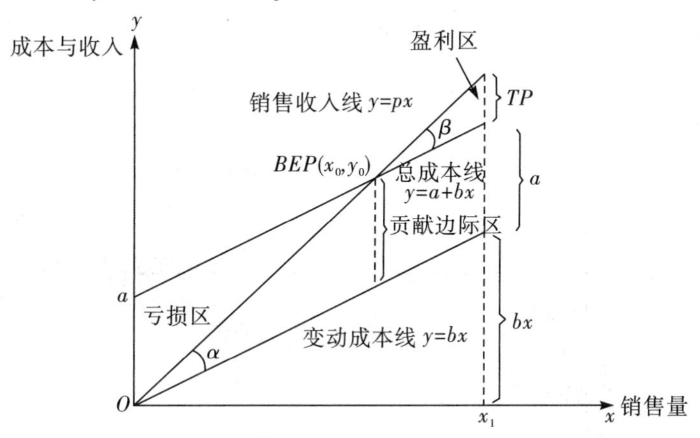

图 9-2　贡献式本量利分析图

其绘制步骤如下:

(1)建立平面直角坐标系,横轴表示产品销售量,纵轴表示成本与销售收入。

(2)以坐标原点为起点,以单位变动成本为斜率,绘制变动成本线。

(3)在纵轴上找出固定成本数值点,以单位变动成本为斜率,绘制总成本线。

(4)以坐标原点为起点,以销售单价为斜率,绘制销售收入线。

贡献式本量利分析图与传统式本量利分析图一样,可以显示出盈亏平衡点,即销售收入线与总成本线的交点,也能反映出任一销售量下的企业利润情况。

从图 9-2 中不难发现以下变化规律:

(1)销售收入线与变动成本线、总成本线相交的两个角相等,夹角的大小反映着贡献边际率的高低,直接影响着利润的增减变化,夹角越大,利润越高。反之,越低。

(2)只要单价大于单位变动成本,则必然有贡献边际存在。

(3)贡献边际应当首先补偿固定成本,只有超额的部分才构成企业的利润。

贡献式本量利分析图与传统式本量利分析图最大的区别,在于它能反映任一销售量下的贡献边际。由于销售收入与变动成本的差额为贡献边际,所以图 9-2 中销售收入线与变动成本线的垂直距离即为贡献边际。总成本线与变动成本线间的垂直距离为固定成本。在盈亏平衡点左侧,贡献边际小于固定成本,所以为亏损区;在其右侧,贡献边际大于固定成本,所以为盈利区。因此,贡献式本量利分析图的优点是可以表示贡献边际的数值,直观、有效地反映贡献边际、固定成本及利润的关系,为企业经营决策提供有价值的会计信息。企业的销售收入随销售量成正比例增长,这些收入首先用于弥补产品自身的变动成本,剩余的是贡献边际。贡献边际随销售量增加而增加,当其达到固定成本值时(到达 *BEP* 点),企业处于盈亏平衡状态;当贡献边际超过固定成本后,企业进入盈利状态,即图 9-2 中的盈利区。

3. 利量式本量利分析图

利量式本量利分析图,是既能直接反映利润和销售量的依存关系,又可以同时反映贡献边际水平的一种图形。该图需要利用平面直角坐标系的第一象限和第四象限,以 x 轴表示销售量,以 y 轴表示利润或贡献边际,如图 9-3 所示。

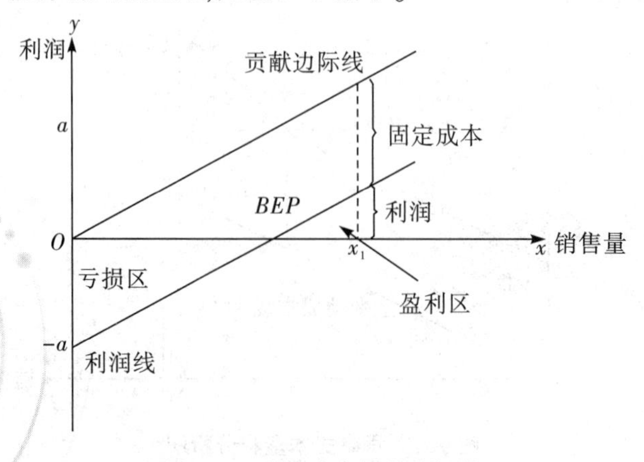

图 9-3　利量式本量利分析图

其绘制步骤如下：

(1)先绘制贡献边际线，即过原点绘制一条以单位贡献边际为斜率的直线。

(2)绘制利润线，即按照固定成本的数值，在 y 轴上标出 $-a$ 的位置，过 $-a$ 作一条平行于贡献边际线的直线。

(3)利润线与 x 轴的交点即为盈亏平衡点。

(4)假设实际或预计销售量为 x_1，过 x_1 作一条平行于 y 轴的虚线分别与利润线和贡献边际线相交，并被截成两段。第一段等于利润，第二段等于固定成本，两段之和为贡献边际。

从图9-3利量式本量利分析图中可以看到，在单位贡献边际大于零的条件下，当销售量为零时企业将发生最大的亏损额，其数额等于固定成本。该图还可以清楚地反映出销售量变动对贡献边际和利润的影响。它的特点是将纵轴上的销售收入与成本因素略去，使坐标图仅仅反映利润与销售数量之间的依存关系，并不能反映业务量对成本的影响。

利量式本量利分析图是最简单的一种本量利分析图，它易被企业管理人员所理解和接受。因为，它直接表达了销售量与利润之间的关系：当销售量为零时，企业的亏损就等于固定成本；随着销售量的增长，亏损逐渐减少，盈利逐渐增加。

二、多品种产品盈亏平衡分析

企业同时生产和销售多种产品时，也可以进行本量利分析。多品种产品盈亏平衡分析的核心是计算多种产品的综合贡献边际率。多品种产品的综合贡献边际率由各产品的贡献边际率和产品的品种结构决定。

首先假定企业产品品种结构不变。由于各种产品的实物数量单位不同，多种产品的盈亏平衡点只能用金额表示，即计算企业盈亏平衡点的销售额。计算多种产品盈亏平衡点销售额最常用的方法是加权平均法。计算步骤如下：

(1)计算全部产品的总销售额

$$\text{全部产品的总销售额}=\sum \text{每种产品的销售单价}\times\text{该种产品的销售量}$$

(2)计算每种产品的销售比重

$$\text{每种产品的销售比重}=\frac{\text{每种产品的销售额}}{\text{全部产品的总销售额}}$$

(3)计算综合贡献边际率

$$\text{综合贡献边际率}=\sum \text{每种产品的贡献边际率}\times\text{该种产品的销售比重}$$

(4)计算综合盈亏平衡点销售额

$$\text{综合盈亏平衡点销售额}=\frac{\text{固定成本}}{\text{综合贡献边际率}}$$

(5)计算每种产品的盈亏平衡点销售额和盈亏平衡点销售量

$$每种产品的盈亏平衡点销售额=综合盈亏平衡点销售额×每种产品的销售比重$$

$$每种产品的盈亏平衡点销售量=\frac{每种产品的盈亏平衡点销售额}{该种产品的销售单价}$$

【例 9-3】 某公司计划生产甲、乙、丙三种产品,预计销售量、成本和单价资料如表 9-3 所示。

表 9-3 甲、乙、丙三种产品销售量、成本及单价资料

项目	甲产品	乙产品	丙产品
预计产销量(件)	10 000	5 000	10 000
单位产品售价(元)	60	40	20
单位变动成本(元)	48	28	15
固定成本总额(元)	149 500		

根据上述资料:

(1) 甲产品的贡献边际率=(60-48)÷60×100%=20%

乙产品的贡献边际率=(40-28)÷40×100%=30%

丙产品的贡献边际率=(20-15)÷20×100%=25%

(2) 总销售额=10 000×60+5 000×40+10 000×20=1 000 000(元)

甲产品的销售比重=600 000÷1 000 000×100%=60%

乙产品的销售比重=200 000÷1 000 000×100%=20%

丙产品的销售比重=200 000÷1 000 000×100%=20%

(3) 综合贡献边际率=20%×60%+30%×20%+25%×20%=23%

(4) 综合盈亏平衡点销售额=149 500÷23%=650 000(元)

(5) 甲产品盈亏平衡点销售额=650 000×60%=390 000(元)

甲产品盈亏平衡点销售量=390 000÷60=6 500(件)

乙产品盈亏平衡点销售额=650 000×20%=130 000(元)

乙产品盈亏平衡点销售量=130 000÷40=3 250(件)

丙产品盈亏平衡点销售额=650 000×20%=130 000(元)

丙产品盈亏平衡点销售量=130 000÷20=6 500(件)

上述计算结果表明,该企业销售总额要达到 650 000 元时才能保本,其中甲、乙、丙三种产品的销售额分别为 390 000 元、130 000 元和 130 000 元。

三、安全边际分析

与盈亏平衡点相对应的一个概念是安全边际。所谓安全边际,是指正常销售量或者现有销售量超过盈亏平衡点销售量的差额。这一差额表明企业的销售量在超越了盈亏平衡点的销售量之后,到底有多大的盈利空间。或者说,现有的销售量降低多少,就会发生亏损。

安全边际的意义在于盈亏平衡点下的销售量只能让企业保本,只有销售量超过盈亏平衡点销售量的部分,即安全边际所提供的贡献边际才能形成企业的利润。超出部分越大,企业实现的利润也就越多,经营也就越安全。从这个意义上说,安全边际是从相反的角度来研究盈亏平衡点问题。

安全边际除了可以用现有销量与盈亏平衡点销量的差额表示,还可以用相对数来表示,即安全边际率。

$$安全边际率=\frac{安全边际}{现有销售量或预计销售量}\times 100\%$$

设企业盈亏平衡点的销售量为 2 500 件,预计正常销售量为 4 000 件,销售单价为 50 元,则

$$安全边际=4\ 000-2\ 500=1\ 500(件)$$

$$安全边际销售额=4\ 000\times 50-2\ 500\times 50=75\ 000(元)$$

$$安全边际率=1\ 500\div 4\ 000\times 100\%=37.5\%$$

上述计算结果表明,现有的实际销售量再减少 1 500 件或 37.5%,企业就将处于不盈不亏的状态。如果降低的幅度超过这一数值,企业将会发生亏损。因此,安全边际指标可以反映出企业经营的安全程度。

安全边际和安全边际率都是正指标,越大越好。一般认为,安全边际率在 10%以下时,就很危险;在 40%以上时,就很安全。具体如下:

表 9-4 企业经营安全性检验标准

安全边际率	10%以下	10%~20%	20%~30%	30%~40%	40%以上
安全程度	危险	值得注意	比较安全	安全	很安全

由于该产品安全边际率为 37.5%,因而从经营角度讲是安全的。

如前所述,只有安全边际才能为企业提供利润,而盈亏平衡点的销售量只能为企业收回固定成本,所以企业利润的计算可以借助安全边际这一概念,即

$$利润=安全边际\times 单位贡献边际$$

或

$$=安全边际销售额\times 贡献边际率$$

将上式左右两边均除以产品销售收入,则有

$$销售利润率=安全边际率\times 贡献边际率$$

安全边际概念和上述有关计算公式在预测和决策分析中有着广泛的应用。

第三节 目标利润规划

一、目标利润的确定

传统的利润预测就是根据事先预计的销售量、价格和成本水平来测算企业预期实现的利润额。利润在这里是因变量，它随着销售量、价格和成本的变动而变动。现代利润规划则以目标利润预测为中心。所谓目标利润（target profit）是指企业在未来的计划期内，经过努力应该实现的最优化利润目标。它是由企业管理层根据本单位在计划期的实际生产能力、生产技术条件、材料供应状况、运输条件以及市场环境等因素确定的最优化战略目标，是企业在未来计划期内应当实现的最佳利润水平。目标利润必须经过反复测算、验证、调整才能最终确定。目标利润不应当是现有销售量、价格和成本的消极后果，相反，它应当对销售量、价格和成本等因素的未来发展起着某些约束作用。

目标利润的预测一般是在调查研究的基础上，通过了解和掌握企业历史上利润率最高水平以及当前同行业或社会平均利润率水平，从中选择先进合理的利润率作为预测基础。通常用于预测目标利润的利润率指标主要是投资报酬率（return on investment, ROI）。在实际应用中，投资报酬率标准不宜定得过高或偏低，否则会挫伤企业各方面的积极性或主动性。

将选定的投资报酬率标准与企业预期的资产平均占用额相乘，便可测算出目标利润，其计算公式如下：

$$\text{目标利润} = \text{预计资产平均占用额} \times \text{投资报酬率}$$

二、保利分析

（一）保利目标下销售量与销售额的确定

1. 实现目标利润业务量的计算

所谓实现目标利润的业务量，是指在单价和成本水平既定的情况下，为确保事先确定的目标利润能够实现而应当达到的销售量或销售额。为此，实现目标利润的业务量又称"保利业务量"，有关的计算公式又被称作"保利公式"，它们包括：

$$\text{保利销售量} = \frac{\text{固定成本} + \text{目标利润}}{\text{单价} - \text{单位变动成本}} = \frac{\text{固定成本} + \text{目标利润}}{\text{单位贡献边际}}$$

$$保利销售额=单价\times保利销售量=\frac{固定成本+目标利润}{贡献边际率}$$

【例 9-4】 某公司 20×7 年只生产 A 产品,单价为 10 元/件,单位变动成本为 6 元/件。全年固定成本为 30 000 元。假设 20×8 年目标利润为 20 000 元,价格和成本保持上年水平不变。

要求:计算该企业 A 产品的年销售量和年销售额至少达到多少时才能实现目标利润。

保利销售量=(30 000+20 000)÷(10-6)= 12 500(件)

贡献边际率=(10-6)÷10×100%=40%

保利销售额=(30000+20000)÷40%=125 000(元)

2. 实现目标净利润业务量的计算

目标净利润是指企业在一定时期应该实现的税后利润目标,这也是利润规划中的一个重要指标。因为只有净利润才是企业可能实际支配的盈利,才能用于提取盈余公积、分配利润。实现目标净利润业务量的计算公式如下:

$$保净利销售量=\frac{固定成本+\dfrac{目标利润}{1-所得税税率}}{单位贡献边际}$$

$$保净利销售额=\frac{固定成本+\dfrac{目标利润}{1-所得税税率}}{贡献边际率}$$

【例 9-5】 承【例 9-4】,假设该企业 20×9 年预测目标净利润为 9 750 元,所得税税率为 25%,价格和成本保持上年水平不变。

要求:计算该企业 A 产品的年销售量和年销售额至少达到多少时才能实现目标净利润。

保净利销售量=[30 000+9 750÷(1-25%)]÷(10-6)= 10 750(件)

保净利销售额=[30 000+9 750÷(1-25%)]÷40%=107 500(元)

(二)保利目标下其他因素的确定

在保利分析中,也可以分析计算在预计销售量一定的情况下,为保证实现目标利润的单价、单位变动成本或固定成本应为多少。在这种情况下,保利分析的公式表示如下:

$$保利单价=单位变动成本+\frac{固定成本+目标利润}{销售量}$$

$$保利单位变动成本=单价-\frac{固定成本+目标利润}{销售量}$$

$$保利固定成本=(单价-单位变动成本)\times销售量-目标利润$$

【例 9-6】 某公司生产和销售单一产品。公司计划年度内预计销售产品 3 600 件,全年固定成本预计为 50 000 元。该产品单价为 50 元,单位变动成本为 25 元,则计划年度的目标利润为:

目标利润=3 600×(50−25)−50 000=40 000(元)

或者先确定计划年度的目标利润为40 000元,则

保利销售量=(40 000+50 000)÷(50−25)= 3 600(件)

(1)如果其他条件不变,固定成本减少了10 000元,则目标利润不仅可以实现,还能超过目标10 000元,或者在比预计销售量低的销售量下实现目标利润,即

保利销售量=(40 000+40 000)÷(50−25)= 3 200(件)

(2)如果其他条件不变,单位变动成本由25元降为20元,则预计可实现利润58 000元[3 600×(50−20)−50 000],即比原定目标多实现利润18 000元,或者实现目标利润的销售量降为:

保利销售量=(40 000+50 000)÷(50−20)= 3 000(件)

(3)如果其他条件不变,产品单价由50元下降到45元,其他条件不变,则可实现利润22 000元[3 600×(45−25)−50 000],即比目标利润少18 000元,此时实现目标利润的销售量应为:

保利销售量=(40 000+50 000)÷(45−25)= 4 500(件)

如果销售量可以超过预计的3 600件而达到4 500件,则目标利润尚能实现,否则无法实现。

第四节 敏感性分析

本量利分析是建立在一定的假定基础之上的,如产品销售单价、单位变动成本和固定成本必须为常量等,但在企业实际经营中,这种静态平衡是不可能维持长久的。所谓敏感性分析,就是研究本量利分析的基本假定中的诸因素发生变化时,对盈亏平衡点、保利点和利润的影响方向和影响程度。敏感性分析的目的是把握其中影响变动的规律,以便于指导经营实践。

一、各因素变动对盈亏平衡点和利润的影响

(一)销售单价变动的影响

1. 销售单价变动对盈亏平衡点的影响

销售单价是影响盈亏平衡点的一个重要因素,在单位成本一定的情况下,当销售单价提高时,销售同样数量的产品,会提高销售收入,从而补偿全部成本所需要的销售量会减少,盈

亏平衡点下降。反之,当销售单价降低时,销售同样数量的产品,会减少销售收入,从而补偿全部成本所需要的销售量会增加,盈亏平衡点上升。

根据盈亏平衡点的计算公式“$盈亏平衡点销售量=\frac{固定成本}{单价-单位变动成本}$”可知,盈亏平衡点销售量与销售单价的变动呈反向变动关系。销售单价提高时,盈亏平衡点销量会下降;销售单价降低时,盈亏平衡点销量会随之上升。

2. 销售单价变动对利润的影响

本量利分析的基本公式为:利润=(单价-单位变动成本)×销售量-固定成本,根据这一计算公式可知,在成本和业务量水平一定的情况下,销售单价的变动,会引起销售收入的变化,进而对利润产生影响,利润和销售单价呈同向变动关系。

(二)单位变动成本变动的影响

企业劳动生产率提高,采用新的生产工艺,生产技术以及生产要素价格变动等,会使产品单位变动成本不断下降或上升,进而影响盈亏平衡点和利润。

1. 单位变动成本变动对盈亏平衡点的影响

在其他因素不变的情况下,当单位变动成本降低时,单位贡献边际会增加,从而补偿固定成本所需的销售量减少,盈亏平衡点下降。反之,当单位变动成本上升时,单位贡献边际降低,从而补偿固定成本所需的销售量增加,盈亏平衡点提高。

根据盈亏平衡点计算公式“$盈亏平衡点销售量=\frac{固定成本}{单价-单位变动成本}$”可知,盈亏平衡点销售量的变动与单位变动成本呈同向变动关系,单位变动成本提高时,盈亏平衡点销量也随之提高;当单位变动成本降低时,盈亏平衡点销量也随之降低。

2. 单位变动成本变动对利润的影响

根据利润计算公式“利润=(单价-单位变动成本)×销售量-固定成本”可知,在销售单价和销售量一定的情况下,单位变动成本的变动,会使变动成本总额和总成本水平变化,进而影响利润。利润和单位变动成本呈反向变动关系。

(三)固定成本变动的影响

固定成本在一定范围内是保持不变的,但企业决策的变化也会引起固定成本的变动,从而对盈亏平衡点和利润产生影响。

1. 固定成本变动对盈亏平衡点的影响

在销售单价和单位变动成本不变的情形下,产品的单位贡献边际是确定的,当固定成本变动时,补偿固定成本所需的销售量会随之变动,进而引起盈亏平衡点销售量的上升或下降。根据盈亏平衡点计算公式“$盈亏平衡点销售量=\frac{固定成本}{单价-单位变动成本}$”可知,盈亏平衡点销售量与固定成本呈同向变动关系,即固定成本降低时,盈亏平衡点销售量会随之下降,固定成本提高时，盈亏平衡点销售量会相应上升。

2. 固定成本变动对利润的影响

根据利润计算公式“利润=(单价-单位变动成本)×销售量-固定成本”可知，在销售单价和销售量一定的情况下，固定成本的变动会使总成本发生变化，进而影响利润。从利润计算公式来看，利润和固定成本呈现反向变动关系。

(四)各影响因素共同变动的影响

如果以上各影响因素共同变动，那么总成本线、销售收入线都将同时发生移动，必将引起盈亏平衡点和保利点发生变化，利润区间也将发生变化。至于盈亏平衡点和保利点移动的方向、距离以及利润区间变动的程度，则由这些因素共同作用的结果而定。如果产品单价升高，而单位变动成本和固定成本总额降低，盈亏平衡点和保利点必然向左下方移动，利润区间扩大。反之，盈亏平衡点和保利点则向右上方移动，利润区间缩小。如果它们同时增加或者同时减少，必须经过计算才能确定。

【例 9-7】 假定甲公司基期和计划期 A 产品的单位变动成本、固定成本、产品单价及销量资料如表 9-5 所示。

表 9-5 甲公司 A 产品相关资料

影响因素	基期数	变动幅度(%)	计划数	盈亏平衡点				利润	
				变动前		变动后		变动前	变动后
				数量	金额	数量	金额		
p(元)	12	+20	14.40	360	4 320	257	3 700.80	2 040	3 720
b(元)	6	-8	5.52	360	4 320	333	3 996	2 040	2 376
x(件)	700	+15	805	360	4320	360	4 320	2 040	2 670
a(元)	2 160	-15	1 836	360	4 320	306	3 672	2 040	2 364

注：盈亏平衡点和利润变动前后的数额，都是以一个因素变动而其他因素不变为基础计算的。

单位产品售价增加 20%，即由基期的 12 元/件提高到 14.4 元/件，那么，价格变动后的盈亏平衡点、安全边际和利润数额为：

$$\text{盈亏平衡点销售量}=\frac{\text{固定成本总额}}{\text{单价}-\text{单位变动成本}}=2\ 160\div(14.4-6)\approx 257(\text{件})$$

$$\text{盈亏平衡点销售额}=\text{盈亏平衡点销售量}\times\text{单价}=257\times 14.4=3\ 700.80(\text{元})$$

$$\text{利润}=\text{安全边际}\times\text{单位贡献边际}=(700-257)\times(14.4-6)=3\ 721.20(\text{元})$$

$$\text{或利润}=\text{贡献边际}-\text{固定成本}=(14.4-6)\times 700-2\ 160=3\ 720(\text{元})$$

注：上述计算结果差异由于安全边际取整所致。

单位变动成本、销售量和固定成本的变动对盈亏平衡点和利润数额的影响，可以用同样的方法进行分析，这里不再介绍。

为了了解各因素共同变动的影响，计算各因素共同变动后的盈亏平衡点和利润数额的结果如下：

各因素变动后，单位产品售价为 14.4 元/件，单位变动成本为 5.52 元/件，销售量为 805 件，固定成本总额 1 836 元。

$$盈亏平衡点销售量=\frac{固定成本}{单价-单位变动成本}=1\,836\div(14.4-5.52)\approx207(件)$$

$$盈亏平衡点销售额=盈亏平衡点销售量\times单价=207\times14.4=2\,980.80(元)$$

$$利润=贡献边际-固定成本=(14.40-5.52)\times805-1\,836=5\,312.40(元)$$

上述计算结果表明，各因素共同变动后，盈亏平衡点销售量和盈亏平衡点销售额分别由变动前的 360 件和 4 320 元下降到 207 件和 2 980.80 元。利润由变动前的 1 920 元增加到 5 312.40 元。

（五）产品品种结构变动的影响

企业在生产和销售多品种产品的情况下，由于不同产品的盈利能力各不相同，则不同产品的贡献边际率也各不相同，当企业销售的产品品种结构（即销售组合）发生变动时，将会导致综合贡献边际率发生变化，从而影响综合盈亏平衡点销售额。具体来说，当贡献边际率较高的产品的销售比例提高时，综合贡献边际率会上升，从而导致综合盈亏平衡点销售额下降，在同样的销售收入总额情况下，企业的利润就会上升。反之，当贡献边际率较低的产品的销售比例上升时，综合贡献边际率会下降，从而导致综合盈亏平衡点销售额上升，在同样的销售收入总额情况下，企业的利润就会下降。

【例 9-9】 甲公司经销风衣、皮鞋和布鞋三种商品，固定成本总额为 35 200 元，三种商品的贡献边际率分别为风衣 40%、皮鞋 25%、布鞋 40%。其中风衣和布鞋的获利程度稍高些，公司决定调整商品的销售结构。调整前和调整后的有关数据如表 9-7 所示。

表 9-7 调整品种结构前后的有关数据表

调整品种结构前的有关数据			
项目	风衣	皮鞋	布鞋
销售比重	40%	32%	28%
贡献边际率	40%	25%	40%
综合贡献边际率	35.20%		
调整品种结构后的有关数据			
项目	风衣	皮鞋	布鞋
销售比重	50%	10%	40%
贡献边际率	40%	25%	40%
综合贡献边际率	38.50%		

根据调整品种结构后的综合贡献边际率，计算企业的综合盈亏平衡点销售额：

$$综合盈亏平衡点销售额=35\ 200\div 38.50\%=91\ 428.57(元)$$

调整品种结构后的综合盈亏平衡点销售额为91 428.57元，比调整前的35 200÷35.20% =100 000元减少8 571.43元，减少幅度为8.57%。公司综合盈亏平衡点销售额减少说明公司销售商品的盈利性增加。所以，在对市场进行充分调查研究的基础之上，确定合理的产品品种结构，对提高公司的经济效益具有十分重要的作用。

二、利润敏感性分析

销售量、单价、变动成本和固定成本等因素的变动，都会引起利润的变动，但利润对它们的敏感程度是不同的。有些因素只要有较小的变动就会引起利润的较大变动，这些因素称为强敏感性因素；有些因素虽有较大变动，但对利润的影响却不大，这些因素称为弱敏感性因素。

衡量敏感程度的指标称敏感系数，其计算公式为：

$$敏感系数=\frac{目标值变动百分比}{因素值变动百分比}$$

计算结果若敏感系数为正数，表明目标值（利润）与因素值（销售量、单价、变动成本、固定成本等）同向变动；若敏感系数为负数，表明目标值与因素值反向变动。敏感系数的绝对值越大，目标值对因素值越敏感，反之亦然。

根据本量利分析的基本公式 $P=px-(a+bx)$，可见 p、x、a 及 b 对 P 的影响程度各不相同。现举例说明如下。

【例9-8】 假定C公司计划期间产销A产品8 000件，单价为100元，单位变动成本为80元，固定成本总额为100 000元。

（1）利润=100×8 000-（100 000+80×8000）= 60 000（元）

（2）将 p、x、b 及 a 各变动1%，分析对利润产生的影响。

运用本量利分析的基本公式分析 p、x、b、a 变动1%对利润产生的影响，如表9-6所示。

表9-6　p、x、b 及 a 对利润 P 的影响

影响因素	变动	利润变动额	利润变动百分比	敏感系数
p	+1%	+8 000	+13.33%	13.33
x	+1%	+16 00	+2.67%	2.67
b	-1%	+64 00	+10.67%	-10.67
a	-1%	+1 000	+1.67%	-1.67

从表9-4中可以看出，在影响利润的四个因素中，以 p 的敏感性最大，b 次之，再次为 x，a 的敏感性最小。

同时通过观察也可得知，p 的敏感系数绝对值与 b 的敏感系数绝对值之差等于 x 的敏感系数绝对值，x 的敏感系数绝对值与 a 的敏感系数绝对值之差等于1。

不论怎样,掌握各个因素对利润的敏感程度,有助于我们在企业经营管理工作中增强预见性,并采取相应的有效措施(即选择最优方案)来增加收入,降低成本,以获取最佳经济效益,保证目标利润的实现。

【课后习题】

习题一

一、目的:练习本量利分析。

二、资料:A 公司 20×9 年利润表简表如下表所示(单位:元)。

表 9-8　A 公司某产品利润简表

销售收入	160 000
减:销售成本(其中变动成本占 60%)	120 000
销售毛利	40 000
减:期间成本(其中固定成本占 50%)	50 000
税前利润	-10 000

三、要求:计算该公司的贡献边际和贡献边际率。

习题二

一、目的:练习盈亏平衡点的计算。

二、资料:甲公司销售 A 产品,有关资料如下表所示。

表 9-9　A 产品有关资料

单位售价(元)	25
单位变动成本(元)	20
单位贡献边际(元)	5
固定成本总额(元)	450
所得税税率	25%

三、要求:

(1)计算盈亏平衡点销售量;

(2)假设现有销售量为 150 件,计算安全边际率;

(3)要实现目标利润 200 元的销售量是多少?

(4)若目标利润为税后利润 300 元,则预计销售额为多少?

习题三

一、目的：练习多品种盈亏平衡点的计算。

二、资料：假定某企业计划年度产销甲、乙、丙、丁四种产品，预计销售量、成本和单价资料如表9-10所示。

表9-10 甲、乙、丙、丁四种产品销售量、成本及单价资料

项目	甲	乙	丙	丁
产销量(件)	60	25	90	45
销售单价(元)	60	40	50	20
单位变动成本(元)	36	25	30	10
固定成本总额(件)	4 500			

三、要求：

(1)计算该企业计划年度的综合贡献边际率；

(2)计算四种产品的综合盈亏平衡点销售额。

习题四

一、目的：练习在保证实现目标利润与目标净利润的前提下计算对应销售量与销售额。

二、资料：甲公司生产A产品，单位产品的售价为12元，单位变动成本为4元，固定成本总额为7 000元。

三、要求：

(1)若甲公司当年目标利润为30 000元，计算实现目标利润的销售量与销售额。

(2)若所得税税率为25%，计算甲公司实现目标净利润30 000元的销售量与销售额。

习题五

一、目的：练习在本量利分析中各因素变动的敏感性分析。

二、资料：甲公司产销A产品(产销平衡)，预计A产品年销售量28 000件，每件售价2元，单位变动成本1.5元。计划期间固定成本10 000元。

三、要求：

(1)计算盈亏平衡点销售量与目标利润。

(2)若其他条件不变，单价提高到2.5元，计算甲公司盈亏平衡点销售量与实现目标利润的销售量。

(3)若其他条件不变，单位变动成本降低到1.2元，计算甲公司盈亏平衡点销售量与实现目标利润的销售量。

(4)若其他条件不变,固定成本提高到12 000元,计算甲公司盈亏平衡点销售量与实现目标利润的销售量。

习题六

一、目的:练习在本量利分析中多因素同时变动的敏感性分析。

二、资料:甲公司计划期内预计生产销售A产品10 000件,单价20元,单位变动成本12元,固定成本总额为60 000元。

三、要求:

(1)计算盈亏平衡点销售量、销售额与预计可实现利润。

(2)若在各因素同时变动的情况下,单价提高到22元,单位变动成本降低到10元,固定成本提高到70 000元,销售量提高到11 000件,则盈亏平衡点销售量、销售额以及预计可实现利润是多少？并将结果与第(1)题进行比较。

习题七

一、目的:练习在本量利分析中产品品种结构变动的敏感性分析。

二、资料:A公司固定成本总额为62 000元,该公司生产甲、乙、丙三种产品(假定各种产品的产销完全一致),有关资料如表9-11所示:

表9-11　A公司产品相关资料

产品	甲产品	乙产品	丙产品
销量(件)	5 600	4 200	2 800
单价(元)	25	20	20
单位变动成本(元)	20	14	8

三、要求:

(1)计算综合贡献边际率与盈亏平衡点销售额。

(2)若A公司产品品种结构(各产品销售收入之比)改为4∶3∶3,计算变动后的综合贡献边际率与盈亏平衡点销售额。

第十章 预算管理

【案例导入】

17年预算管理之路，收获了什么

中国科学技术大学附属第一医院(安徽省立医院)自2005年起借鉴企业全面预算管理模式,历经培育文化、支出控制、全面预算、战略预算管理等四个阶段,建立起“无预算不开支、事权财权统一、花钱必定问效、无效必定问责”的预算管理机制和管理文化,将医院人、财、物、技全部资源纳入预算管理范畴,重塑医院管理秩序。

医院制定了《中国科学技术大学附属第一医院(安徽省立医院)全面预算管理办法》,建立了由预算管理委员会、预算管理办公室、预算归口管理部门和预算科室组成的全面预算管理组织体系,明确相应职责,医院所有部门、所有科室都纳入这一体系,确保预算责任层层分解,落实到各级预算责任单元。医院对从预算编制到预算考核评价的全流程环节进行了闭环设计。预算编制方面,以政策、战略为驱动,以绩效为杠杆,按照“上下结合、分级编制、逐级汇总”的程序,层层组织做好预算编制工作,将年度目标以预算的形式分解成各部门与员工的任务,预算管理委员会对预算方案进行审议调整,严格控制不合理支出,经院职工代表大会审议通过后执行。预算执行方面,严格遵守预算执行授权审批制度和各项审批程序,经批复的预算严格执行,形成全方位的预算执行责任体系,并将预算作为开展各项业务活动和经济活动的基本依据。预算调整方面,当医院所处的外部环境发生重大变化、医院内部发展战略发生改变、内部资源配置条件发生变化的时候,医院按规定程序启动预算调整流程,并报业务主管部门备案。预算分析方面,建立财务分析指标预警机制,并加强财务分析结果的应用,对核心指标实时监控,及时发现异常情况,查找原因并采取对策。预算考核方面,建立“预算编制有目标、预算执行有监控、预算完成有评价、评价结果有反馈、反馈结果有应用”的全过程预算绩效管理机制,预算绩效考核结果将作为年终考核、资源配置、以后年度预算安排的重要依据。

【课程思政要点】

培养运用财务信息提升企业资源配置效率进而实现价值创造的决策思维。

第一节 预算管理概述

一、预算管理的含义

对于企业来说,预算是必不可少的管理控制工具。预算既是预测与决策的具体体现,又是控制与考核的有效依据,更是合理配置和使用有限资源,使其获得最佳生产效率和获利能力的管理方法。通过预算,管理者能够对比实际和预算的差异,分析并解决问题,集中精力发掘潜在的机会。

预算管理,是指企业以战略目标为导向,通过对未来一定期间内的经营活动和相应的财务结果进行全面预测和筹划,科学、合理配置企业各项财务和非财务资源,并对执行过程进行监督和分析,对执行结果进行评价和反馈,指导经营活动的改善和调整,进而推动实现企业战略目标的管理活动。

企业的预算管理体系是从预算编制到决算考评所包含的一系列管理会计方法的综合运用,是一种全面预算管理,其全面性主要体现在:

第一,体现在预算管理对象的全方位上,即预算编制全方位地覆盖企业的各项运营和管理活动,将企业的人、财、物等各类资源,以及供、产、销等各个环节均纳入预算管理范畴。第二,体现在预算管理对其他管理手段的全面运用上,即全面预算管理是将企业计划、协调、控制、激励、评价等综合管理功能融合到一起,帮助企业实现发展目标。第三,体现在预算管理主体的全员参与上,全面预算管理要求企业所有部门、单位以及岗位和人员等都参与到预算的编制与实施过程中,共同进行管理。

推行全面预算管理,将有助于公司对资源的合理配置和有效运用;有助于在科学预测和决策的基础上,全面计划企业的筹资、投资、经营和分配活动及其成果;有助于各部门了解自己的经济活动与公司目标之间的关系,明确各自的职责及其努力的方向,以实现公司的整体目标;有助于加强企业内部控制,实现公司预算目标;有助于提高公司理财中的预见性和主动性,有利于执行责任会计,确保公司理财目标的实现。

二、预算编制的原则

为提高预算的编制质量,发挥预算系统在企业管理中的作用,预算的编制应遵循以下原则:

(1)编制预算应以明确的经营目标为前提。

(2)编制预算应以科学的方法为手段。

(3)编制预算时要做到全面、完整。

(4)编制预算要积极可靠,留有余地。

三、预算管理的责任机构

预算管理委员会是整个企业预算管理的决策机构,负责企业预算管理办法及相关制度、预算编制的流程、预算目标、预算执行的监控和奖惩制度的确定等。预算管理委员会通常由企业的各级管理人员组成,并对内部各责任部门间发生的困难和预算纠纷进行协调、解决,对预算执行过程中的内容报告进行审核。

四、预算编制的程序

根据企业以销定产的思路,编制预算必须根据企业整体目标从销售预算开始。具体步骤如下:

(1)根据销售预算和企业存货管理政策来编制资本支出预算和生产预算。

(2)根据生产预算编制直接材料预算、直接人工预算、制造费用预算。

(3)根据直接材料预算、直接人工预算和制造费用预算编制产品成本预算,然后根据销售预算和生产预算编制销售及管理费用预算。

(4)编制财务预算,包括在经营预算和资本支出预算的基础上编制现金预算、预计资产负债表和预计利润表。

五、预算管理的流程及作用

预算管理具有计划、控制和评价职能,是企业内部管理控制方法之一。其通过把企业经营决策和长期决策目标量化,清晰、具体、系统地反映各责任单位未来的战略目标。企业将经营的实际成果同预算目标对比,揭示二者之间的差异,并分析差异产生的原因,提出改进的方案。通过差异的分析,可以定期或不定期地对各部门预算执行情况进行考核与评价,及时纠正偏差,确保企业战略目标的实现。预算管理的流程通常分为以下六点:

(1)确定战略目标。预算管理就是要保证企业战略目标的实现,战略目标详细规定了企业各部门今后要达到的目标,这也是预算编制的基础。

(2)预算编制。预算编制是整个预算管理体系的起点,没有经过精心准备的、合理而明确的预算文件,以下各阶段工作也就无从开展。

(3)预算执行。预算编制好之后,就需要有效执行。首先要经过预算的分析、下达和具体讲解等准备步骤来保证预算的有序执行,保证预算体系运转良好。

(4)差异分析。差异分析体现了预算的控制功能,是把各责任单位的实际结果与预算目标相比较,确定二者之间的差异大小,并且进一步分析差异产生的主、客观原因,编制责任报告。

(5)预算考核与评价。预算考核与评价一般基于差异分析的结果,一方面对企业层面的经营业绩进行评价,另一方面对预算执行者的结果进行考评。对预算的执行情况进行考评,监督预算的执行、落实,及时提供预算执行情况的相关信息以便纠正实际与预算的偏差,可以加强和完善企业的内部控制,进而实现企业的总体目标。

(6)信息反馈与预算调整。预算管理的过程也是一个信息反馈的过程,实际结果与预算数据之间的差异信息可以为管理层评估企业战略的实施情况提供依据,也为企业是否要调整未来的预算提供了支撑。

从预算管理的流程分析中,可以看到预算的作用主要表现为以下四个方面:

(1)明确工作目标。预算是决策目标的具体化,通过编制全面预算,分别确定了企业和各个职能部门在计划期间的工作目标,也明确了部门和个人的责任权利,使个人利益与企业的经济收益挂钩,促使企业的每个职工去完成企业的总目标。

(2)协调部门关系。预算使企业各部门的工作形成了一个有机整体。为达到企业的总目标,各部门不能只考虑局部的利益,而应该从整体出发,密切配合,相互协调,力争供、产、销的综合平衡。

(3)控制日常活动。编制预算是为了贯彻目标管理的原则,在预算执行过程中,各部门应通过各项指标完成数与预算数的对比,及时揭示实际与预算的差异,并分析其原因,以便采取必要的措施,消除薄弱环节,保证经营目标的顺利实现。

(4)考核部门业绩。在生产经营过程中,揭示实际同预算的差异不仅是控制的依据,也是评价企业各部门工作业绩好坏的主要标准。在评定各部门的工作业绩时,根据预算的完成情况,分析偏离预算的程度和原因,以划清责任,促使各部门为完成预算规定的目标而努力。

第二节　全面预算的内容和编制原理

一、全面预算的内容

全面预算是企业整体的综合性计划,由各种具体预算组成,每个预算提供公司某一部分活动的财务细节。预算的编制方法因企业的性质和规模的不同而不尽相同,但一个完整的全面预算组成内容在各个不同的企业基本是一致的,其具体内容包括经营预算、资本支出预算和财务预算。

1. 经营预算

经营预算是指反映企业在计划期间日常发生的各种具有实质性的基本活动的预算。它主要包括销售预算、生产预算、直接材料预算、直接人工预算、制造费用预算、产品成本预算、销售及管理费用预算等。

2. 资本支出预算

资本支出预算是专门决策预算的一种,是对企业那些在预算期内不经常发生的、一次性业务活动所编制的预算,主要包括根据长期投资决策编制的与购置、更新、改造、扩建固定资产决策有关的资本支出预算,与资源开发、产品改造和新产品试制有关的生产经营决策预算等。

3. 财务预算

财务预算是指企业在计划期内反映有关现金收支、经营成果和财务状况的预算。它主要包括现金预算、预计损益表和预计资产负债表。前述的各种经营预算和资本支出预算最终都要以货币的形式列入财务预算。因此,财务预算能够反映企业各项经营业务和专门决策的整体计划。

二、全面预算的编制

企业应建立和完善预算编制的工作制度,明确预算编制依据、编制内容、编制程序和编制方法,确保预算编制依据合理、内容全面、程序规范、方法科学,确保形成各层级广泛接受的、符合业务假设的、可实现的预算控制目标。全面预算的编制期间通常是1年,也可以分季度或分月来编制。企业一般在第四季度开始准备下一年的预算编制工作,具体的预算编制如下:

(一)经营预算

经营预算的内容主要包括销售预算、生产预算、直接材料预算、直接人工预算、制造费用预算、单位产品生产成本及存货预算和销售及管理费用预算等。

1. 销售预算

在以销定产的经营思想下,销售预算是编制全面预算的关键和出发点。产品产量、材料、人工、制造费用的支出、销售及管理费用和存货水平,都是由产品销售量决定的。销售预算是以经营目标(即目标利润)为基础,根据市场需求、单价及成本消耗等因素制定的。销售预算的内容主要包括销售量、单价和销售收入等。在编制销售预算时,一般还附有预计现金收入表。预计现金收入表一方面是为了计算预算期因销售而得到的现金收入,另一方面主要是之后编制财务预算类的现金预算的依据。

【例 10-1】 龙欣公司 20×9 年各季度的销售预算如表 10-1 所示，其中各季度的销货款 50%当季收到，还有 50%于下一季收到。

表 10-1 销售预算

20×9 年度　　单位：元

摘　要		一季度	二季度	三季度	四季度	全年
预计销售量(件)		2 700	3 600	2 700	3 600	12 600
预计单价		180	180	180	180	180
预计销售收入		486 000	648 000	486 000	648 000	2 268 000
预计现金收入	应收账款期初余额	108 000				108 000
	一季度销售收入	243 000	243 000			486 000
	二季度销售收入		324 000	324 000		648 000
	三季度销售收入			243 000	243 000	486 000
	四季度销售收入				324 000	324 000
	应收账款期末余额	243 000	324 000	243 000	324 000	324 000
	合　计	351 000	567 000	567 000	567 000	2 052 000

2. 生产预算

产品的生产量是由预计销售量、预计期末存货量和期初存货量共同决定的，其计算公式如下：

预计生产量=预计销售量+预计期末存货-期初存货

编制生产预算时应注意，计划期间除必须备有足够的产品以供销售外，还应考虑到计划期末的存货水平。

【例 10-2】 假定【例 10-1】中，各季度的期末存货量按下一季度销售量的 10%计算，年末存货量估计数为 180 件。龙欣公司的生产预算如表 10-2 所示。

表 10-2 生产预算

20×9 年度　　单位：件

摘　要	一季度	二季度	三季度	四季度	全年
预计销售量	2 700	3 600	2 700	3 600	12 600
加：预计期末存货	360	270	360	180	180
合计	3 060	3 870	3 060	3 780	12 780
减：期初存货	270	360	270	360	270
预计生产量	2 790	3 510	2 790	3 420	12 510

3. 直接材料预算

当生产量确定以后,就可以编制直接材料的耗用量预算和采购预算。预计材料耗用量是由生产量和材料的单位消耗定额决定的,预计材料采购量取决于材料耗用量的大小及期末材料库存量的水平高低。相关的计算公式如下:

预计材料耗用量=预计生产量×单位消耗定额

预计材料采购量=预计材料耗用量+预计期末材料存货-期初材料存货

预计材料采购成本=预计采购量×单价

在编制材料采购预算的同时,通常还会编制应付购货款的支出预算,反映各季度购货款的应付数和实付数,为现金预算提供依据。

【例10-3】 假定【例10-1】中,龙欣公司单位产品的材料消耗量为3千克,计划单价为12元/千克。各季度的期末材料库存量按下一季度材料耗用量的20%计算,年末预计库存量为2 050千克。每季度的购料款当季支付50%,其余在下一季度付讫。龙欣公司的直接材料预算如表10-3所示。

表10-3 直接材料预算

20×9年度

摘　要		一季度	二季度	三季度	四季度	全年
预计生产量(件)		2 790	3 510	2 790	3 420	12 510
单位产品材料消耗定额(千克)		3	3	3	3	3
预计材料耗用量(千克)		8 370	10 530	8 370	10 260	37 530
加:期末库存量(千克)		2 106	1 674	2 052	2 050	2 050
合　计		10 476	12 204	10 422	12 310	39 580
减:期初库存量(千克)		1 674	2 106	1 674	2 052	1 674
预计材料采购量(千克)		8 802	10 098	8 748	10 258	37 906
单价(元/千克)		12	12	12	12	12
预计材料采购成本(元)		105 624	121 176	104 976	123 096	454 872
预计现金支出	应付账款期初余额(元)	52 000				52 000
	一季度采购金额(元)	52 812	52 812			105 624
	二季度采购金额(元)		60 588	60 588		121 176
	三季度采购金额(元)			52 488	52 488	104 976
	四季度采购金额(元)				61 548	61 548
	应付账款期末余额(元)	52 812	60 588	52 488	61 548	61 548
	合　计	104 812	113 400	113 076	114 036	445 324

4. 直接人工预算

直接人工预算是一种既要反映预算期内人工工时消耗水平,又要规划人工成本开支的经营预算。直接人工预算编制的基础是生产预算中的生产量、单位产品工时定额以及单位小时工资率。其计算公式如下：

预计直接人工成本=预计生产量×单位产品工时定额×单位小时工资率

【例 10-4】 假设【例 10-2】中，龙欣公司预算期内单位产品工时定额为 5 小时，单位小时工资率为 5 元，则直接人工预算如表 10-4 所示。

表 10-4　直接人工预算

20×9 年度

摘　要	一季度	二季度	三季度	四季度	全年
预计生产量(件)	2 790	3 510	2 790	3 420	12 510
单位产品工时定额(小时/件)	5	5	5	5	5
预计产品工时总数(小时)	13 950	17 550	13 950	17 100	62 550
单位小时工资率(元/小时)	5	5	5	5	5
预计直接人工成本(元)	69 750	87 750	69 750	85 500	312 750

5. 制造费用预算

制造费用是指生产成本中除直接材料、直接人工以外的其他一切费用。制造费用包括变动制造费用和固定制造费用两部分。编制预算时，对于变动费用项目，一般情况下应以计划期的一定业务量为基础来规划它们的具体预算；对于固定费用项目，则大多根据基期的实际开支水平，再结合成本降低率，进行折算填入预算表内。此外，在预算表中通常还要计算以现金支付的费用数，以便为现金预算的编制提供依据。

【例 10-5】 结合【例 10-2】，龙欣公司的制造费用预算如表 10-5 所示。

表 10-5　制造费用预算

20×9 年度　　单位：元

摘　要		一季度	二季度	三季度	四季度	全年
变动费用	预计产品工时总数(小时)	13 950	17 550	13 950	17 100	62 550
	费用分配率	2	2	2	2	2
	小计	27 900	35 100	27 900	34 200	125 100
固定费用		30 000	30 000	30 000	30 000	120 000
合　计		57 900	65 100	57 900	64 200	245 100
减：折旧费		9 000	9 000	9 000	9 000	36 000
预计现金支出数		48 900	56 100	48 900	55 200	209 100

6. 产品生产成本与期末存货预算

依据标准成本和存货明细表等，综合编制产品的生产成本与存货预算。产品成本预算和期末存货预算是编制产品销售成本预算的重要资料来源,它也为编制资产负债表提供了所需的信息。该预算所需信息可以从直接材料预算、直接人工预算和制造费用预算中得到。

【例 10-6】 结合【例 10-2】,龙欣公司采用变动成本法计算利润,则生产成本与期末存货预算如表 10-6 所示。

表 10-6 产品生产成本与期末存货预算

20×9 年度

成本项目	单耗定额	分配率	单位成本(元)
直接材料	3 千克	12 元/千克	36
直接人工	5 小时	5 元/小时	25
变动制造费用	5 小时	2 元/小时	10
单位产品生产成本	—	—	71
期末存货预算	期末存货数量×单位产品生产成本＝180×71＝12 780		

7. 销售与管理费用预算

销售与管理费用是指制造费用范围以外所发生的各种费用,包括销售人员薪金和佣金、运输费用、广告费、差旅费、办公费、保险费和财产税等。

【例 10-7】 结合【例 10-2】,假定龙欣公司的销售与管理费用预算均以现金支付,其预算如表 10-7 所示。

表 10-7 销售与管理费用预算

20×9 年度　　单位:元

摘　要	一季度	二季度	三季度	四季度	全年
预计销售量(件)	2 700	3 600	2 700	3 600	12 600
单位变动成本	5	5	5	5	5
变动费用	13 500	18 000	13 500	18 000	63 000
固定费用	18 000	18 000	18 000	18 000	72 000
合　计	31 500	36 000	31 500	36 000	135 000

(二)资本支出预算

资本支出预算是专门决策预算的一种,通常是指与项目投资决策相关的专门预算,它往往涉及长期建设项目的资金投放与筹集,并经常跨越多个年度。资本支出预算格式和内容的繁简,各个企业不尽相同,可按需要自行设计。资本支出预算的要点是准确反映项目资金投资支出与筹资计划,它同时也是编制现金预算和预计资产负债表的依据。

【例 10-8】 假设在前例中,龙欣公司在预算期的一季度以自有资金购置设备一台,价值 80 000 元,预计可使用 10 年,期满残值为原价的 10%。购入后,预计每年可为公司创造

20 000 元净现金流量。其预算如表 10-8 所示。

表 10-8　资本支出预算

20×9 年度　　单位：元

项　目	购置时间	价值	估计使用年限	期满残值	资金来源	资金成本	每年回收额	回收期
购入设备一台	一季度	80 000	10 年	8 000	自有	12%	20 000	4 年

（三）财务预算

财务预算是反映预算期内财务状况、经营成果和现金流量的预算。它是以经营预算和资本支出预算为基础编制的，是对企业预算期内全部经济活动的综合反映，主要包括现金预算、预计利润表和预计资产负债表。

1. 现金预算

现金预算是反映企业在预算期内现金收支详细情况的预算。编制现金预算可以使企业加强对预算期内现金收支的控制，合理使用和调度资金，保证企业财务活动正常进行。完整的现金预算一般包括以下四个部分：①现金收入；②现金支出；③现金余缺；④资金融通。

【例 10-9】　综合前例，若龙欣公司预算期内各季度预付的所得税分别为 50 000 元、150 000 元、250 000 元、350 000 元；预计支付的股利分别为 3 000 元、3 000 元、8 000 元、20 000 元。该公司每季度末现金的最低库存金额保持在 30 000 元，如果现金出现不足，可以向银行借款，借款条件为季初借入，并且在有多余现金的当季末归还，借款额为 1 000 的整数倍，借款利率为年利率 10%，其现金预算如表 10-9 所示。

表 10-9　现金预算

20×9 年度　　单位：元

摘　要	一季度	二季度	三季度	四季度	全年
期初余额	35 000	33 038	117 913	163 687	35 000
现金收入：					
销售收入及应收账款收回（见销售预算表）	351 000	567 000	567 000	567 000	2 052 000
可动用现金合计	386 000	600 038	684 913	730 687	2 087 000
现金支出：					
直接材料（见直接材料预算表）	104 812	113 400	113 076	114 036	445 324
直接人工（见直接人工预算表）	69 750	87 750	69 750	85 500	312 750
制造费用（见制造费用预算表）	48 900	56 100	48 900	55 200	209 100

续表

销售及管理费用(见销售及管理费用预算表)	31 500	36 000	31 500	36 000	135 000
购置设备(见资本支出预算)	80 000				80 000
预付所得税	50 000	150 000	250 000	350 000	800 000
预计支付股利	3 000	3 000	8 000	20 000	34 000
现金支出合计	387 962	446 250	521 226	660 736	2 016 174
收支相抵现金结余(或不足)	(1 962)	153 788	163 687	69 951	70 826
银行借款	35 000				35 000
偿还借款		(35 000)			(35 000)
支付利息(年利率 10%)		(875)			(875)
期末余额	33 038	117 913	163 687	69 951	69 951

2. 预计利润表

预计利润表是综合反映企业预算期内经营成果的报表,主要依据销售预算、产品生产成本与期末存货预算、销售与管理费用预算以及资本支出预算编制。通过编制预计利润表,可以了解企业预期的盈利水平。管理层也可以利用预计利润表来评价预期企业业绩,并采取适当的改进措施。

【例 10-10】 承前例,龙欣公司的预计利润表见表 10-10。

表 10-10 预计利润表

20×9 年度　　　　单位:元

销售收入(12 600×180)	2 268 000
减:变动成本	
生产成本(12 600×71)	894 600
销售与管理费用	63 000
贡献边际	1 310 400
减:固定成本	
生产成本	120 000
销售与管理费用	72 000
营业利润	1 118 400
减:利息支出	875
税前利润	1 117 525
减:所得税	800 000
税后净利润	317 525

3. 预计资产负债表

预计资产负债表是反映企业预算期末财务状况的预算报表。它是在预算期初资产负债表的基础上,依据经营预算、资本支出预算和现金预算计算分析填列。

【例 10-11】 承前例,龙欣公司的预计资产负债表见表 10-11。

表 10-11　预计资产负债表

20×9 年 12 月 31 日　　　　单位:元

资　产			权　益		
	年初数①	年末数		年初数	年末数
流动资产:			流动负债		
现金	35 000	69 951②	应付账款	52 000	61 548⑨
应收账款	108 000	324 000③	流动负债合计	52 000	61 548
库存材料	20 088	24 600④	所有者权益		
库存产成品	19 170	12 780⑤	股本	90 000	90 000
流动资产合计	182 258	431 331	未分配利润	250 258	533 783⑩
固定资产:			所有者权益合计	340 258	623 783
厂房及建筑物	300 000	300 000⑥			
机器设备	10 000	90 000⑦			
累计折旧	(100 000)	(136 000)⑧			
固定资产合计	210 000	254 000			
资产总计	392 258	685 331	权益总计	392 258	685 331

注:

①根据上年 12 月 31 日资产负债表中的数据。

②见现金预算表(表 10-9)。

③见销售预算表(表 10-1)。

④见直接材料预算表(表 10-3)。

⑤见产品生产成本和期末存货预算表(表 10-6)。

⑥见年初数,预计未变化。

⑦年初数 10 000 元,加上预计购置设备 80 000 元,共计 90 000 元。

⑧年初数 100 000 元,加上预计数 36 000 元,共计 136 000 元。

⑨见直接材料预算表(表 10-3)。

⑩预计年度利润分配:

年末未分配利润	250 258
加:预计净利润(预计利润表)	317 525
小计	567 783
减:支付股利(其他现金收支预算表)	34 000
年末未分配利润	533 783

第三节 全面预算的编制方法

企业一般按照分级编制、逐级汇总的方式，采用自上而下、自下而上、上下结合或多维度相协调的流程进行全面预算的编制。全面预算编制的方法选择应与企业现有管理模式相适应。企业在编制全面预算时，常用的编制方法包括固定预算与弹性预算、增量预算与零基预算、定期预算与滚动预算等。

一、固定预算与弹性预算

预算编制的方法按其业务量基础的数量特征不同，可分为固定预算和弹性预算。

（一）固定预算

1. 固定预算的概念

所谓固定预算，又称静态预算，是根据预算期内正常的可实现的某一业务量水平而编制的预算。该方法所涉及的各项预定指标均为固定数据。固定预算的预算数即使在未来业务量发生增减变动而与原预算业务量不一致时也不作调整。也就是说，依据固定预算所反映的成本费用和收入信息都是以一个固定的业务量水平为基础编制的。

2. 固定预算的基本特点

（1）适应性差。因为编制预算的业务量基础是事先预计的某个业务量。在这种方法下，不论预算期内业务量水平实际可能发生哪些变动，都只按事先确定的某一个业务量水平作为编制预算的基础。

（2）可比性差。当实际的业务量与编制预算所依据的业务量发生较大差异时，有关预算指标的实际数就会因业务量基础不同而失去可比性。

固定预算用来考核非营利性组织或业务量水平较为稳定的企业是比较合适的。但是，如果用来衡量业务量水平经常变动的企业，特别是当实际的业务量水平与预算的业务量水平相差甚远时，就很难准确地考核和评价企业预算的执行情况。

【例 10-12】 龙欣公司预计 7 月份生产 W 产品 9 000 件，按照固定预算编制法编制的产品成本预算如表 10-12 所示。

表 10-12 龙欣公司 W 产品 7 月份成本预算（固定预算） 单位：元

产品成本项目	单位成本	总成本
直接材料	8	72 000
直接人工	3	27 000
制造费用	2	18 000
合计	13	117 000

如果龙欣公司 W 产品 7 月份的实际产量为 8 000 件，实际发生总成本为 110 000 元，其中直接材料 68 000 元，直接人工 28 000 元，制造费用 14 000 元，则龙欣公司 7 月份成本业绩报告如表 10-13 所示。

表 10-13 龙欣公司 W 产品 7 月份成本业绩报告（固定预算） 单位：元

产品成本项目	预算成本	实际成本	差异
直接材料	72 000	68 000	-4 000
直接人工	27 000	28 000	-1 000
制造费用	18 000	14 000	-4 000
合计	117 000	110 000	-7 000

由表 10-13 可以看出，固定预算在成本控制的分析评价方面显示出一定的缺陷。虽然 W 产品存在有利差异 7 000 元，但是由于预算成本是建立在 9 000 件基础之上的，而实际产量是 8 000 件，业务量基础不同，导致计算的差异不具有可比性。随着业务量的变化，直接材料费、直接人工和变动制造费用会随之变化，而固定预算无法解决实际业务量与预计业务量之间的差异问题。

（二）弹性预算

1. 弹性预算的概念

在企业实际经营过程中，由于市场环境等因素的影响，预算期的各项指标，如销售价格、销售数量以及各种变动成本费用等，都可能发生变化。为了克服固定预算的缺点，通常采用弹性预算方法来编制预算。所谓弹性预算是指在编制费用预算时，预先估计预算期内业务量可能发生的变动，编制出一套能适应多种业务量水平的预算，以分别反映多种业务量所对应的费用开支水平，也称为动态预算。

理论上，弹性预算适用于编制全面预算中所有与业务有关的预算，但实务中主要用于编制成本费用预算。

编制弹性预算,要选用一个最能代表生产经营活动水平的业务量计量单位。例如,以手工操作为主的车间,就应选用人工工时;制造单一产品或零件的部门,可以选用实物数量;修理部门可以选用直接修理工时等。

弹性预算所采用的业务量范围,视企业或部门的业务量变化情况而定,务必使实际业务量不至于超出相关的业务量范围。一般来说,可定在正常生产能力的70%~110%,或以历史上最高业务量和最低业务量为其上下限。弹性预算的准确性,在很大程度上取决于成本性态分析的可靠性。

与按特定业务量水平编制的固定预算相比,弹性预算的主要优点是考虑了预算期可能的不同业务量水平,更贴近企业经营管理实际情况。

2. 弹性预算的编制程序

第一步,确定弹性预算适用项目,识别相关的业务量并预测业务量在预算期内可能存在的不同水平和弹性幅度。

第二步,分析预算项目与业务量之间的数量依存关系,确定弹性定额。

第三步,构建弹性预算模型,形成预算方案。

第四步,审定预算方案并上报企业预算管理委员会等专门机构审议后,报董事会等机构审批。

【例 10-13】 *龙欣公司采用弹性预算法编制的 20×9 年 8 月制造费用预算如表 10-14 所示。*

表 10-14　制造费用预算(弹性预算)　　单位:元

业务量(直接人工工时)(小时)	350	400	450	500	550
占正常生产能力百分比(%)	70	80	90	100	110
变动成本:					
运输费用(b=3)	1 050	1 200	1 350	1 500	1 650
电力费用(b=12)	4 200	4 800	5 400	6 000	6 600
材料费用(b=2.5)	875	1 000	1 125	1 250	1 375
合计	6 125	7 000	7 875	8 750	9 625
混合成本:					
修理费用($y=900+7.5x$)	3 525	3 900	4 275	4 650	5 025
油料费用($y=2\,600+3x$)	3 650	3 800	3 950	4 100	4 250
合计	7 175	7 700	8 225	8 750	9 275
固定成本:					
折旧费用	3 200	3 200	3 200	3 200	3 200
人工费用	1 800	1 800	1 800	1 800	1 800
合计	5 000	5 000	5 000	5 000	5 000
总　计	18 300	19 700	21 100	22 500	23 900

分析：在表 10-14 中，分别列示了五种业务量水平的成本预算数据（根据企业情况，也可以按更多的业务量水平来列示）。这样，无论实际业务量达到何种水平，都有适用的一套成本数据来发挥控制作用。

如果固定预算是按 500 小时编制的，成本总额为 22 500 元。在实际业务量为 480 小时的情况下，不能用 22 500 元去评价实际成本的高低，也不能按业务量变动的比例调整后的预算成本 21 600 元（22 500×480÷500）去考核实际成本，因为并不是所有的成本都一定同业务量成同比例关系。

如果采用弹性预算法，龙欣公司就可以根据各项成本与业务量的不同关系，采用不同方法确定“实际业务量的预算成本”，去评价考核实际成本。当龙欣公司的实际业务量为 480 小时，运输费等各项变动成本可用实际工时数乘以单位业务量变动成本来计算，即变动总成本为 8 400 元（480×3+480×12+480×2.5）。固定成本总额不随业务量变动，仍为 5 000 元。混合成本中，修理费用为 4 500 元（900+480×7.5），油料费用为 4 040 元（2 600+480×3）。因此，业务量为 480 小时的预算成本为 21 940 元，即 480×（3+12+2.5）+4 500+4 040+5 000=21 940（元）

这样计算出来的预算成本比较符合成本的变动规律，可以用来评价和考核实际成本，比较确切，且容易被考核人接受。

3. 弹性预算的特点

弹性预算与按特定业务量水平编制的固定预算相比有以下显著特点：

（1）弹性预算是按预算期内可预见的多种业务量水平确定不同的预算额，从而扩大了预算的适用范围，便于预算指标的调整。

（2）弹性预算是按成本的不同性态分类列示的，便于在预算期终了时，将实际指标与实际业务量相应的预算额进行对比，使预算执行情况的评价与考核建立在更加客观和可比的基础上，更好地发挥预算的控制作用。

（3）弹性预算的编制工作量相对较大。

（4）市场及其变动趋势预测的准确性、预算项目与业务量之间依存关系的判断水平等会对弹性预算的合理性产生较大影响。

二、增量预算与零基预算

预算编制的方法按照预算编制的出发点不同，可分为增量预算和零基预算两大类。

（一）增量预算

增量预算是传统的预算编制方法，是在基期预算执行结果的基础上，结合预算期业务量水平及有关降低成本的措施，调整有关费用项目而编制预算的方法。增量预算的基本假定：

企业现有的每项业务活动都是企业不断发展所必需的,现有的费用开支水平是合理的,未来至少以现有的费用水平继续存在。这种预算方法比较简单,它以过去的水平为基础,承认过去是合理的,因而可以沿袭以前的预算,无须较大改进。这样,一方面可能使原来不合理的费用开支继续存在下去,造成预算的浪费;另一方面也可能造成预算的不足。

(二)零基预算

1. 零基预算的概念

零基预算是指在编制预算时,完全不考虑以往费用支出的水平,以零为基础,从根本上考虑各支出项目的必要性、合理性和实际需要量来编制预算的方法。零基预算最早由美国德州仪器公司的彼得·派尔(Peter Pyhrr)于1968年提出,现已被西方企业和政府机构广泛采用。

2. 零基预算的编制程序

第一步,企业内部各有关部门,根据企业的总体目标和各部门的具体任务,提出预算期内需要开展的各种业务活动及其费用开支的性质、目的和数额。

第二步,对每一个费用项目进行成本—效益分析及综合评价,权衡轻重缓急,划分成不同等级并排出先后顺序。

第三步,根据生产经营的客观需要与一定期间内资金供应的实际可能,在预算中对各个项目进行择优安排,分配资金,落实预算。

【例10-14】 *龙欣公司采用零基预算编制法编制20×9年的销售与管理费用预算,基本编制程序如下:*

(1)企业销售与管理部门根据预算期利润目标及销售目标等资料,经过讨论,确定20×9年所需发生的费用项目及支出数额如表10-15所示。

表10-15　龙欣公司发生的费用项目及支出额　　单位:元

费用项目	支出数额
办公费	8 000
差旅费	3 000
保险费	4 000
广告费	6 000
租金	2 500
培训费	6 000
合计	29 500

(2)对各费用项目中属于选择性固定成本的培训费、广告费,参照以往的经验进行成本—效益分析,结果如表10-16所示。

表 10-16　成本—效益分析　　单位:元

费用项目	成本	效益	成本效益率
培训费	1	15	1∶15
广告费	1	35	1∶35

(3)将所有费用项目按照性质和轻重缓急,排列开支等级及顺序。

第一等级:办公费、差旅费、保险费和租金,属于约束性固定成本,为预算期内必不可少的开支,应该得到全额保证。

第二等级:广告费,属于选择性固定成本,可以根据预算期内企业资金供应情况酌情增减,由于广告费的成本效益率高于培训费的成本效益率,故应列入第二等级。

第三等级:培训费,属于选择性固定成本,根据预算期内企业资金供应情况酌情增减,由于培训费的成本效益率低于广告费的成本效益率,因而列为第三等级。

总之,如果龙欣公司预算期内可用于销售与管理费用的资金数额为 30 000 元,则可以根据所排列等级及顺序落实预算资金。

第一等级的费用项目所需资金应全额满足,如表 10-17 所示。

表 10-17　第一等级的费用项目所需资金　　单位:元

费用项目	所需资金
办公费	8 000
差旅费	3 000
保险费	4 000
租金	2 500
合计	17 500

剩余的可供分配的资金数额为 12 500(30 000−17 500)元,按照成本效益率的比例依次分配培训费和广告费:

则培训费可分配资金数额为 12 500×[15÷(15+35)]=3 750(元)

广告费可分配资金数额为 12 500×[35÷(15+35)]=8 750(元)。

3. 零基预算的特点

零基预算的优点是不受原预算的约束,可以充分发挥各级管理人员的积极性和主动性,且在最大限度保证企业各项经营活动资金需要的前提下,合理分配和使用资金,提高企业资金的使用效率。零基预算的缺点是编制的工作量较大,一般每隔 3~5 年编制一次预算。

三、定期预算与滚动预算

预算编制的方法按其预算期的时间特征不同,可分为定期预算和滚动预算两大类。

(一)定期预算

定期预算是指在编制预算时以不变的会计期间(一个会计年度)为预算期的一种预算编制方法。定期预算的优点在于一年一次定期编制,编制期与会计年度吻合,有利于预算执行情况和执行结果的分析和评价。但是,定期预算也有一定的缺陷:

(1)定期预算多是在其执行年度开始前的2~3个月进行编制,难以预测预算期的某些经营活动,特别是对预算期的后半阶段,往往只能提供一个较为笼统的预算,从而给预算的执行带来种种困难。

(2)预算中所规划的各种经营活动在预算期内往往发生变化,而定期预算却不能及时调整,从而使原有的预算显得不相适应。

(3)在预算执行过程中,受预算期的限制,管理人员的决策视野局限于剩余预算期间的活动,从而不利于企业长期稳定的发展。为了克服定期预算的缺陷,在实践中可采用滚动预算的方法编制预算。

(二)滚动预算

1. 滚动预算的概念

滚动预算又称永续预算或连续预算,是指在编制预算时将预算期与会计年度脱离,随着预算的执行,不断延伸补充预算期间,使预算期永远保持为一个固定期间(如1年)的一种预算编制方法。这种预算要求一年中前几个月的预算编制得比较详细完整,后几个月的预算编制得较为笼统。随着时间的推移,原来笼统的预算逐渐变得详细完整,以此不断滚动。

2. 滚动预算的特点

(1)可以保持预算的连续性与完整性,使有关人员能从动态的预算中把握企业的未来,了解企业的总体规划和近期目标。

(2)可以根据前期预算执行的结果,结合各种新的变化信息,不断调整或修正预算,从而使预算与实际情况相适应,有利于充分发挥预算的指导和控制作用。

(3)可以使各级管理人员始终保持对未来12个月甚至更长远的生产经营活动作周密的考虑和全盘规划,以保证企业各项工作顺利进行。

【课后习题】

习题一

一、目的:了解预算管理的内容,掌握预算的分类、程序以及编制方法。

二、甲公司只生产一种产品,相关预算资料如下:

资料一:预计每个季度实现的销售收入均以赊销方式售出,其中70%在本季度内收到现金,其余30%要到下一季度收讫,假定不考虑坏账因素。部分与销售预算有关的数据如表

10-18 所示。

表 10-18　销售预算　　单位:元

项目	第一季度	第二季度	第三季度	第四季度
预计销售收入	234 000	234 000	257 400	257 400
期初应收账款	41 600	*	*	*
第一季度销售当期收现额	(A)	*		
第二季度销售当期收现额		(B)	*	
第三季度销售当期收现额			*	*
第四季度销售当期收现额				(C)
经营现金收入合计	*	234 000	248 040	257 400

注:上表中“*”表示省略的数据。

资料二:预计每个季度所需要的直接材料均以赊购方式采购,其中 50% 于本季度内支付现金,其余 50% 需要到下个季度付讫,假定不存在应付账款到期现金支付能力不足的问题。部分与直接材料采购预算有关的数据如表 10-19 所示。

表 10-19　直接材料采购预算　　单位:元

项目	第一季度	第二季度	第三季度	第四季度
预计材料采购成本	140 400	140 400	152 100	154 440
期初应付账款	20 000	70 200	(E)	(F)
第一季度采购当期支出额	*	*		
第二季度采购当期支出额		*	*	
第三季度采购当期支出额			76 050	*
第四季度采购当期支出额				(G)
材料采购现金支出合计	(D)	*	*	(H)

三、要求:根据上述资料,回答以下问题。

(1)根据资料一确定表 10-18 中用字母表示的数值。

(2)根据资料二确定表 10-19 中用字母表示的数值。

(3)根据资料一和资料二,计算预算年度应收账款和应付账款的年末余额。

习题二

一、目的:了解全面预算编制方法的应用。

二、资料:乙公司采用逐季滚动预算和零基预算相结合的方法编制制造费用预算,相关资料如下。

资料一:20×8 年分季度制造费用预算如表 10-20 所示。

表 10-20　20×8 年制造费用预算　　单位:元

项目	第一季度	第二季度	第三季度	第四季度	合计
直接人工预算总工时(小时)	22 800	24 120	24 720	25 200	96 840
变动制造费用	182 400	*	*	*	774 720
其中:间接人工费用	100 320	106 128	108 768	110 880	426 096
固定制造费用	112 000	112 000	112 000	112 000	448 000
其中:设备租金	97 000	97 000	97 000	97 000	388 000
生产准备与车间管理费	*	*	*	*	*

注:表中“*”表示省略的数据。

资料二:20×8 年第二季度至 20×9 年第一季度滚动预算期间,将发生如下变动。

(1)直接人工预算总工时为 110 000 小时;

(2)间接人工费用预算工时分配率将提高 13%;

(3)20×8 年第一季度末重新签订设备租赁合同,新租赁合同中设备年租金将降低 18%。

资料三:20×8 年第二季度至 20×9 年第一季度,公司管理层决定将固定制造费用总额控制在 370 000 元以内,固定制造费用由设备租金、生产准备费用和车间管理费组成,其中设备租金属于约束性固定成本,生产准备费用和车间管理费用属于酌量性固定成本,根据历史资料分析,生产准备费用的成本效益率远高于车间管理费用。为满足生产经营需要,车间管理费用总预算额控制区间为 18 000~24 000 元。

三、要求:

(1)根据资料一和资料二,计算 20×8 年第二季度至 20×9 年第一季度滚动期间的下列指标:①间接人工费用预算工时分配率;②间接人工费用总预算额;③设备租金总预算额。

(2)根据资料二和资料三及成本效益分析原则,完成 20×8 年第二季度至 20×9 年第一季度滚动期间的下列事项:①确定车间管理费用总预算额;②计算生产准备费用总预算额。

习题三

一、目的:了解全面预算编制方法的应用。

二、资料:某公司在计划期间制造费用明细项目的具体情况如下。

成本明细项目	具体情况
间接人工	基本工资 3000 元,另加每人工小时奖金 0. 10 元
物料费	每人工小时应负担 0. 15 元
折旧费	4800 元
维修费	基数 2000 元,另加每人工小时应负担 0. 08 元
水电费	基数 800 元,另加每人工小时应负担 0. 12 元

三、要求:在生产能力3000~6000人工小时的相关范围内,每间隔1000工时,编制一套制造费用的弹性预算。

习题四

一、目的:了解全面预算编制方法的应用。

二、资料:旭日公司按零基预算编制销售与管理费用预算。该公司预算期用于销售和行政管理方面的资金总额为500 000元。由公司销售部门和行政管理部门根据本部门的预算目标和具体任务,经集思广益和反复讨论、协商,提出本部门的预算方案,确定如下开支项目及相关数据。

项目	金额(元)	项目	金额(元)
销售佣金	56 000	办公费	23 000
运输费	157 000	职工教育经费	25 000
广告费	85 000	保险费	40 000
管理人员工资	20 000	税金	63 000
差旅费	34 000	业务招待费	80 000
合计	583 000元		

三、要求:

(1)简要说明什么是零基预算。

(2)S公司销售与管理费用的预算如何落实?(写出基本思路)

(3)对零基预算在S公司应用的价值作简要评价。

第四篇

信息技术应用

第十一章
信息技术在会计中的应用

【案例导入】

"小勤人"的威胁

作为国际四大会计师事务所之一,德勤于2016年3月10日与kirasys-tems达成合作,将财务机器人"小勤人"引入会计工作。在报销、收入确认、结转和月末盘点流程方面,"小勤人"5分钟之内可以完成一个熟练成本会计40分钟完成的收入结转,15分钟后盘点已经标记完成,小勤人可以处理4300余次Excel数据,完成65520余次SAP操作。在税务领域应用方面,工作人员只需要将增值税专用发票放入"小勤人"扫描仪中,剩下的工作"小勤人"自己就可以通过OCR技术和InsightTaxCloud发票查验云助手检验完成,时长不超过1分钟。在共享服务中心与机器人自动化的结合方面,以财务共享中心为例,常见的纳入财务共享服务中心的流程都具有一定自动化可能性,尤其是应付、应收、资产、总账及税务流程。通过德勤RPA的专业工具"流程分类及热图",可以找到客户内部最适合自动化的流程,并运用自动化思想进行"流程诊断",实现流程的优化,然后通过组合,确定自动化节点的组成,形成最终的流程自动化机器人。此外,"小勤人"携手DAI团队,研发出聊天机器人。"小勤人"聊天机器人基于最新人工智能自然语言技术(NLP),具有对话、提问、反馈等完整的交流功能,拥有理解用户意图、引导用户、检索政策内容的能力。这种交互式的人工智能将节约信息交流的成本,提高工作效率。通过实施机器人流程自动化,企业能缩短财务周期,减少财务差错,提高整体财务服务水平。

【课程思政要点】

理解信息技术极大提升了财务工作效率,并更好地为企业管理决策和经济高质量发展服务,从而树立专业的价值感和社会责任感。

第一节　信息技术在会计中的应用发展

信息技术在过去的几十年间取得了很大的发展，成为企业管理和控制其资源的重要手段。大数据、人工智能、移动互联网、云计算、物联网等新一代信息技术的兴起及其向各行各业的渗透，为企业管理者应对不确定的挑战提供了一个更高效、更便捷的工具与平台。各种社会组织正以不同的方式和速度来应对信息技术快速发展所带来的机遇和挑战。信息技术在现代商业活动特别是会计方面具有关键作用。财务云、移动支付、电子发票、电子档案、财务机器人、远程审计、新一代 ERP 等技术逐渐形成了影响会计行业独特的信息技术集合。

会计信息化是会计与信息技术的结合，是信息社会对企业财务信息管理提出的新要求，是企业会计顺应信息化浪潮所作出的必要举措。它是网络环境下企业管理者获取信息的主要渠道，有助于增强企业的竞争力，解决会计电算化存在的“孤岛”现象，提高会计管理决策能力和企业管理水平。纵观 20 多年来中国会计信息化的发展，虽然信息系统的功能不断增强，应用也日益普及，尤其是大、中型企业目前基本实现了会计信息化，应用了核算型会计软件，但从总体来看，中国会计信息化还处在发展过程中，将对财务管理工作带来较大的提升和改变。

一、会计与信息技术

信息技术主要是指利用电子计算机和现代通信手段，实现获取信息、传递信息、存储信息、处理信息、显示信息、分配信息等的相关技术。

信息技术在会计工作中的应用发展大致经历了以下发展阶段：

20 世纪 50 年代，该阶段由于计算机价格昂贵，程序设计复杂，只有极少数专业人员能掌握此项技术，因而发展缓慢，计算机应用只限于工资核算等简单项目。

20 世纪 50 年代到 60 年代，伴随着计算机技术的不断发展以及操作系统的出现，特别是高级程序设计语言的出现，计算机的应用日益广泛。在会计实务中，开始从单项处理向综合数据处理转变，除了完成基本账务处理，一定的管理、分析功能等开始应用。

20 世纪 70 年代，计算机技术迅猛发展，特别是网络技术和数据库管理系统的出现，使得数据资源共享成为可能，计算机会计信息系统成为公司全面管理信息系统的一个重要组成部分，大大提高了工作效率和管理水平。

20 世纪 80 年代后，微电子技术进一步发展，微型机的日益普及和会计专用机的应用，使计算机管理信息系统得以形成。同时,计算机硬件成本的不断降低为会计信息化的进一步发展提供了物质保证,会计信息化出现了普及之势。

20世纪90年代,企业资源计划(ERP)的诞生和计算机网络的普及使财务管理进入了信息化阶段,企业开始利用强大的数据处理能力和网络传输能力,将业务管理和财务管理进行了初步整合。

进入21世纪后,互联网、无线通信、人工智能等信息技术的应用和发展更是为会计信息化提供了新的应用和发展方向。随着互联网的广泛应用,基于Web技术的ERP网络财务软件开始出现。随着经济全球化,2005年财务共享服务模式开始在集团企业应用。2008年我国开始迈入会计信息化标准建设阶段,大量XBRL(可扩展商业报告语言)的产品得到快速应用。随着"大智移云"技术的快速发展,企业开始应用财务云、智能决策系统、RPA(机器人流程自动化)等产品。

二、会计电算化阶段

会计电算化阶段被认为是手工会计系统的仿真阶段。所谓会计电算化,是指将计算机引入会计,利用计算机系统高速的数据处理能力,完成算账、记账和报账等任务,并对会计信息进行加工、分析、判断等。会计电算化的目标在于降低会计人员的工作强度,替代手工账,将会计人员从繁重的登账、转账、核算等工作中解放出来,减少信息生产成本,提高会计的效率。但会计电算化阶段的财务软件和财务人员的工作基本上是分离的,本质上信息技术并没有改变财务处理的流程和基本的组织结构,只是用软件实现了部分处理环节的自动化。

我国会计电算化起步相对较晚,其发展大致经历了以下三个阶段:

(1)1970—1983年,探索阶段。1979年,长春第一汽车制造厂获得财政拨款500万元,从前东德进口电子计算机,与第一机械工业部联合进行了电子计算机在会计中应用的试点。由于当时的计算机还不能处理汉字,只能在工资方面进行处理。1981年在长春第一汽车制造厂召开的学术研讨会上把"电子计算机在会计中的应用"简称为"会计电算化"。

(2)1983—1986年,试错阶段。该阶段微型计算机投资少、功能多、使用方便,有数据库管理系统,因而在财会部门得到广泛应用。但由于缺乏既懂会计又懂计算机的复合型人才,开发的会计软件效率较低。另外,国家对会计软件缺乏统一的规划、指导,未制定相应的管理制度,导致低水平重复性建设现象严重。

(3)1986—1996年,大发展阶段。随着经济体制改革的不断深化,计算机在会计中的应用也逐步走上正轨。会计软件向通用化、商品化、专业化的方向发展,各级主管部门和财政部门也加强了对会计电算化的管理,相继制定了相应的管理制度及发展规划。我国的会计电算化事业进入了有计划、有组织的发展阶段。

三、会计信息化阶段

随着市场经济体制的逐步建立,企业管理的主要任务转向资源管理,会计职能开始由单纯的记账、报账转向辅助管理、辅助分析和辅助决策。同时,电脑及网络技术在企业逐步普及,国外企业流程再造及企业资源计划系统思想及技术相继传入,促使企业在财务工作中由电算化阶段逐渐发展到信息化阶段。企业采用企业资源计划(ERP)、客户关系管理(CRM)、生产制造管理、供应链管理和财务(业务)分析系统等进行数据的计算、存储和管理,实现了对业财信息的快速处理和实时共享及财务信息的跨时空处理和利用,促使财务处理从核算型向管理型的转变。同时,会计信息化扩展了会计的应用空域,ERP、电子商务、银企直连、财税直连等应用的普及,会计范围实现了向价值链上企业、客户、银行、中介、监管机构的延伸。

会计信息化以互联网应用为特征,实现了业务和财务的一体化,体现在三层应用上:一是数据一体化,业务流程产生的数据传送给会计流程,实现业务数据驱动会计信息处理的自动化,数据一次采集,业财共享;二是流程一体化,即业务处理过程和会计核算和部分控制流程相互衔接和融合,在业务处理的过程中嵌入会计处理过程,提高了会计业务处理的自动化程度;三是控制一体化,在会计信息加工的同时,部分会计监督和控制职能实现了向业务流程的嵌入,控制流程和业务流程相互融合,体现为规则前置、实时控制和动态反馈。

四、会计智能化阶段

随着“大智移云物”等信息技术的出现和逐渐成熟,财务预测、风险管控以及成本管理等有了更先进的算法、模型和工具。数据处理技术可以汇集更全面的数据,商业智能和专家系统能够综合不同专家的意见,移动计算可以帮助会计人员随时随地完成管理工作,财务机器人可以实现财务管理活动的自动化操作,现代系统集成技术可以消除业务、财务和税务等之间长期形成的信息和管理壁垒。由此可见,以人工智能为代表的新一代信息技术的发展给会计行业带来了新的发展契机,正在使会计从信息化向智能化方向转变。

相对于会计信息化阶段注重财务和业务信息的整合以及信息的快速处理和实时共享,智能化阶段则更注重企业各类信息处理的效率、效益和智能化的程度,如利用物联网、RPA和机器学习、专家系统等技术实现财务处理的全流程自动化,以降低成本、提高效率、减少差错;基于神经网络、规则引擎、数据挖掘等技术自动实现财务预测、决策的深度支持,以提升其科学性和实时性。这一阶段再造的不仅是流程和组织,还会在更高层面上,对企业管理模式和管理理念进行再造。

会计智能化阶段以人工智能在会计中的应用为主要特征,目前的人工智能应用主要还停留在为会计提供智能化解决方案的“弱人工智能”阶段。例如通过图像识别,智能识别票据真伪并自动提取有价值数据;通过大数据全样本分析,发现审计线索等。

第二节 会计信息系统概念框架

会计信息系统是信息技术在会计领域中应用发展的结果。会计信息系统是基于计算机,将会计数据转换为会计信息的系统。会计信息系统是利用信息技术对会计信息进行采集、存储和处理,完成会计核算任务,并能为会计管理、分析、决策提供辅助信息的系统。会计信息系统是企业管理信息系统的一个重要子系统,其开发和使用的最终目的是满足企业现代化管理工作的需要。

一、会计信息系统的物理结构

(一)会计信息系统的构成要素

会计信息系统是一种组织处理会计业务、会计数据的软件,是为企业内、外部信息使用者提供财务信息和有关决策所需信息的人机系统。一般来说,会计信息系统由计算机硬件设备、计算机软件、数据、管理制度和计算机人员组成。

1. 计算机硬件设备

计算机硬件是指进行会计数据输入、处理、存储及输出的各种电子设备,如输入设备,包括键盘、鼠标、条形码扫描仪和光电扫描仪等;数据处理设备,包括计算机主机等;存储设备,包括磁盘机、光盘机等;输出设备,包括打印机、显示器等。

2. 计算机软件

计算机软件是计算机程序、运行程序所需的数据和有关文档的总称。计算机软件包括系统软件和应用软件两类。系统软件是计算机系统必备的保证会计信息系统能够正常运行的基础软件,如操作系统、数据库管理系统等;应用软件主要指会计软件,它是专门用于会计核算、会计管理和会计决策的软件,是会计信息系统的核心组成部分。

3. 数据

在会计信息系统中,数据具有量大、面广、数据载体无纸化的特点。该组成部分的会计数据是广义的会计数据,主要是指会计信息、数据库、数据文件、文本文件等。会计信息系统的一个重要任务是提供会计信息。这些会计信息通常以数据的形式按照一定的存储结构,存放在会计信息系统的数据库中,随时供系统用户查询、处理和输出。

4. 管理制度

管理制度又称规程,指保证会计信息系统正常运行的各种制度和控制程序,主要包括两大类：一类是政府的法令、条例；另一类是基层单位在会计信息化工作中的各项具体规定，如岗位责任制度、软件操作管理制度、会计档案管理制度等。

5. 计算机人员

计算机人员指会计信息系统的使用人员和管理人员，包括会计主管、系统开发人员、系统维护人员、凭证录入人员、凭证审核人员、会计档案保管人员等。计算机人员是电算化会计信息系统中的一个重要元素，如果没有一支高水平、高素质的会计信息化人才队伍，硬件、系统软件、会计软件再好，系统也难以正常地运行。

二、会计信息系统的功能结构

会计信息系统的功能结构是指会计信息系统的组成和功能以及其各子系统间的关系。

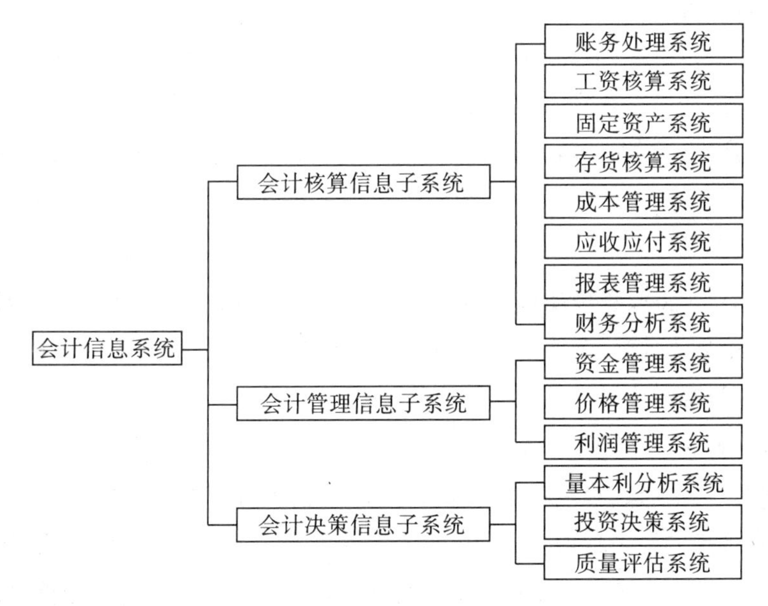

图 11-1　会计信息系统的功能结构

如今，会计信息系统已经从核算型系统发展成管理型系统，涵盖供、产、销、人、财、物以及决策分析等企业经济活动领域，功能不断完善，子系统不断扩展，基本满足了各行各业会计核算和管理的要求。一般来说，会计信息系统具有核算、管理和决策三大职能。因此，按照职能可以将会计信息系统划分为会计核算信息子系统、会计管理信息子系统和会计决策信息子系统，如图 11-1 所示。

下面主要介绍会计信息系统的基本核算功能。

1. 账务处理系统

账务处理系统是以凭证为数据处理起点，通过凭证的输入和处理，完成记账、银行对账、结账、账簿查询及打印输出等工作。账务处理是会计核算的核心。

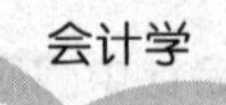

2. 工资核算系统

工资核算系统是进行工资核算和管理的系统，该系统以人力资源管理系统提供的员工及其工资的基本数据为依据，完成员工工资数据的收集、员工工资的核算、工资发放、工资费用的汇总和分摊、个人所得税计算和按照部门、项目、个人等条件进行工资分析、查询和打印输出，以及该系统与其他系统的数据接口管理工作。

3. 固定资产系统

固定资产系统主要以固定资产卡片和固定资产明细账为基础，实现固定资产的会计核算、折旧计提和分配、设备管理等功能，同时提供按固定资产的类别、使用情况、所属部门和价值结构等进行分析、统计和各种条件下的查询、打印功能，以及该系统与其他系统的数据接口管理功能。

4. 存货核算系统

存货核算系统以供应链管理系统产生的入库单、出库单、采购发票等核算单据为依据，核算存货的出入库和库存金额、余额，确认采购成本，分配采购费用，确认销售收入、成本和费用，并将核算产生的数据按照需要分别传递到成本管理系统、应收应付管理系统和账务处理系统。

5. 成本管理系统

成本管理系统主要提供成本核算、成本分析、成本预测功能，以满足会计核算的事前预测、事后分析的需要。此外，成本管理系统还具有与生产、供应链系统、账务处理系统、工资管理系统和存货核算系统等进行数据传递的功能。

6. 应收应付系统

应收应付系统以发票、费用单据及其他应收单据、应付单据等原始单据为依据，记录销售、采购业务所形成的往来款项，处理应收、应付款项的收回、支付和转账，进行账龄分析和坏账估计及冲销，并对往来业务中的票据、合同进行管理，同时提供统计分析、打印和查询输出功能，以及与账务处理系统等进行数据传递的功能。

7. 报表管理系统

报表管理系统与其他系统相连，可以根据会计核算的数据，生成各种内部报表、外部报表、汇总报表，并根据报表数据分析报表，生成各种分析图等。在网络环境下，很多报表管理系统同时提供了远程报表的汇总、数据传输、检索查询和分析处理等功能。

8. 财务分析系统

财务分析系统从会计软件的数据库中提取数据，运用各种专门的分析方法，完成对企业财务活动的分析，实现对财务数据的进一步加工，生成分析和评价企业财务状况、经营成果和现金流量的各种信息，为决策提供正确依据。

三、会计信息系统在 ERP 系统中的地位

在企业中会计信息系统不是孤立的，它与企业各个方面的活动尤其是其他信息系统有着重要关系。会计信息系统的集成化要求系统能够提供管理者进行决策时所需要的所有财务与非财务信息、定量与定性信息以及企业内部不同部门和外部客户、供应商的相关关系。企业信息系统泛指用于企业的各种信息系统，诸如管理信息系统或决策支持系统、专家系统、各种泛 ERP 系统或客户关系管理、人力资源管理这样的专职化系统。较为常用的企业信息系统是 ERP 系统。

ERP 系统是一种将组织内不同职能领域内流程与信息进行整合的信息系统。ERP 系统利用信息技术，一方面将企业内部所有资源整合在一起，对开发设计、采购、生产、成本、库存、分销、运输、财务、人力资源、品质管理进行科学规划，另一方面将企业与其外部的供应商、客户等市场要素有机结合，实现对企业的物资资源（物流）、人力资源（人流）、财务资源（资金流）和信息资源（信息流）等资源的一体化管理（即"四流一体化"或"四流合一"）。其核心思想是供应链管理，强调对整个供应链的有效管理，提高企业配置和使用资源的效率。

会计和财务管理的对象是企业资金流，是企业运营效果和效率的衡量和表现，因而会计信息系统一直是各种行业实施 ERP 时关注的重点。几乎所有的 ERP 软件都提供了功能强大、集成性好的会计信息系统。区别于一般的会计信息系统，ERP 系统中的会计信息系统与其他模块有相应的接口，能够相互集成，实现高效、实时地共享企业事务处理系统间的数据和资源，改变了会计核算系统的数据流程。因而会计信息系统在 ERP 系统中处于核心地位，在 ERP 中占有举足轻重的主导地位。如图 11-2 所示。

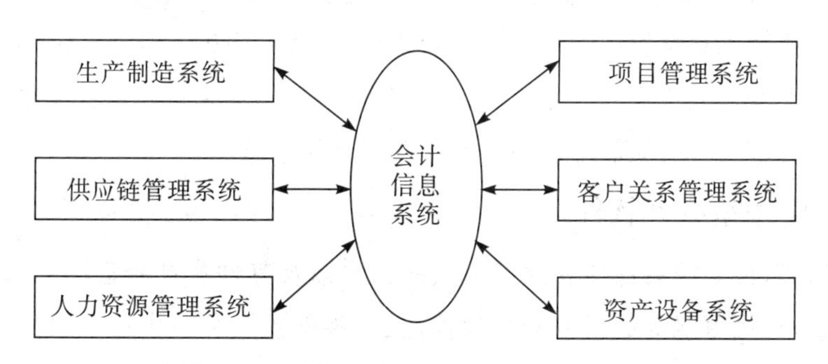

图 11-2　会计信息系统在 ERP 中的地位

第三节 会计软件

一、会计软件的分类

会计软件是会计信息系统概念框架的具体化产品，一般可以分为核算型会计软件、管理型会计软件、财务共享服务软件和会计决策支持系统软件。以下分别介绍这四种不同类型会计软件的主要特点。

（一）核算型会计软件

核算型会计软件以账务处理系统为核心，主要完成会计核算工作。其主要功能包括凭证输入、登记总分类账、登记明细分类账、输出账簿和会计报表以及其他业务核算等。早期开发的会计软件基本上属于会计核算软件，其设计的初衷主要是替代手工会计核算和减轻会计人员的记账工作量。核算型会计软件的主要特点如下：

（1）以财务部门为核心，模仿、替代手工为主，其目标与手工会计的会计目标相仿，只是利用计算机处理日常会计核算业务。这类软件没有充分发挥计算机信息处理的优势，仅完成事后核算，无法完成事前预测、事中控制。

（2）各业务核算模块如工资、固定资产、材料以及销售之间彼此分离，没有形成一个有机的整体，与账务处理之间仅仅通过转账凭证传递数据，缺乏信息传输的一致性、系统性。

（3）软件系统只满足财务部门会计核算业务的需要，没有考虑相关部门如人事、仓库、生产等部门之间的信息共享，从而难以为决策提供科学的信息。

（二）管理型会计软件

管理型会计软件利用会计核算业务提供的信息以及其他生产经营活动资料，采用各种管理模型、方法，对经营状况进行分析和评价，具有事前预测和事中控制功能。管理型会计软件融合了财务会计和管理会计的方法和原理，以及决策科学的思想、技术、方法，将业务处理中的核算型会计软件上升至管理信息系统中的管理型会计软件。管理型会计软件的目标是提高企业的经济效益，对企业生产经营过程中人、财、物和供、产、销以及其他经营过程进行全面管理。它的使用对象不仅是会计人员，而且包括企业管理者乃至企业的最高层领导。管理型会计软件具有如下功能：

（1）分析功能。包括对各种财务报表和预算报表的比较、结构、比率、绝对数趋势、定基、环比等多项分析。

（2）预算功能，提供从一般科目到投资、筹资、资本支出、销售收入、成本乃至现金流量的全面预算。

（3）控制功能，包括通过盈亏平衡点、固定成本、变动成本、预计流动比率、预计投资报酬率等计算的控制，以及通过预算报表与实际中执行的反馈结果进行的控制。

（三）财务共享服务软件

财务共享服务中心为了满足企业精细化管控、数字化运营的转型需求，强调柔性共享、精细管控、业财一体。一般通过专业化分工，将财务团队划分为总部财务、共享财务、业务财务三个层面，推动企业从核算型财务逐步向管理型、价值创造型财务转变。财务共享服务中心将不同国家、地点的实体会计业务拿到一个共享服务中心来记账和报告，保证了会计记录和报告的规范、结构统一，由于不需要在每个公司和办事处都设置会计，节省了系统和人工成本。

财务共享服务软件针对企业所实现共享的财务业务流程，提供共享服务平台，如应收应付共享、支付共享、费用共享、核算共享、报表共享等服务平台，来全面支持企业业务活动。企业其他的异构系统还可以通过集成平台接入共享核算系统或共享任务平台，真正打造企业信息的一体化。

财务共享服务软件一般都具备企业网上报账、移动审批、电子影像、电子发票、税务管理、资金管理、会计电子档案等功能模块。

（四）会计决策支持系统软件

决策支持系统是综合利用各种数据、信息、模型以及人工智能技术，辅助管理者进行决策的一种人机交互的计算机系统。会计决策支持系统是决策支持系统在会计领域的应用，要求企业在利用会计软件进行决策时引入人工智能技术，搜索专家的经验和智慧，利用模型库、知识库、推理机制神经网络技术等，实现决策过程智能化。

会计决策支持系统以管理科学、运筹学和行为科学等为基础，以人工智能和信息技术为手段，充分利用会计信息系统提供的各种信息，辅助高级决策者进行决策，如构造各种经济模型、对未来财务状况进行预测等。

二、会计软件产品简介

目前市场上商品化会计软件较为普遍，国外较为有名的有 SAP、Oracle、Accpac 等，国内较为有名的有用友、金蝶、浪潮等。各软件厂商提供的会计软件产品的功能模块结构会有所差异，以下介绍几种国内外知名会计软件产品。

（一）SAP 财务软件

SAP 是基于流程的管理，流程管理是为了客户需求而设计的，是一种以规范化的构造端到端的卓越业务流程为中心,以持续地提高组织业务绩效为目的的系统化方法。其作用主要在于规范和精细业务操作,提高关联界面的协同效能并实现持续改进。SAP 管理系统采用高度集成的方式,使各个模块的资源功能实现动态耦合。

SAP 系统中财务管理模块与后勤模块的集成使得 SAP 的财务管理模块能够让财务资源和其他业务流程实现自动的集成,涉及总分类账、销售、采购、库存、银行、成本会计、报表等系统的所有模块。财务管理系统是 SAP 的核心部分,其他业务自动产生的财务凭证将自动传送到总分类账中,使企业的各种业务数据高度集成共享,避免重复投资信息化建设。通过集成和实时的 SAP 系统应用,打通了部门界限,控制了内部交易成本,提升了企业对市场的反应速度。

SAP 符合国际先进的管理思想,国外 ERP 管理理论先后经过了物料需求计划(MRP)、制造资源计划(MRP II)和企业资源计划(ERP)等几个阶段。SAP 继承了 ERP 的管理思想,将先进的管理理论、企业建模理论等应用在企业管理系统设计中,又充分考虑了国际惯例的需要,在实践过程中吸收了很多大企业集团的管理经验和管理模式,形成了不同行业实践的最佳方案。其实施成本较高,因此适用于大型企业,是面向大型企业的解决方案。

(二)Oracle 财务信息系统

Oracle 财务信息系统是 Oracle 应用产品系列的核心模块,主要有总账管理系统、应付账款管理系统、应收账款管理系统、现金管理系统、资产管理系统。Oracle 财务信息系统建立在 Oracle 关系数据库上,充分利用了面向 Web 的技术积累,可以极大改进公司内外沟通,把物流、供应链、人力资源等事务与资金流有效地结合起来,形成先进的全面集成的财务信息系统,借助其实施相关策略,提高资源利用效率,实现经费削减、现金节约、精准预测、规划和管理,为客户提供更好的服务。

(三)用友 ERP-U8 财务模块

用友 ERP-U8 是基于模块的管理,模块化管理就是把问题细化,分级别管理,各负其责。用友财务系统以全面会计核算和部门级财务管理为基础,实现购销存业务处理、会计核算和财务监控的一体化管理,为企业经营决策提供预测控制和分析的手段,能在一定程度上控制企业的成本和经营风险。U8 财务会计系统主要包括总账、应收/应付管理、网上银行、工资管理、固定资产管理等子系统;管理会计系统主要包括成本管理、项目管理、资金管理及全面预算管理等子系统。U8 系统以财务会计为基础,通过资金管理、成本管理、预算管理等实现并协调企业长、短期经营目标,运用决策支持系统对财务数据进行财务分析。

用友 ERP-U8 多以中小型企业多部门应用为目标,主要服务于各行各业的中小型企业。U8 系统的实施成本较低,在整个的 U8 系统中包含了财务模块、销售模块、采购模块和库存模块等许多模块,所有这些模块都能够单独运行,实现了企业部门内部的信息化。

（四）金蝶财务软件

金蝶是财务软件供应商、ERP 管理软件供应商、BI 供应商。目前，金蝶有三种 ERP 产品，包括 K/3、KIS、EAS，下面主要介绍面向中小型企业的金蝶 K/3。

金蝶 K/3 财务管理系统面向企业财务核算及管理人员，对企业的财务进行全面管理，在完全满足财务核算的基础上，实现集团层面的财务集中、全面预算、资金管理、财务报告的全面统一，是国内第一个平台化 ERP 产品，其集成性、易用性、完整性较强，能够帮助企业财务管理从会计核算型向经营决策型转变，最终实现企业价值最大化。金蝶 K/3 的财务管理系统各模块可独立使用，同时可与业务系统无缝集成，构成财务与业务集成化的企业应用解决方案。

三、会计软件的相关管理规范

（一）《信息技术、会计核算软件数据接口规范》国家标准

《信息技术、会计核算软件数据接口规范》国家标准由审计署和财政部提出并组织专家研究起草，最后经国家质量监督检验检疫总局和国家标准委批准发布，于 2005 年 1 月 1 日起在全国范围内实施。发布该标准的目的在于克服数据交换障碍，提高会计数据综合利用率。目前，会计电算化、审计信息化及其他政务信息化方面有了长足发展，但是由于采用了不同的数据库平台和数据库结构，国内财务软件众多且自成体系，对不同财务软件之间以及财务软件与业务系统软件之间的数据交换形成障碍，同时也使得政府监管部门和社会财务信息使用者无法获取企事业单位真实的财务数据。这项标准规定了会计核算软件的数据接口要求，包括会计核算数据元素、数据接口输出文件的内容和格式的要求；提出了数据元素和辅助核算的概念，为标准使用者理解会计核算的数据概念奠定了基础；规范了文本格式和 XML 格式的数据接口，为会计核算软件与其他信息系统之间的数据交换创造了条件。

（二）《企业会计信息化工作规范》

为推动企业会计信息化，节约社会资源，提高会计软件和相关服务质量，规范信息化环境下的会计工作，2013 年 12 月，财政部根据《中华人民共和国会计法》《财政部关于全面推进我国会计信息化工作的指导意见》（财会〔2009〕6 号），制定了《企业会计信息化工作规范》（以下简称《工作规范》），该规范自 2014 年 1 月 6 日起施行。1994 年 6 月 30 日财政部发布的《商品化会计核算软件评审规则》（财会字〔1994〕27 号）、《会计电算化管理办法》（财会字〔1994〕27 号）同时废止。自该规范施行之日起，《会计核算软件基本功能规范》（财会字〔1994〕27 号）、《会计电算化工作规范》（财会字〔1996〕17 号）不再适用于企业及其会计软件。

《工作规范》分为总则、会计软件和服务、企业会计信息化、监督和附则，共 5 章 49 条。

《工作规范》是将原有四个规范性文件的要求整合为一体，结合我国企业会计信息化的实际情况，重新制定的企业会计信息化工作规范。第一章“总则”明确了《工作规范》的宗旨、依据、适用范围，对《工作规范》中使用的术语进行了定义，并对管理部门的职责进行了总括性界定。第五章“附则”主要对过去文件的废止以及与《工作规范》的衔接进行了规定。除了第五章，其他章分别对《工作规范》总则、会计软件和服务、企业会计信息化、《工作规范》的执行与监督作出了规定和要求。《工作规范》的颁布对会计信息化改革具有重要意义。

（三）《会计档案管理办法》

1984 年，财政部、国家档案局联合印发了《会计档案管理办法》，并于 1998 年对该办法进行了第一次修订。随着我国经济社会的快速发展、信息技术的广泛应用，会计档案的内容范围、管理方式等均发生了较大变化，原来的《会计档案管理办法》已经无法较好地适应经济社会的发展需要。为加强会计档案管理，有效保护和利用会计档案，2015 年 12 月 11 日，修订后的《会计档案管理办法》（以下简称新《管理办法》），自 2016 年 1 月 1 日起施行。新《管理办法》肯定了电子会计档案的法律效力，电子会计凭证的获取、报销、入账、归档、保管等均可以实现电子化管理；新《管理办法》允许符合条件的会计凭证、账簿等会计资料不再打印纸质归档保存，同时要求建立会计档案鉴定销毁制度，完善销毁流程，推动会计档案销毁工作有序开展；新《管理办法》明确将电子会计档案纳入会计档案范围，将大力推动电子会计数据的深度开发和有效利用，为政府决策和管理提供更多维度、更具参考价值的会计信息。

新《管理办法》共 31 条，与原《管理办法》相比，主要作了以下调整：完善了会计档案的定义和范围，明确了电子会计档案的管理要求，完善了会计档案的销毁程序，确定了会计档案出境的管理要求，调整了会计档案的定期保管期限。

四、《会计信息化发展规划（2021—2025 年）》

为科学规划“十四五”时期会计信息化工作，指导国家机关、企业、事业单位、社会团体和其他组织应用会计数据标准，推进会计数字化转型，支撑会计职能拓展，推动会计信息化工作向更高水平迈进，根据《中华人民共和国国民经济和社会发展第十四个五年规划和 2035 年远景目标纲要》《财政“十四五”规划》和《会计改革与发展“十四五”规划纲要》有关精神，财政部制定了《会计信息化发展规划（2021—2025 年）》（财会〔2021〕36 号，以下简称《规划》）。

《规划》在回顾“十三五”时期会计信息化工作成效的基础上，提出我国会计信息化仍存在许多问题和不足，主要表现在：会计信息化发展水平不均衡，部分单位会计信息系统仅满足传统会计核算需要，未能对业务和管理形成支撑和驱动，业财融合程度有待进一步加强；有些行业和单位仍存在“信息孤岛”现象，会计数据未能有效共享，无法充分发挥会计数据作用；会计数据标准尚未完全统一，制约了会计数字化转型进程，未能对会计、审计工作起到应有的支撑作用；对会计信息安全的实践和理论研究不够，会计信息化工作的创新发展受到制约;社会合力推进会计信息化的氛围不浓,会计信息化对会计职能拓展的支撑不够有力;会计信息化资金投入和人才培养不足等。

《规划》指出"十四五"时期,我国会计信息化工作的总体目标是服务于经济与社会发展大局以及国家财政管理工作全局,以信息化支撑会计职能拓展为主线,以标准化为基础,以数字化为突破口,引导和规范我国会计信息化数据标准、管理制度、信息系统、人才建设等持续健康发展,积极推动会计数字化转型,构建符合新时代要求的国家会计信息化发展体系。

《规划》提出的主要任务包括以下 9 个方面:加快建立会计数据标准体系,推动会计数据治理能力建设。制定会计信息化工作规范和软件功能规范,进一步完善配套制度机制。深入推动单位业财融合和会计职能拓展,加快推进单位会计工作数字化转型。加强函证数字化和注册会计师审计报告防伪等系统建设,积极推进审计工作数字化转型。优化整合各类会计管理服务平台,切实推动会计管理工作数字化转型。加速会计数据要素流通和利用,有效发挥会计信息在服务资源配置和宏观经济管理中的作用。探索建立共享平台和协同机制,推动会计监管信息的互通共享。健全安全管理制度和安全技术标准,加强会计信息安全和跨境会计信息监管。加强会计信息化人才培养,繁荣会计信息化理论研究。

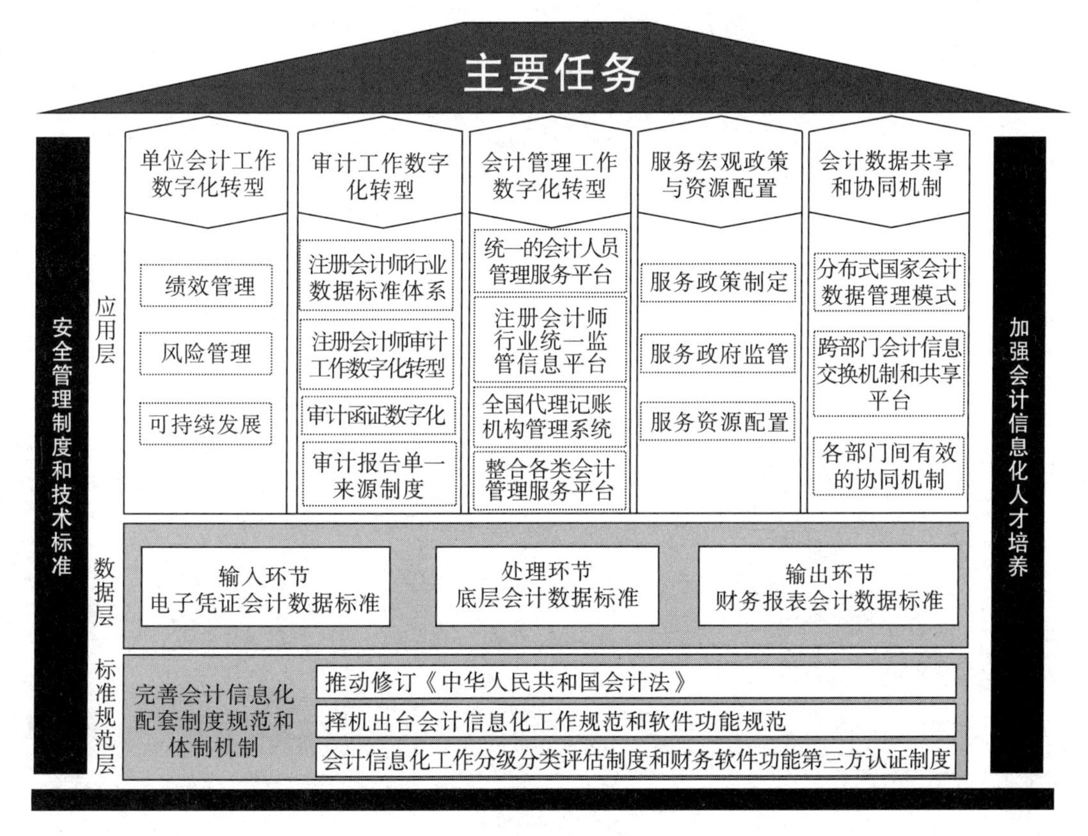

图 11-3　国家会计信息化发展体系图

【课后习题】

习题一

一、目的:了解信息技术在会计中的应用成果。

二、要求:请搜索信息技术在会计中的最新应用成果,选择三种最为广泛使用的产品,评价其为会计带来的便利之处和尚存的不足之处。

习题二

一、目的:应用会计软件,熟悉账务处理过程,了解会计信息系统如何处理企业的资金流以及各项子系统的数据传递关系。

二、要求:请选择一款市场上常用会计软件,如金蝶、用友,模拟企业业务流程,完成会计循环。

参考书目

[1]中华人民共和国财政部制定. 企业会计准则:2022年版[M]. 上海:立信会计出版社,2022.

[2]中华人民共和国财政部制定. 企业会计准则应用指南:2022年版[M]. 上海:立信会计出版社,2022.

[3]中华人民共和国财政部. 会计信息化发展规划(2021—2025年)[EB/OL]. 中国政府网. http://www.gov.cn/zhengce/zhengceku/2022-01/06/content_5666675.htm.

[4]企业会计准则编审委员会编. 企业会计准则案例讲解:2022年版[M]. 上海:立信会计出版社,2022.

[5]企业会计准则编审委员会编. 企业会计准则条文讲解与实务运用(上册)[M]. 上海:立信会计出版社,2022.

[6]企业会计准则编审委员会编. 企业会计准则条文讲解与实务运用(下册)[M]. 上海:立信会计出版社,2022.

[7]财政部会计资格评价中心编. 财务管理 [M]. 北京:经济科学出版社,2021.

[8][美]查尔斯·T. 亨格瑞,斯里坎特. M. 达塔尔,马达尔·V. 拉詹. 成本与管理会计[M]. 王立文,刘应文译 北京:中国人民大学出版社,2016.

[9]陈国辉,迟旭升主编. 基础会计(第七版)[M]. 大连:东北财经大学出版社,2021.

[10]陈信元主编. 会计学(第六版) [M]. 上海:上海财经大学出版社,2021.

[11]陈旭主编. 智能会计信息系统[M]. 北京:高等教育出版社,2021.

[12]池国华等编著. 财务分析(第2版)[M]. 北京:中国人民大学出版社,2021.

[13]董必荣主编. 会计学[M]. 北京:高等教育出版社,2018.

[14]冯巧根主编. 管理会计(第三版)[M]. 北京:中国人民大学出版社,2016.

[15]葛家澍,杜兴强. 财务会计概念框架与会计准则问题研究[M]. 北京:商务印书馆,2022.

[16]郭道扬. 会计史研究[M]. 北京:中国财政经济出版社,2008.

[17]郭晓梅主编. 管理会计学 [M]. 北京:中国人民大学出版社,2019.

[18]胡玉明编著. 会计学(第3版)[M]. 北京:中国人民大学出版社,2020 .

[19]胡玉明编著. 财务报表分析(第四版)[M]. 大连:东北财经大学出版社,2021.

[20]胡玉明,丁友刚,卢馨编著. 管理会计(第二版)[M]. 广州:暨南大学出版社,2010.

[21]胡玉明主编. 管理会计应用指引详解与实务(最新版)[M]. 北京:经济科学出版社,2019.

[22]黄世忠主编. 财务报表分析——理论、框架、方法与案例 [M]. 北京:中国财政经济出版社,2007.

[23][美]简 R. 威廉姆斯,苏珊 F. 哈卡,马克 S. 贝特纳,约瑟夫 V. 卡塞罗. 会计学:企业决策的基础(财务会计分册)(原书第 17 版)[M]. 赵银德译注. 北京:机械工业出版社,2017.

[24]姜国华. 财务报表分析与证券投资[M]. 北京:北京大学出版社,2008.

[25][美]克莱德・P. 斯蒂克尼,保罗・R. 布朗,詹姆斯・M. 瓦伦. 财务呈报、报表分析与公司估值:战略的观点(第 6 版)[M]. 朱国泓译. 北京:中国人民大学出版社,2014.

[26]李凤艳编著. 会计信息系统[M]. 北京:北京师范大学出版社,2012.

[27]梁丽瑾,辛茂荀主编. 会计信息系统(第 3 版)[M]. 北京:中国财政经济出版社,2018.

[28][美]雷 H. 加里森,埃里克 W. 诺琳,彼得 C. 布鲁尔,管理会计(原书第 16 版)[M]. 王清译注. 北京:机械工业出版社,2019.

[29]刘峰主编. 会计学[M]. 北京:清华大学出版社,2019.

[30]刘俊勇编著. 成本与管理会计 [M]. 北京:中国人民大学出版社,2021.

[31]刘勤,尚惠红等. 智能财务:打造数字时代财务管理新世界[M]. 北京:中国财政经济出版社,2021.

[32]刘永泽,陈文铭主编. 会计学(第 7 版)[M]. 大连:东北财经大学出版社,2021.

[33]刘运国主编. 管理会计学(第四版)[M]. 北京:中国人民大学出版社,2021.

[34]陆正飞,黄慧馨,李琦编著. 会计学(第四版)[M]. 北京:北京大学出版社,2018.

[35]陆正飞编著. 财务报告与分析(第三版)[M]. 北京:北京大学出版社,2020

[36]罗勇主编. 会计学——原理、实务与案例[M]. 上海:立信会计出版社,2018.

[37]潘飞主编. 管理会计(第 4 版)[M]. 上海:上海财经大学出版社,2020.

[38][美]斯蒂芬・A. 罗斯,伦道夫・W. 威斯特菲尔德,布拉德福德・D. 乔丹. 财务管理(原书第 10 版)[M]. 张敦力译. 北京:机械工业出版社,2021.

[39][美]斯蒂芬 H. 佩因曼. 财务报表分析与证券估值原书(原书第 5 版)[M]. 朱丹,屈腾龙译. 北京:机械工业出版社,2016.

[40]施先旺,龚翔主编. 会计学原理(第二版)[M]. 大连:东北财经大学出版社,2021.

[41]孙茂竹,支晓强,戴璐主编. 管理会计学(第 9 版・立体化数字教材版)[M]. 北京:中国人民大学出版社,2020.

[42]王化成,刘俊彦,荆新主编. 财务管理学(第9版·立体化数字教材版)[M]. 北京:中国人民大学出版社,2021.

[43]王化成,支晓强,王建英主编. 财务报表分析(第3版·立体化数字教材版)[M]. 北京:中国人民大学出版社,2022.

[44]吴大军主编. 管理会计(第6版)[M]. 大连:东北财经大学出版社,2021.

[45]吴世农,吴育辉编著. CEO财务分析与决策(第2版)[M]. 北京:北京大学出版社,2013.

[46]续慧泓. 智能会计信息系统构建研究M]. 北京:中国财政经济出版社,2019.

[47]徐经长,孙蔓莉,周华主编. 会计学(非专业用)(第6版)[M]. 北京:中国人民大学出版社,2019.

[48][美]尤金F. 布里格姆,乔尔F. 休斯顿. 财务管理(原书第14版)[M]. 张敦力等译. 北京:机械工业出版社出版,2018.

[49]余恕莲,李相志,吴革编著. 管理会计(第四版)[M]. 北京:对外经贸大学出版社,2019.

[50]余绪缨,汪一凡主编. 管理会计(第3版)[M]. 沈阳:辽宁人民出版社,2009.

[51][美]约翰·怀尔德,肯·肖,芭芭拉·基亚佩塔. 会计学原理(英文版·第23版)[M]. 北京:中国人民大学出版社,2019.

[52][美]詹姆斯·瓦伦,斯蒂芬·巴金斯基,马克·布拉德肖. 财务报表分析(第8版)[M]. 胡玉明译. 北京:中国人民大学出版社,2020.

[53]张敏,王宇韬编著. 大数据财务分析——基于Python[M]. 北京:中国人民大学出版社,2022.

[54]张瑞君,殷建红,蒋砚章主编. 会计信息系统(第9版·立体化数字教材版)——基于用友新道U8+V15.0[M]. 北京:中国人民大学出版社,2021.

[55]张先治,陈友邦主编. 财务分析(第9版)[M]. 大连:东北财经大学出版社,2019.

[56]张新民,钱爱民编著. 财务报表分析(第5版·立体化数字教材版)[M]. 北京:中国人民大学出版社,2019.

[57]周华编著. 会计学(第3版)[M]. 北京:中国人民大学出版社,2019.

[58]刘勤,杨寅. 改革开放40年的中国会计信息化:回顾与展望[J]. 会计研究,2019(2):26-34.

[59]刘勤,杨寅. 智能财务的体系架构、实现路径和应用趋势探讨[J]. 管理会计研究,2018(1):84-90+96.

[60]续慧泓,杨周南,周卫华,刘锋,刘薇. 基于管理活动论的智能会计系统研究——从会计信息化到会计智能化[J]. 会计研究,2021(3):11-27.